lengua castellana

ESO 4

Con **Savia** nueva generación puedes disfrutar de recursos digitales y de un entorno donde estarás en contacto con tu profesor y con tus compañeros de clase.

Entrar en smsaviang.com es fácil

Escribe en internet la siguiente dirección:
smsaviang.com

Regístrate e introduce el **número de licencia** que aparece en la página de la izquierda. Solo debes registrarte una vez.

Anota tu identificador y contraseña para que puedas entrar después de haberte registrado.

www.grupo-sm.com/es

Así es tu libro

Bloques de contenidos

Las unidades de tu libro están agrupadas por bloques de contenidos: lengua y literatura. El bloque de lengua incluye las secciones de lectura, comprensión lectora, comunicación, gramática, ortografía, léxico, más textos y expresión. El bloque de literatura incluye contexto histórico y comentarios de texto. Las unidades se completan con un cierre de actividades finales y un trabajo a partir de un texto para poner a prueba las competencias.

Presentación de la unidad

Averigua qué vas a aprender y empieza a pensar sobre lo que sabes acerca del tema.

En esta unidad aprenderás...
Para conocer los núcleos de aprendizaje de la unidad.

Observa. Para relacionar la imagen con el tema de la unidad y aportar ideas sobre lo que te sugiere esta cuestión.

Escucha. Para trabajar el tema a partir de la comprensión oral de un texto.

Habla. Para fomentar la expresión oral y la reflexión sobre el tema.

Contenidos Lengua

Para adquirir destrezas lectoras y comunicativas trabajarás a partir de la lectura de una obra literaria la comprensión lectora y la expresión.

La comprensión lectora se estructura en destrezas necesarias para comprender el texto en su globalidad.

Desarrollarás tus capacidades comunicativas analizando y creando textos de diferentes tipologías tanto de forma oral como escrita.

Trabajarás la lengua en contextos reales y cercanos.

Actividades comunicativas y competenciales
Encontrarás actividades que te acercarán al uso real de la lengua y activarán tus conocimientos previos y tus habilidades lingüísticas.

Contenidos Literatura

Conocerás la literatura a través de sus textos más significativos y realizarás comentarios de texto de fragmentos de obras destacadas.

Comentario de texto

Trabaja y analiza textos significativos de la literatura aglutinando la teoría estudiada.

Llamadas al entorno digital

En tu libro aparecen llamadas que te llevan al entorno digital smsaviang.com, en el que podrás encontrar recursos para aprender, ampliar o repasar los contenidos.

Cierre de la unidad

En las páginas de Actividades finales encontrarás la oportunidad de repasar y aplicar los conocimientos adquiridos. Además, trabajarás a partir de un texto para poner a prueba tus competencias.

Soy competente

Actividades competenciales a partir de textos donde se aplican los conocimientos adquiridos.

Lecturas recomendadas

En la primera unidad de cada trimestre tendrás recomendaciones de libros de literatura juvenil.

3

Índice

1 Por escrito

- **Lectura:** Jorge Luis Borges, *Ficciones* 8
- **Comunicación:** Las propiedades del texto........ 14
- **Gramática:** La clases de oraciones.............. 20
- **Ortografía:** Las reglas de acentuación........... 24
- **Léxico:** El diccionario 26
- **Más textos:** La infografía 27
- **Expresión:** Club de lectura virtual 28

2 Hablemos del tema

- **Lectura:** Helene Hanff, *84, Charing Cross Road* 34
- **Comunicación:** Las características de los textos orales........................... 40
- **Gramática:** El sujeto 46
- **Ortografía:** Los signos de puntuación 50
- **Léxico:** El campo semántico 52
- **Más textos:** La página web 53
- **Expresión:** Comunicación consciente 54

3 Como pez en el agua

- **Lectura:** Katherine Halligan, *Ellas cuentan* 60
- **Comunicación:** La narración y la descripción..... 66
- **Gramática:** El atributo y el complemento predicativo. Los complementos verbales (I) 72
- **Ortografía:** Uso de *b/v*, *y/ll* y *h* 76
- **Léxico:** Las comparaciones lexicalizadas 78
- **Más textos:** El decálogo 79
- **Expresión:** Tipos de personalidad 80

4 Déjate guiar

- **Lectura:** Jesús Marchamalo, *La tienda de palabras* 86
- **Comunicación:** Los textos expositivos. Los textos argumentativos..................... 92
- **Gramática:** Los complementos verbales (II) 98
- **Ortografía:** Uso de mayúsculas y minúsculas 102
- **Léxico:** Los modismos y las frases hechas........ 104
- **Más textos:** El cartel 105
- **Expresión:** Preparar una exposición 106

5 Por todos los medios

- **Lectura:** Herman Melville, *Cuentos completos* 112
- **Comunicación:** Los textos en los medios de comunicación. La publicidad 118
- **Gramática:** La oración compuesta. La oración coordinada 124
- **Norma y uso:** La impropiedad léxica 128
- **Léxico:** Las onomatopeyas y las interjecciones........................... 130
- **Más textos:** Las bases de un concurso.......... 131
- **Expresión:** Contrapublicidad 132

6 Conexiones

- **Lectura:** Isaac Isamov, *El robot completo* 138
- **Comunicación:** Los textos científicos y tecnológicos. Los textos académicos 144
- **Gramática:** Las oraciones subordinadas sustantivas 150
- **Norma y uso:** Los errores de concordancia 154
- **Léxico:** Los cambios en el significado de las palabras 156
- **Más textos:** La exposición 157
- **Expresión:** Consultas lingüísticas 158

7 Atentamente

- **Lectura:** Lorenzo Silva, *La lluvia de París* 164
- **Comunicación:** Los textos literarios. El diario. La carta 170
- **Gramática:** Las oraciones subordinadas de relativo 176
- **Norma y uso:** Usos incorrectos de los adverbios y del gerundio 180
- **Léxico:** Las abreviaciones 182
- **Más textos:** Los sellos 183
- **Expresión:** Escritura a mano 184

8 Documentos formales

- **Lectura:** Mariano José de Larra, *Vuelva usted mañana* 190
- **Comunicación:** Los textos del ámbito administrativo 196
- **Gramática:** Otras oraciones subordinadas (I) 202
- **Norma y uso:** Los símbolos alfabetizables y los no alfabetizables 206
- **Léxico:** Las palabras tabú y los eufemismos 208
- **Más textos:** La reclamación 209
- **Expresión:** Quejas y peticiones 210

9 Experiencias

- **Lectura:** Ana María Matute, *Luciérnagas* 216
- **Comunicación:** Los textos del ámbito laboral 222
- **Gramática:** Otras oraciones subordinadas (II) ... 228
- **Norma y uso:** Uso incorrecto de los nexos 232
- **Léxico:** Los cambios de categoría gramatical 234
- **Más textos:** La guía 235
- **Expresión:** Requisitos importantes 236

> **DIVERSIDAD LINGÜÍSTICA.** Variedades del castellano .. 240

1 POR ESCRITO

En esta unidad aprenderás...

- Las propiedades del texto
- Las clases de oraciones
- Las reglas de acentuación
- El diccionario

Observa

1. Observa la fotografía y responde a las preguntas.

   a) ¿De qué lugar crees que se trata? ¿En qué te has fijado para saberlo?

   b) ¿Qué sensaciones te produce?

   c) ¿Crees que en este espacio se transmite conocimiento? ¿Por qué lo piensas?

ESCUCHA el audio

2. Escucha y contesta a las preguntas.

   a) ¿De dónde procede el conocimiento que acumulamos a lo largo de nuestra formación?

   b) ¿Qué procesos comunicativos llevamos a cabo en nuestra vida cotidiana?

   c) ¿Cuál es la unidad usada en esos procesos comunicativos?

Habla

3. Las nuevas tecnologías han supuesto una revolución en la manera de comunicarnos. ¿Por qué crees que es así?

4. Imagina que no tuvieras acceso a internet. ¿Qué echarías más de menos en tu día a día?

La biblioteca de Babel

>> En este cuento se describe una biblioteca imaginaria: contiene todos los libros y todos los mundos posibles. Su narrador vive en ella, y ha estado viajando en busca de la verdad. Pronto comprobamos cómo la Biblioteca es una metáfora del hombre, de la vida y del universo.

anaquel. Estantería.
angosto. Estrecho.
inferir. Deducir.
prefigurar. Representar.
axioma. Verdad.

El universo (que otros llaman la Biblioteca) se compone de un número indefinido, y tal vez infinito, de galerías hexagonales, con vastos pozos de ventilación en el medio, cercados por barandas bajísimas. Desde cualquier hexágono se ven los pisos inferiores y superiores: interminablemente. La distribución de las galerías es invariable. Veinte **anaqueles**, a cinco largos anaqueles por lado, cubren todos los lados menos dos; su altura, que es la de los pisos, excede apenas la de un bibliotecario normal. Una de las caras libres da a un **angosto** zaguán, que desemboca en otra galería, idéntica a la primera y a todas. A izquierda y a derecha del zaguán hay dos gabinetes minúsculos. Uno permite dormir de pie; otro, satisfacer las necesidades finales. Por ahí pasa la escalera espiral, que se abisma y se eleva hacia lo remoto. En el zaguán hay un espejo, que fielmente duplica las apariencias. Los hombres suelen **inferir** de ese espejo que la Biblioteca no es infinita […]; yo prefiero soñar que las superficies bruñidas figuran y prometen el infinito… La luz procede de unas frutas esféricas que llevan el nombre de lámparas. Hay dos en cada hexágono: transversales. La luz que emiten es insuficiente, incesante.

Como todos los hombres de la Biblioteca, he viajado en mi juventud; he peregrinado en busca de un libro, acaso del catálogo de catálogos; ahora que mis ojos casi no pueden descifrar lo que escribo, me preparo a morir a unas pocas leguas del hexágono en que nací. Muerto, no faltarán manos piadosas que me tiren por la baranda; mi sepultura será el aire insondable; mi cuerpo se hundirá largamente y se corromperá y disolverá en el viento engendrado por la caída, que es infinita. Yo afirmo que la Biblioteca es interminable. […]

A cada uno de los muros de cada hexágono corresponden cinco anaqueles; cada anaquel encierra treinta y dos libros de formato uniforme; cada libro es de cuatrocientas diez páginas; cada página, de cuarenta renglones; cada renglón, de unas ochenta letras de color negro. También hay letras en el dorso de cada libro; esas letras no indican o **prefiguran** lo que dirán las páginas. Sé que esa inconexión, alguna vez, pareció misteriosa. Antes de resumir la solución (cuyo descubrimiento, a pesar de sus trágicas proyecciones, es quizá el hecho capital de la historia) quiero rememorar algunos **axiomas**.

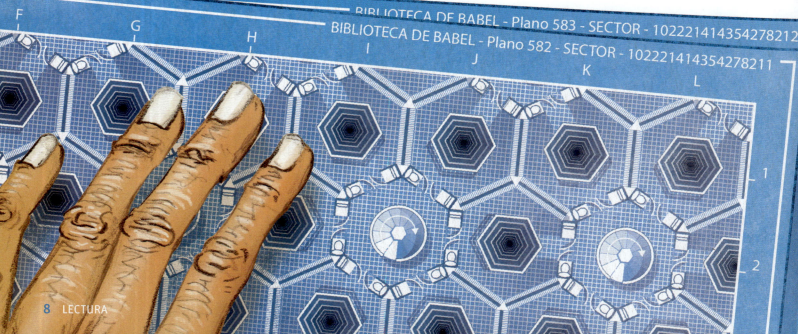

El primero: la Biblioteca existe *ab aeterno*. De esa verdad [...] ninguna mente razonable puede dudar. El hombre, el imperfecto bibliotecario, puede ser obra del azar [...]; el universo, con su elegante dotación de anaqueles, de tomos enigmáticos, de infatigables escaleras para el viajero y de letrinas para el bibliotecario sentado, solo puede ser obra de un dios. [...]

El segundo: el número de símbolos ortográficos es veinticinco. Esa comprobación permitió, hace trescientos años, formular una teoría general de la Biblioteca y resolver satisfactoriamente el problema que ninguna conjetura había descifrado: la naturaleza informe y caótica de casi todos los libros. Uno, que mi padre vio en un hexágono del circuito quince noventa y cuatro, constaba de las letras MCV perversamente repetidas desde el renglón primero hasta el último. [...] Durante mucho tiempo se creyó que esos libros impenetrables correspondían a lenguas pretéritas o remotas. [...] Pero cuatrocientas diez páginas de inalterables MCV no pueden corresponder a ningún idioma, por dialectal o rudimentario que sea. Algunos insinuaron que cada letra podía influir en la subsiguiente y que el valor de MCV en la tercera línea de la página 71 no era el que puede tener la misma serie en otra posición de otra página.

Hace quinientos años, el jefe de un hexágono superior dio con un libro tan confuso como los otros, pero que tenía casi dos hojas de líneas homogéneas. [...] Esos ejemplos permitieron que un bibliotecario de genio descubriera la ley fundamental de la Biblioteca.[...] Todos los libros, por diversos que sean, constan de elementos iguales: el espacio, el punto, la coma, las veintidós letras del alfabeto. También alegó un hecho que todos los viajeros han confirmado: no hay, en la vasta Biblioteca, dos libros idénticos. De esas premisas incontrovertibles dedujo que la Biblioteca es total y que sus anaqueles registran todas las posibles combinaciones de los veintitantos símbolos ortográficos (número, aunque vastísimo, no infinito), o sea, todo lo que es dable expresar: en todos los idiomas. Todo. [...]

Cuando se proclamó que la Biblioteca abarcaba todos los libros, la primera impresión fue de extravagante felicidad. Todos los hombres se sintieron señores de un tesoro intacto y secreto. No había problema personal o mundial cuya elocuente solución no existiera: en algún hexágono. El universo estaba justificado. [...]

ab aeterno. Desde siempre.

análogo. Parecido.
prosternarse. Arrodillarse.

También sabemos de otra superstición de aquel tiempo: la del Hombre del Libro. En algún anaquel de algún hexágono (razonaron los hombres) debe existir un libro que sea la cifra y el compendio perfecto de todos los demás: algún bibliotecario lo ha recorrido y es **análogo** a un dios. [...] Muchos peregrinaron en busca de Él. Durante un siglo fatigaron en vano los más diversos rumbos. ¿Cómo localizar el venerado hexágono secreto que lo hospedaba? [...] En aventuras de esas, he prodigado y consumido mis años. No me parece inverosímil que en algún anaquel del universo haya un libro total; ruego a los dioses ignorados que un hombre —¡uno solo, aunque sea, hace miles de años!— lo haya examinado y leído. [...]

La escritura metódica me distrae de la presente condición de los hombres. La certidumbre de que todo está escrito nos anula o nos afantasma. Yo conozco distritos en que los jóvenes **se prosternan** ante los libros y besan con barbarie las páginas, pero no saben descifrar una sola letra. Las epidemias, las discordias heréticas, las peregrinaciones que inevitablemente degeneran en bandolerismo han diezmado la población. Creo haber mencionado los suicidios, cada año más frecuentes. Quizá me engañen la vejez y el temor, pero sospecho que la especie humana —la única— está por extinguirse y que la Biblioteca perdurará: iluminada, solitaria, infinita, perfectamente inmóvil, armada de volúmenes preciosos, inútil, incorruptible, secreta.

JORGE LUIS BORGES: *Ficciones*, Planeta

>> **Jorge Luis Borges**
Jorge Luis Borges (1899 - 1986) fue un célebre poeta, narrador y ensayista argentino. Es uno de los escritores más destacados de la literatura en español.

1. ¿Qué otro título podría tener este relato de Jorge Luis Borges?

   A. *La Biblioteca, el conocimiento inabarcable*
   B. *Peregrinar por la Biblioteca en busca de un libro*
   C. *Teoría general de la Biblioteca y del universo*

2. En este texto, el autor nos quiere transmitir que el conocimiento es infinito y que todo está, o puede estar, en los libros. Pon ejemplos del fragmento en los que aparezca esta idea principal.

3. Fíjate en estas ilustraciones e indica cuál de ellas podría representar la Biblioteca del texto.

● Localizo el tema

● Localizo la idea principal

● Busco información

4. Lee el siguiente fragmento del texto. ¿Podríamos hacer el cálculo para saber el número de libros que existen en la biblioteca de Babel? ¿Qué quiere transmitirnos el autor con esta descripción?

   > A cada uno de los muros de cada hexágono corresponden cinco anaqueles, cada anaquel encierra treinta y dos libros de formato uniforme; cada libro es de cuatrocientas diez páginas; cada página, de cuarenta renglones, cada renglón, de unas ochenta letras de color negro.

5. El relato de Borges comienza así…

   > El universo (que otros llaman *la Biblioteca*) se compone de…

   • Lee el significado de la palabra *universo* y explica por qué crees que el autor realiza ese paralelismo.

   > **universo.**
   > **1.** m. Conjunto de todo lo creado o existente.

6. Fíjate en las palabras destacadas de este fragmento del texto. ¿Con qué otras palabras podrías decir lo mismo?

   > De esas **premisas incontrovertibles** dedujo que la Biblioteca es total y que sus anaqueles registran todas las posibles combinaciones de los veintitantos símbolos ortográficos (número, aunque vastísimo, no infinito) […].

   A. Ideas verdaderas.
   B. Conclusiones matemáticas.
   C. Ideas básicas indiscutibles.

COMPRENSIÓN LECTORA 11

Busco información

7. El segundo axioma es que existen 25 símbolos ortográficos o elementos iguales que se repiten. ¿Cuáles son? Lo encontrarás a partir de la línea 36.

Relaciono palabras

8. En la oración de la actividad 6, ¿a qué se refiere *esas*?

   A. A las premisas "el conocimiento existe desde siempre" y "todo el conocimiento se puede expresar con un número limitado de signos".

   B. A las premisas "el universo es obra de los dioses" y "el número de símbolos ortográficos es 25, siempre y en todas las lenguas".

   C. A las premisas "la Biblioteca existe" y "todos los libros constan de elementos iguales".

9. Busca las siguientes palabras en el texto y relaciónalas en tu cuaderno con el sinónimo adecuado.

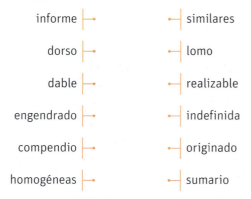

informe — similares
dorso — lomo
dable — realizable
engendrado — indefinida
compendio — originado
homogéneas — sumario

Me fijo en la forma

10. El autor describe la Biblioteca y los caracteres que contiene un libro. ¿Por qué ha incluido de forma tan detallada esas dos descripciones?

Pienso en lo que dice el texto

11. Vuelve a leer este fragmento que aparece al final del relato. ¿Qué nos quiere decir el autor?

> [...] sospecho que la especie humana —la única— está por extinguirse y que la Biblioteca perdurará: iluminada, solitaria, infinita, perfectamente inmóvil, armada de volúmenes preciosos, inútil, incorruptible, secreta.

   A. Que la especie humana desaparecerá, pero siempre quedará una Biblioteca.

   B. Que puede que las personas desaparezcamos, pero el conocimiento siempre pervivirá.

   C. Que la humanidad se extinguirá, pero siempre nos quedará una Biblioteca secreta.

12. En el fragmento de la actividad anterior, el narrador dice que la especie humana es "la única". ¿Por qué lo dice? ¿Qué crees que habrá pasado con el resto de las especies?

13. Se ha escrito que internet ha hecho posible la biblioteca de Babel imaginada por Borges. ¿Qué crees que puede significar esta idea? Explícalo con ejemplos y, después, comentadlo en clase.

PRACTICA Sigue trabajando la comprensión lectora con otro texto.

14. Haz la descripción de una biblioteca. Puede ser una que conozcas o una que te imagines. Para hacer la descripción, contesta estas preguntas.

- Cómo es la fachada del edificio?
- ¿Cuántas plantas tiene la biblioteca?
- ¿En qué año se construyó?
- ¿Qué espacios tiene el edificio? ¿Qué función posee cada espacio?
- ¿Cómo se distribuyen los libros dentro de la biblioteca?
- ¿Cómo están ordenados los libros?
- ¿Hay otros materiales aparte de libros: películas, CD de música, etc.?

15. Imagina que quieres crear tu propia biblioteca, donde almacenes libros de un ámbito de conocimiento específico. Escribe un breve texto en el que la describas. Para ello, puedes tener en cuenta estas ideas.

- ¿Qué ámbito de conocimiento te resulta más interesante para tu biblioteca: biología, historia, psicología...?
- Investiga sobre varios libros que pertenezcan al ámbito que hayas escogido y anota los títulos.
- ¿Cómo los clasificarás? Piensa en una forma eficaz para que los usuarios puedan encontrar el libro que buscan de manera rápida.
- Elabora el diseño de tu biblioteca: el número de plantas, el número de salas, la forma y función de cada una, la colocación de las estanterías, el equipamiento del que constan...
- También puedes añadir algún boceto para que tus compañeros puedan visualizar tu proyecto.

16. Desde sus orígenes, la humanidad ha acumulado conocimiento y lo ha plasmado en numerosas construcciones que son consideradas grandes obras de arte. Describe de manera oral ante tus compañeros un monumento del arte de la Antigüedad. Para hacerlo, sigue estos pasos.

Paso 1. Elige una de estas construcciones para tu exposición o busca otra que te guste para sorprender a tus compañeros.

Stonehenge, Reino Unido

Templo de Kukulcán, México

Paso 2. Busca información detallada sobre ella. ¿Cómo es? ¿En qué año se construyó? ¿Con qué fin se construyó? ¿Estaba habitada?

Paso 3. Recopila imágenes de la construcción, tanto del interior como del exterior, para acompañar tu exposición. De este modo, tus compañeros podrán recorrerla visualmente mientras tú la explicas.

Las propiedades del texto

1. Lee el cartel y responde a las preguntas que aparecen a continuación.

a) ¿Cuál es la intención del cartel?
b) ¿Qué información aporta? ¿Crees que es suficiente teniendo en cuenta su finalidad? ¿Por qué?
c) ¿Piensas que es un texto con sentido completo?

> Un texto es la **unidad máxima de comunicación** que se crea con una intención **específica** y se emite en unas circunstancias **determinadas**.
>
> Para que la información llegue al receptor correctamente, es necesario que el texto cumpla tres propiedades: **adecuación**, **coherencia** y **cohesión**.

La adecuación

2. Lee atentamente estas notas. ¿Son adecuadas para la situación comunicativa en la que se dan? Justifica tu respuesta.

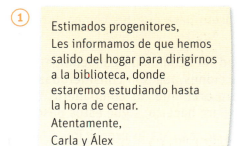

① Estimados progenitores,
Les informamos de que hemos salido del hogar para dirigirnos a la biblioteca, donde estaremos estudiando hasta la hora de cenar.
Atentamente,
Carla y Álex

② Eh, padres:
Mañana haremos una reunión de inicio de curso de vuestros hijos. La reunión será en la clase. La hora aún no está clara, ya os avisaremos.
¡Adiós!
Los profesores

> La adecuación es la propiedad por la cual un texto se **adapta** a las circunstancias de la **situación comunicativa**, a la **intención del emisor** y al **receptor**. Los factores que condicionan la adecuación son los siguientes:
>
> - **Relación entre emisor y receptor.** El grado de familiaridad y la relación entre los interlocutores determinan el nivel de formalidad en el uso de la lengua.
> - **Intención comunicativa.** Según cuál sea la intención del emisor, elegirá una forma de expresión: narrar, describir, orientar, explicar, convencer…
> - **Marco social.** Hace referencia al momento y al lugar en el que se produce el acto comunicativo.
> - **Tema.** El asunto sobre el que trata el mensaje constituye también un factor de variación. Puede ser más general o más especializado.

3. Indica cuál es la intención comunicativa del emisor de estos textos y explica los factores que condicionan su adecuación. ¿Qué lenguaje usarías en cada caso, formal o informal?

a) Las normas que regulan el uso de la ducha del gimnasio.

b) Una nota a tu compañero de clase.

c) Un capítulo de tu libro favorito.

d) Un cartel sobre por qué votar a tu compañera como delegada de clase.

Las características de la situación comunicativa determinan también el uso de la lengua por parte del emisor. Según las circunstancias, utilizará un **registro lingüístico** u otro.

Los registros lingüísticos son las **distintas formas de expresión** que un emisor emplea para **adecuarse a cada situación comunicativa**. Según el grado de formalidad, se pueden distinguir dos tipos:

Registro formal	Registro informal
Nivel más elaborado de la lengua.	Nivel menos elaborado.
Mayor riqueza léxica.	Léxico coloquial y uso de frases hechas.
Organización de las ideas.	Poca atención al orden.
Sintaxis correcta.	Poca atención a la corrección sintáctica.
Tratamiento con fórmulas de cortesía.	Tratamiento con fórmulas familiares.

4. Vuelve a escribir las notas de la actividad 2 adecuándolas al registro lingüístico que requiere cada situación comunicativa.

5. Imagina que, ante una epidemia de gripe, es necesario informar a la población de que debe vacunarse. Analiza las diferencias que habría entre estos textos para que fueran adecuados.

a) Una nota del Ministerio de Sanidad para informar a los médicos.

b) Un cartel informativo para los usuarios de los centros de salud sobre la importancia de vacunarse.

6. Señala los rasgos propios del registro informal de este texto. Después, indica si es adecuado y por qué.

A continuación se dirigió a los nuevos, que fueron cogidos por sorpresa.

—Tú eres Ramón Novoa, ¿verdad?

—¡Sí, señor!

El interpelado respondió con voz fuerte y cortada, como si el insti fuera una academia militar. Al Juli le hizo gracia. Carraspeó y se dirigió de nuevo a él:

—¿Quieres presentarte?

Entonces Ramón dijo que bueno, que se llamaba Moncho. Luego dijo "mmm...", abrió los brazos, se encogió de hombros y dijo que ya estaba.

José Ramón Ayllón: *Vigo es Vivaldi*, Bruño

Las propiedades del texto

La coherencia

7. Lee los siguientes textos. ¿Crees que tienen sentido completo? ¿Por qué?

> **①** James Bond viaja a Egipto para investigar la desaparición de dos submarinos nucleares, uno de la OTAN y otro soviético. Allí colabora con Anya, una agente soviética. Bond y Anya descubren que el robo lo ha cometido Karl Stromberg, un millonario que trabaja para la asociación criminal SPECTRA.

> **②** Va a ver a Tatiana, aunque no sabe que se trata de una trampa, pero eran órdenes. Ella está dispuesta a llevar a cabo el robo. Sin embargo, las cosas no son lo que parecen porque la asociación criminal SPECTRA aprovecha la ocasión ya que siempre han querido atrapar a su mayor enemigo.

La coherencia es la propiedad que permite entender el texto como **una unidad global de sentido**, en la que se distinguen un **tema central** y el **orden** de las ideas. Por tanto, un texto es coherente si tiene unidad de sentido, es decir, si los enunciados que lo componen se refieren a una idea principal, en torno a la cual se organizan el resto de las informaciones.

Para que un texto sea coherente, debe cumplir unos requisitos:

- **Estructuración de la información.** Las ideas que se presentan en un texto deben seguir un orden lógico. En los textos escritos, generalmente cada idea se presenta en un párrafo.
- **Compatibilidad semántica.** Los enunciados tienen que establecer relaciones lógicas, de modo que no resulten contradictorios.
- **Relación temática.** Los enunciados deben referirse al contenido temático.
- **Progresión informativa.** Los enunciados deben aportar informaciones nuevas acerca del tema principal para que haya dinamismo. El **tema** es aquello de lo que trata el texto, es decir, la información ya conocida. El **rema** es la información nueva que se aporta sobre el tema.

8. Vuelve a leer los textos de la actividad 7 y contesta a las preguntas.

a) ¿Qué tema trata el primer texto?

b) ¿Por qué el segundo no es coherente? ¿Qué requisitos debería cumplir para serlo?

c) Rescribe en tu cuaderno el segundo texto para que tenga coherencia.

9. ¿Cuál es el tema de este texto?

El escritor medita en silencio. Observa las manchas de la pared que tiene enfrente. Las manchas forman dibujos caprichosos. Los dibujos originados se agrandan con las sombras del atardecer. [...] De pronto, un rayo de sol penetra por la rendija de la ventana. [...] Se desplaza hasta la mesa del escritor e ilumina la página de un libro. El libro está abierto sobre la mesa. El escritor abandona su meditación y regresa a la lectura.

VV. AA.: *Secretos y recursos de la creatividad*, Salvat

La cohesión

10. Lee de nuevo el texto de la actividad 9 y resume la idea como si lo escribieras en una breve nota.

La cohesión es la propiedad del texto por la cual los **elementos lingüísticos** que lo integran están **conectados entre sí**. Los principales recursos de cohesión son las referencias internas y los conectores discursivos.

11. Observa el siguiente telegrama y transfórmalo en tu cuaderno en un texto que tenga cohesión.

```
Elvira. Billete de tren comprado. Llegada martes
16:30 horas. Esperaré en la estación. Deseando verte.
```

Las **referencias internas** pueden ser de tres tipos:

- **Recursos de repetición.** Consisten en la reiteración de los elementos lingüísticos dentro de un texto. La repetición permite destacar informaciones e ideas que, de este modo, resultan más comprensibles y evidentes para el receptor. Hay cuatro tipos fundamentales de repeticiones: fónicas, léxicas, semánticas y de esquemas gramaticales.
- **Deixis.** Consiste en el empleo de palabras que señalan o se refieren a otras ya nombradas en el texto o que se van a nombrar a continuación. Son deícticos los **pronombres personales**, así como los **posesivos**, los **demostrativos** y algunos **adverbios** de lugar, de tiempo y de modo (*Allí* debatieron la última ley educativa, *Tú nos lo has prometido*).
- **Elipsis.** Consiste en suprimir uno o varios elementos del texto que son conocidos por el receptor o que se sobrentienden por el contexto.

12. ¿Qué recursos de repetición se emplean en estos textos?

① Bailar cuando todo está mal,
bailar cuando todo sigue igual.

JARABE DE PALO

③ Procedieron a demoler
el edificio. La casa
estaba en mal estado.

② El ruido con que rueda
la ronca tempestad.

JOSÉ ZORRILLA

④ ¡Amapola, sangre de la tierra;
amapola, herida de sol!

JUAN RAMÓN JIMÉNEZ

13. Identifica los deícticos que aparecen en las siguientes oraciones. Después, indica a qué palabras se refieren.

a) Mejor nos ponemos aquí, en esta terraza hace menos frío.

b) El deporte nos hace liberar endorfinas. Gracias a él, nos sentimos mejor.

Las propiedades del texto

14. Lee este fragmento, localiza las elipsis y señala los recursos de repetición.

> Cada pelo que pierdo, cada uno de los últimos cabellos, es un compañero que cae, y que antes de caer ha tenido nombre, o por lo menos número. Me consuelo recordando la frase del amigo piadoso: "Si el pelo fuera importante, estaría dentro de la cabeza y no afuera". También me consuelo comprobando que en todos estos años se me ha caído mucho pelo, pero ninguna idea, lo que es una alegría comparado con tanto arrepentido que anda por ahí.
>
> EDUARDO GALEANO: *Amares*, Alianza

15. Rescribe estas oraciones usando referencias internas para proporcionar mayor cohesión. Después, clasifica los recursos que has empleado.

a) Si el autobús venía con retraso, se enfadaba con el conductor del autobús.

b) No sabía cómo salir del enredo. El enredo se iba enmarañando cada día más.

c) El perro ladraba sin parar hacia el jardín. Pero en el jardín no había nadie.

Los **conectores discursivos**, junto con las referencias internas, constituyen los elementos de cohesión de un texto.

Son palabras o locuciones que indican las **relaciones lógicas** entre las diversas partes de un texto. Pueden ser conjunciones, locuciones conjuntivas, adverbios, locuciones adverbiales, preposiciones, locuciones prepositivas, etc. Según el **tipo de relación** que expresan, se pueden clasificar en:

Aditivos y de precisión	*asimismo, además, también*
Adversativos	*sin embargo, en cambio, por el contrario*
Concesivos	*aun así, de cualquier manera, de todas formas*
Consecutivos	*así pues, así que, de modo que*
Explicativos	*es decir, esto es*
Reformuladores	*de otro modo, dicho de otra forma, dicho en otras palabras*
Ejemplificativos	*por ejemplo, pongo por caso*
Rectificativos	*más bien, mejor dicho*
Recapitulativos	*a fin de cuentas, al fin y al cabo, en resumen*
De ordenación	*en primer lugar, finalmente, por último*
De apoyo argumentativo	*dicho esto, pues bien*
De digresión	*por cierto, dicho sea de paso*

---

16. Completa estas oraciones con la clase de conector discursivo que se indica.

a) ●●● (*de ordenación*) tienes que estudiar; ●●● (*recapitulativo*) es lo más importante para tu futuro.

b) Leer permite ampliar el vocabulario. Y, ●●● (*de digresión*), es uno de los mejores entretenimientos.

c) El viaje dura unas ocho horas; ●●● (*explicativo*), habrá que madrugar.

d) No me interesa ver esta película, ●●● (*concesivo*) os acompañaré al cine.

17. Lee el texto y responde a las preguntas en tu cuaderno.

> No viniste.
>
> Esperé toda la tarde subida al sauce, con los mosquitos zumbándome en la cara y el pelo pegajoso por la savia, esperando a que volvieras del pueblo.
>
> Sabía que habías ido allí. Te oí preguntarle al señor Johnson después del oficio religioso si podías ir a su casa al atardecer. Supuse que querrías pedirle prestado su tiro de bueyes.
>
> Pero tardaste mucho. No apareciste. Tal vez te invitaran a cenar. O quizá volvieras a tu casa por otro camino.
>
> Me gané una reprimenda de Madre por no haber terminado mis tareas ni haber llegado a cenar. Me dijo que solo me habían dejado los restos pegados a la cazuela. Darrel la había rebañado hasta dejarla reluciente, pero Madre me hizo lavarla en el arroyo de todos modos.
>
> No hay nada tan brillante como el arroyo durante el día, y nada tan oscuro como el arroyo en las noches sin luna.
>
> Me incliné para beber: era lo único que tenía para llenar el estómago. Pensé que tal vez tú también estuvieras sediento y pegajoso tras un día agotador de siega, y que antes de irte a dormir quizá hundieras las manos en el arroyo para beber el agua que yo había besado. Desde que eras niño, has ido ahí para refrescarte casi todas las noches de verano.
>
> JULIE BERRY: *Toda la verdad que hay en mí*, SM

a) ¿Cuál es la intención comunicativa de este texto?
b) ¿Qué registro lingüístico ha empleado la autora?
c) ¿Crees que es un texto adecuado? ¿Por qué?
d) ¿El texto es coherente? Explica por qué.
e) Teniendo en cuenta la estructura de la información, ¿por qué el texto aparece dividido por párrafos?
f) ¿Qué mecanismos de cohesión utiliza la autora? Pon ejemplos del texto.

18. Escribe un texto de diez líneas sobre el tema de "El mar o la montaña". Para redactarlo, sigue estas indicaciones.

Paso 1. Realiza un esquema previo en el que describas la organización del contenido y la progresión de la información.

Paso 2. Utiliza recursos de sustitución; por ejemplo, puedes introducir términos de la familia léxica de *mar* o del campo semántico de la naturaleza.

Paso 3. Incluye conectores discursivos, al menos de tres clases diferentes.

19. Piensa en alguna experiencia que hayas vivido recientemente que te apetezca compartir y redacta un texto siguiendo esta estructura. Después localiza los conectores discursivos que hayas empleado.

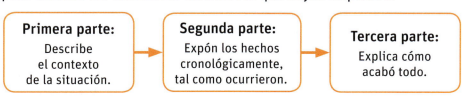

Primera parte:	Segunda parte:	Tercera parte:
Describe el contexto de la situación.	Expón los hechos cronológicamente, tal como ocurrieron.	Explica cómo acabó todo.

Las clases de oraciones

1. Lee el siguiente texto y contesta a las preguntas.

> El habla es natural; la escritura, en cambio, es artificial. Los seres humanos aprendemos a hablar de manera espontánea como consecuencia de convivir a diario con otros que ya hacen uso oral de la lengua. Hablar es algo tan inherente a uno mismo que, en ocasiones, no somos conscientes de lo que decimos; es muy común escuchar la advertencia "Piensa antes de hablar", porque hablar no requiere elaborar previamente una selección de enunciados o de correcciones de gramática y redacción. [...]
>
> Escribir implica el estudio de ciertas reglas y convenciones, y de una permanente elaboración. Alguien que habla aceptablemente puede resultar incapaz de redactar aceptablemente, y viceversa. Hablar y escribir son modalidades del lenguaje que no desarrollamos de forma simultánea: a los dos años, un niño posee ya una capacidad de expresión oral que no se equiparará en la expresión escrita, sin embargo, hasta los ocho aproximadamente.
>
> VV. AA: *Introducción a la lengua española*, Editorial Universitaria Ramón Areces

a) ¿Cuántas oraciones hay en el segundo párrafo del texto? ¿Qué signo de puntuación nos indica el final de una oración?

b) ¿Cuál es el sujeto y cuál es el predicado de la oración "Los seres humanos aprendemos a hablar de manera espontánea"?

La unidad mínima de comunicación con sentido completo se llama **enunciado**. Los enunciados pueden ser de dos tipos: **no oracionales**, cuando carecen de verbo, y **oracionales**, cuando tienen un verbo.

La **oración** es una estructura que transmite una información y consta de sujeto y predicado. Este último tiene como núcleo un verbo.

2. Indica si estos enunciados son oracionales o no oracionales. ¿Cómo lo has averiguado?

A. El martes llamaré al gimnasio.

B. La cena de celebración del cumpleaños de Sofía.

C. ¡Vámonos!

El sujeto y el predicado

3. Observa los enunciados oracionales de la actividad anterior. ¿Quién realiza la acción que indica el verbo?

El sujeto es una función ejercida por un **grupo nominal** cuyo núcleo suele ser un **sustantivo** o un **pronombre** que indican quién o qué realiza, padece o experimenta la acción del verbo. Además **concuerda con el verbo en número y persona**.

El árbol	tenía	brotes verdes.	→	Los árboles	tenían	brotes verdes.
	V/N				V/N	
GN/Suj	GV/Pred			GN/Suj	GV/Pred	

20 GRAMÁTICA

4. Escribe los sujetos de este diálogo. ¿Con qué verbo concuerdan? ¿Qué acción realiza cada sujeto?

El predicado es un **grupo verbal** que expresa lo que se dice del sujeto y cuyo núcleo siempre es un **verbo** (una forma simple, una forma compuesta o una perífrasis verbal). Generalmente, el núcleo va acompañado de algunos complementos, aunque, en ocasiones, un solo verbo puede formar una oración.

5. Señala el predicado de las siguientes oraciones e indica si el verbo es una forma simple, una forma compuesta o una perífrasis verbal.

a) Sus amigos han llegado tarde a clase.
b) Rosa terminará de leer la novela mañana.
c) Manuel tiene una amiga en Londres.

>> Una **perífrasis verbal** es la combinación de un verbo auxiliar conjugado y un verbo pleno en forma no personal, que funciona como un único núcleo verbal: *hay que volver, debes leer, acaba de llegar, empezó a llorar.*

Clases de oraciones según la complejidad sintáctica

6. Observa las oraciones de la actividad anterior. ¿Están formadas por más de un grupo verbal?

Según la complejidad sintáctica, una **oración es simple** cuando solo tiene un verbo. Si posee dos o más formas verbales, es una **oración compuesta**.

7. Indica si las siguientes oraciones son simples o compuestas.

A. Ahora no hay nadie en el aula de Tecnología.
B. Cada día que pasa me parece más simpática.
C. A mediodía vendrán a comer Martina y Andrea.

8. Escribe en tu cuaderno una oración compuesta que contenga una forma verbal simple y una perífrasis verbal.

Clases de oraciones según la participación del sujeto

9. Observa este titular. ¿El sujeto *El puente Lusitania* realiza o recibe la acción del verbo? Justifica tu respuesta.

El puente Lusitania fue diseñado por el arquitecto Santiago Calatrava

Las clases de oraciones

Según la participación del sujeto, las oraciones pueden ser:

- **Activas.** El sujeto (agente) realiza o experimenta la acción expresada por un verbo con significado pleno, que aparece en voz activa.
- **Pasivas.** El sujeto (paciente) recibe la acción de un verbo con significado pleno, que está en voz pasiva. Pueden ser:
  - **Perifrásticas.** Se construyen con el verbo auxiliar *ser* más el participio de un verbo transitivo (*Los bomberos* **fueron avisados** *rápidamente*).
  - **Reflejas.** Se expresan con la forma *se* y un verbo transitivo que concuerda con el sujeto paciente. El verbo suele aparecer en 3.ª persona del singular o del plural y sin complemento agente (**Se cancela** *el evento*).

10. Transforma estas oraciones activas en pasivas perifrásticas. Después, conviértelas en pasivas reflejas.

   a) El Ayuntamiento paralizó las obras.

   b) El destinatario no ha recibido el mensaje.

11. Compara las siguientes oraciones. ¿Cuál de ellas es una oración pasiva refleja? ¿Cómo lo has averiguado?

> Se venderán más vehículos este año.

> Se duerme fenomal aquí.

12. Escribe una oración con sujeto agente y otra con sujeto paciente. ¿Qué clase de oración es cada una según la participación del sujeto?

13. Indica cuáles de las siguientes oraciones son impersonales. Después clasifícalas en tu cuaderno según sean reflejas o no reflejas.

   A. Se tarda muy poco en llegar.

   B. ¡Se acabó el invierno!

   C. En esa empresa se trabaja muy duro.

   D. ¿Lloverá mañana?

Clases de oraciones según la naturaleza del verbo

14. Señala a cuál de estas oraciones debe añadirse más información para tener sentido. Justifica tu respuesta.

   A. El niño grita.

   B. Estela guardó.

>> Las oraciones impersonales son las que no tienen sujeto. Pueden ser:

- **No reflejas**, cuando no lo tienen porque el verbo no lo admite ni lo necesita (*Hay tarta*, *Lloverá mañana*).
- **Reflejas**, que se construyen con la forma *se* y un verbo en tercera persona del singular (*Se viaja mejor en tren*).

En función de las propiedades del verbo y los complementos que requieren, las oraciones pueden ser:

- **Copulativas.** El predicado está formado por un verbo copulativo (*ser*, *estar* o *parecer*) y un atributo (*Natalia* **está** *bastante contenta con las notas*). Si el verbo es semicopulativo, es decir, un verbo que ha perdido parte de su significado, y se combina con un atributo, la oración se denomina **semicopulativa** (*El gato* **se quedó** *muy asustado*).
- **Transitivas.** Necesitan un **complemento directo** para completar su significado (*El jurado concedió* **el premio** *a Marina por su esfuerzo*).
- **Intransitivas.** No necesitan un complemento directo, aunque pueden llevar otros complementos (*El grupo actuará mañana en la sala Triángulo*). Los verbos intransitivos pueden hacer referencia a significados existenciales (*vivir*, *morir*, *existir*), de acción (*gritar*, *llorar*) y de movimiento (*ir*, *llegar*).

15. Escribe en tu cuaderno una oración copulativa y una oración transitiva. Después señala cuál es el atributo y cuál es el complemento directo de las oraciones que has creado.

16. Clasifica las oraciones del texto según todos los criterios estudiados.

> Gandhi nació el 2 de octubre de 1869 en Porbandar, India. Su verdadero nombre es Mohandas Karamchand Ghandi. Sus allegados le llamaron Mahatma. Fue enviado a Londres por sus padres de 1888 a 1891.
>
> ROBERT PAYNE: *Gandhi*, Torres de papel

Clases de oraciones según la actitud del hablante

17. Observa estas oraciones. ¿Crees que expresan lo mismo? ¿En qué caso emplearías cada una de ellas?

¿Vienes aquí y lo arreglamos?

¡Vienes aquí y lo arreglamos!

Según la intención que el hablante muestre al emitir un mensaje, se distinguen las siguientes modalidades oracionales:

- **Enunciativas.** Se utilizan para presentar una **información** y manifestar **seguridad** ante lo que se dice (*Hoy ha nevado, Mañana no habrá clase*).
- **Exclamativas.** Sirven para expresar **emociones** y **sentimientos**.
- **Interrogativas.** Se usan para **preguntar** algo.
- **Desiderativas.** Sirven para **expresar** el **deseo** de que se cumpla el contenido de la oración. Suelen llevar signos exclamativos y el verbo en subjuntivo (*¡Que gane el mejor!, ¡Ojalá me toque la lotería!*).
- **Imperativas.** Pretenden **influir en el receptor** para que actúe de una manera por medio de órdenes, ruegos o peticiones. Se utiliza el verbo en imperativo (*¡Recógelo!*) o, en los enunciados negativos, en subjuntivo (*No lo recojas*).
- **Dubitativas.** Se utilizan para **expresar incertidumbre**, **posibilidad o suposición**. Se suele usar el modo subjuntivo y partículas como quizá o tal vez (*Quizá me marche mañana, Tal vez llueva más tarde*).

>> Las oraciones exclamativas e interrogativas pueden ser:
- **Totales**: si no son introducidas por partículas exclamativas o interrogativas (*¡Mañana no habrá clase!, ¿Ha llegado el médico?*).
- **Parciales**: si son introducidas por determinantes, pronombres o adverbios exclamativos o interrogativos (*¡Cuánto ha llovido hoy!, Quién habrá llegado*).

18. Clasifica según la actitud del hablante las oraciones incluidas en las siguientes citas de personajes célebres. Justifica tu respuesta.

1
> ¿Por qué nos aporta tan poca felicidad esta magnífica tecnología científica, que ahorra trabajo y nos hace la vida más fácil?
>
> ALBERT EINSTEIN

2
> Mira dos veces para ver lo justo. No mires más que una vez para ver lo bello.
>
> HENRY F. AMIEL

GRAMÁTICA 23

Las reglas de acentuación

Cuando hablamos, destacamos algunas sílabas pronunciándolas con mayor intensidad y duración. Son las **sílabas tónicas**, que en ocasiones se marcan en la escritura con el signo ortográfico de la **tilde** conforme a las reglas de acentuación.

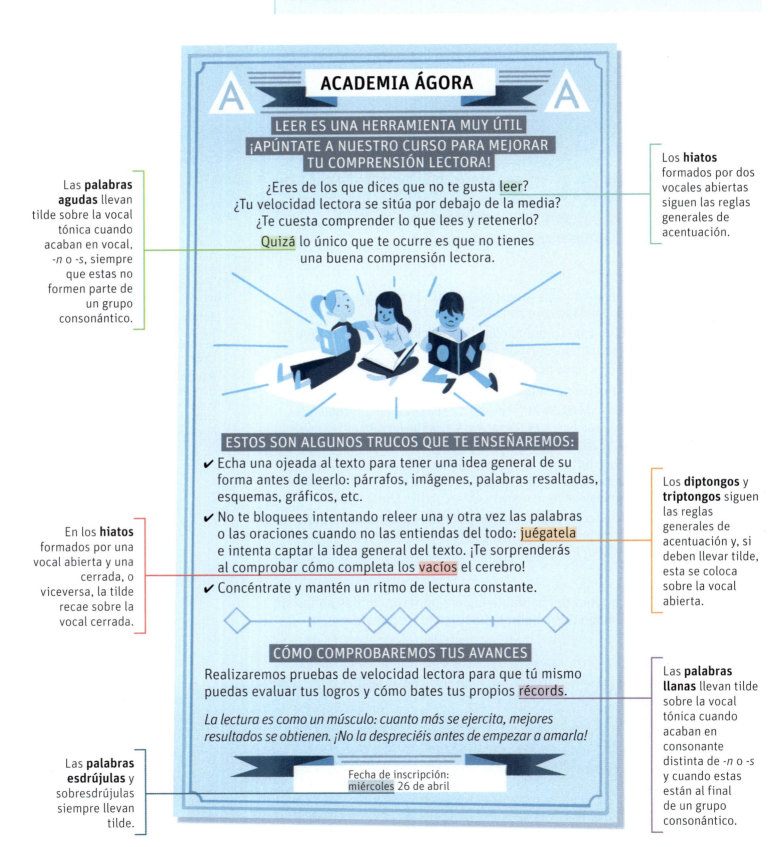

Las **palabras agudas** llevan tilde sobre la vocal tónica cuando acaban en vocal, -*n* o -*s*, siempre que estas no formen parte de un grupo consonántico.

Los **hiatos** formados por dos vocales abiertas siguen las reglas generales de acentuación.

En los **hiatos** formados por una vocal abierta y una cerrada, o viceversa, la tilde recae sobre la vocal cerrada.

Los **diptongos** y **triptongos** siguen las reglas generales de acentuación y, si deben llevar tilde, esta se coloca sobre la vocal abierta.

Las **palabras llanas** llevan tilde sobre la vocal tónica cuando acaban en consonante distinta de -*n* o -*s* y cuando estas están al final de un grupo consonántico.

Las **palabras esdrújulas** y sobresdrújulas siempre llevan tilde.

24 ORTOGRAFÍA

1. **Organiza tus ideas.** Realiza un diagrama de flujo en tu cuaderno sobre las reglas de acentuación y añade ejemplos del texto.

2. Completa estas oraciones en tu cuaderno con las vocales que faltan.

   a) H●ce un d●a fr●squ●s●mo. C●ge el ●br●g●, anda.

   b) Ll●v●te d●s o tr●s m●nz●nas de ●se p●●sto.

   c) En dos ●ñ●s han pas●do de seg●nd● a prim●ra div●s●●n.

3. Clasifica estas palabras en la tabla y señala, en diferente color, el tipo de vocales que las forman.

   EJEMPLO: *veintiséis*: diptongo (vocal abierta + vocal cerrada)

Diptongos	Triptongos	Hiatos
●●●	●●●	●●●

   • Añade a tu tabla las palabras con diptongos, triptongos e hiatos que encuentres en el texto y que no hayan sido señaladas.

4. Completa en tu cuaderno estos enunciados con una de las palabras que se proponen. ¿Por qué es importante el uso de la tilde en ellas?

   a) ¡Qué ●●● (*práctico/practico/practicó*) es este mueble! Hace a la vez de silla y de mesa.

   b) ●●● (*Público/Publico/Publicó*) su novela después de mandarla a veinte editoriales distintas.

   c) Me subió el ●●● (*ánimo/animo/animó*) al instante. Ese espectáculo es divertidísimo.

5. Lee con atención estas preguntas sobre el uso de la tilde y respóndelas en tu cuaderno.

   a) ¿Por qué *subáis* y *corréis* llevan tilde, mientras que *riais* y *pieis* no?

   b) ¿Por qué *zigzags* no lleva tilde, mientras que *compás* sí?

   c) ¿Por qué *incluido* y *huida* no llevan tilde?

6. Observa las fotografías y escribe una breve historia inspirada en cada una de ellas.

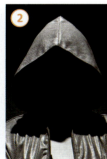

   • Relee el texto que has escrito y subraya las palabras llanas. ¿Hay más palabras con tilde o sin tilde?

   PRACTICA Repasa con un dictado interactivo.

El diccionario

1. Fíjate en la información que se da sobre las palabras en el *Diccionario de la lengua española*. ¿Qué crees que significa *coloq.*?

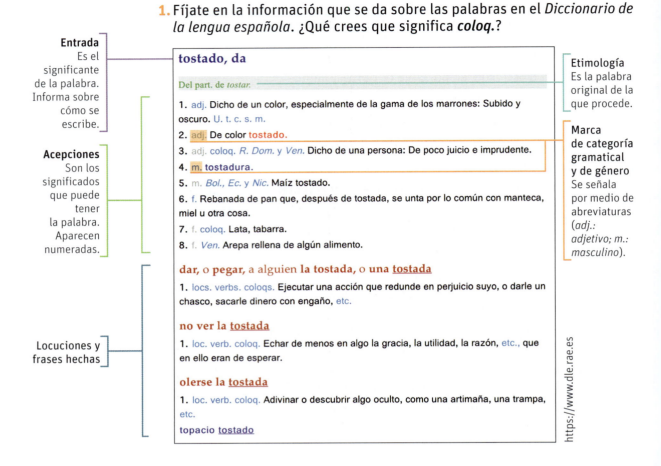

Los diccionarios registran el **significado de las palabras**. En español, el **diccionario normativo** por excelencia es el *Diccionario de la lengua española*, de la Real Academia Española, que se puede consultar en papel y en internet.

Además de los normativos, existen otros tipos de diccionarios como los **de uso**, los **etimológicos**, los **de dudas**, los **de sinónimos y antónimos**, los **de refranes y frases hechas**, etc.

2. Busca en un diccionario en línea las palabras destacadas en estas oraciones y escribe en tu cuaderno la acepción adecuada en cada caso.

   a) Era un paisaje completamente plano.
   b) Este plano no vale; es muy antiguo.
   c) Mi hermano me hizo un jersey de punto.
   d) Al llegar a ese punto, nos detuvimos.
   e) Han inaugurado el puente de la Constitución en Cádiz.
   f) Iremos a Cádiz en el puente de la Constitución.

3. Lee las siguientes preguntas. ¿Qué clase de diccionario debes utilizar para poder contestarlas?

   a) ¿Qué significa el verbo *chatear*?
   b) ¿Cuál es el origen de la palabra *maniquí*?
   c) ¿Qué significa la expresión *tomar las de Villadiego*?

La infografía

1. Observa el texto y responde a las preguntas.
   a) ¿Cuál es el tema de esta infografía?
   b) ¿Qué función tienen los colores que se utilizan? ¿En qué parte del texto se señala esta clasificación?
   c) ¿Consideras que es necesario seguir un orden de lectura para comprender el contenido del texto? Justifica tu respuesta.
   d) ¿Qué recurso visual, aparte de los colores, se ha usado en el texto? ¿Cuál crees que es su finalidad? Pon un ejemplo.

2. Imagina que este texto tuviera que ocupar la mitad del espacio que ocupa. ¿Cómo lo organizarías para poder ofrecer la misma información?

3. ¿Qué añadirías en el texto para facilitar su lectura y comprensión? Elige y justifica tu respuesta.

   A. Un mapa mental.   B. Un esquema.   C. Una línea del tiempo.

4. ¿Qué letra recibe dos nombres en la infografía? ¿Cuál de los nombres es el más antiguo?

5. Si no tuvieras esta infografía, ¿dónde buscarías información sobre cada letra aparte de internet?

6. ¿Crees que la información que aparece en esta infografía es fiable? Justifica tu respuesta.

Club de lectura virtual

1. Lee este cartel. Luego, responde a las preguntas.

a) Cuál es la finalidad de este texto?
b) ¿Qué institución informa sobre esta actividad?
c) ¿Podrías apuntarte al Comando Lector? Explica por qué sí o por qué no.
d) ¿Cómo te pondrías en contacto con ellos?

2. En parejas, conversad sobre los siguientes temas y realizad las actividades:

a) ¿Cómo explicaríais a un compañero de qué trata la actividad y de qué manera se organiza? Resumidlo en un texto de un máximo de tres líneas.

b) ¿Os gustaría apuntaros a un club de lectura virtual? ¿Qué ventajas y desventajas pensáis que tiene respecto a uno presencial?

c) ¿Qué libros os aconsejaríais entre vosotros? Pensad en uno que os guste a cada uno, que el compañero no haya leído, y contaos todo lo que sabéis sobre ellos: el argumento, el autor, etc. Luego, cada uno hará una ficha del libro que le ha presentado su compañero.

d) Ahora, observad la ficha que habéis escrito y reflexionad y comentad con vuestro compañero si os recuerda a algún otro libro que hayáis leído y conversad sobre ellos.

ACTIVIDADES FINALES

1. Ordena alfabéticamente las siguientes palabras. Después, elige una, copia su entrada en el diccionario y analiza sus partes.

a) estalo   c) estabón   e) comezón   g) pazo   i) tunduque

b) llena   d) payés   f) chéster   h) chaspe   j) quimérico

2. Busca en el diccionario el significado de estas expresiones. ¿En qué entrada las podrías localizar?

hacer boca   dejarse de cuentos

salir del paso   saber a cuerno quemado

3. Lee este texto y responde a las preguntas.

> Todo el mundo cree que fue por culpa de la nieve. Y en cierto sentido supongo que es verdad.
>
> Esta mañana, cuando despierto, una fina capa blanca cubre el césped delantero de nuestra casa. No pasa de un par de centímetros, pero en esta parte de Oregón basta eso para que todo quede paralizado, porque el único quitanieves del condado está ocupado en despejar las carreteras. Lo que cae del cielo es agua mojada, gotas, gotas y más gotas, pero de nieve, nada.
>
> Sin embargo, es suficiente para cerrar las escuelas. Mi hermano pequeño, Teddy, suelta un alarido de guerra cuando la noticia se anuncia en la radio de onda media de mamá.
>
> —¡Día de nieve! —brama—. Venga, papá, vamos a hacer un muñeco.
>
> GAYLE FORMAN: *Si decido quedarme*, Salamandra

a) ¿Es un texto adecuado, coherente y cohesionado? ¿Por qué?

b) ¿Qué mecanismos de cohesión utiliza el autor?

4. Copia en tu cuaderno estas definiciones y resuélvelas. Después, explica por qué llevan o no tilde cada una de las palabras.

a) Propiedad por la cual un texto se adapta a las circunstancias de la situación comunicativa, a la intención del emisor y al receptor: ad●●uac●●n

b) Acción en la que un emisor transmite un mensaje a un receptor con una intención determinada: co●un●c●c●●n.

c) Clase de oración que busca influir en el receptor: ●mp●r●tiv●.

5. Explica los mecanismos de cohesión que aparecen en esta noticia.

> La lluvia de estrellas se podrá ver esta noche a partir de las tres, hora peninsular. Los astros iluminarán el cielo.

6. ¿Cuáles de estos enunciados son coherentes? Explica qué reglas de la coherencia no cumplen aquellos que no lo sean.

A. Como sé que te gusta el color rojo, he ido al cine.

B. Salga del vehículo y abróchese el cinturón de seguridad.

C. La película empieza dentro de una hora, así que debemos irnos ya.

D. Me gusta ese jersey, pero llegaré tarde.

ACTIVIDADES FINALES

7. Señala cuáles de los siguientes enunciados son oracionales. Después, justifica tu respuesta.

A. ¡Hasta mañana, Juan! C. ¡Mira allí! E. ¡Cuánta gente!
B. ¿Ha llegado alguna carta? D. ¡Nos vemos pronto! F. ¡Feliz Navidad!

8. Observa la siguiente escena y descríbela utilizando oraciones simples.

- Indica cuál es el sujeto y cuál es el predicado de las oraciones que has creado. Después, clasifícalas según la naturaleza del verbo.

9. ¿Cuál es el sujeto y cuál es el predicado en las siguientes oraciones?

a) Me encantaría viajar más.
b) *Rebaño* es un sustantivo colectivo.
c) Deberías leer el libro del premio de Literatura Hispanoamericana.
d) Ramón y Cajal recibió el Premio Nobel de Medicina en 1906.

10. ¿Qué tipos de diccionarios conoces? Elaborad, por parejas, un folleto para los usuarios de la biblioteca en el que se indique para qué se puede utilizar cada diccionario.

11. Explica la diferencia entre estos pares de oraciones.

a) Me gusta mucho el helado de vainilla. / Adoro los domingos por la tarde.
b) Los resultados fueron publicados. / Publicaron los resultados.
c) Mis primos han alquilado una caravana. / Han alquilado una caravana.

12. Organiza tus ideas. Realiza en tu cuaderno un mapa mental sobre las propiedades del texto.

13. Completa con vocales las siguientes palabras y escribe la regla por la que llevan o no tilde.

a) trin●● d) carnav●l g) h●roe j) traves●a
b) averig●●●s e) alegr●a h) c●mics k) m●●rdago
c) murc●●lago f) bast●n i) emperad●r l) seguird●d

 VALORA LO APRENDIDO Autoevaluación.

LECTURAS RECOMENDADAS

La deriva. Un historia de ciencia ficción sobre las segundas oportunidades, la amistad, la pérdida y el olvido.

DESCUBRE Y LEE Profundiza en tu lectura con las fichas de actividades.

SOY COMPETENTE · EL BUEN PERIODISTA

Sé realista

1 No añadas ni quites nada por tu cuenta. Verifica cada información antes de escribir.

Las noticias están a tu alrededor esperando para ser contadas

2 Si estás atento a lo que sucede cerca de ti, encontrarás muchas cosas interesantes de las que informar.

Escribe desde tu punto de vista

3 Ese ángulo personal, tu perspectiva, es lo que te hace diferente.

Comparte tu trabajo con los otros

4 Podrá verlo más gente si lo compartes.

No maquilles las noticias

5 Deja la imaginación para otros menesteres. A nadie le gustan las mentiras.

Escribe sobre cosas cotidianas

6 Busca lo noticiable en la vida diaria.

Sé descriptivo, pero no exagerado

7 Una descripción simple siempre es mejor que una exageración.

Sé preciso

8 No existe más información que la información exacta. La gente confiará en lo que cuentes, no les defraudes.

Emplea una gramática correcta

9 Es difícil que la gente entienda de qué estás hablando si no escribes correctamente.

Comprensión lectora

1. ¿A quién crees que se dirige el texto? ¿Por qué?

2. ¿Cuál es la finalidad de este texto?

3. Indica cuáles de las siguientes afirmaciones son verdaderas y corrige las falsas.

   A. Toda información debe ser confirmada y verificada antes de escribir sobre ella.

   B. Tu punto de vista no resulta interesante a la hora de escribir un artículo.

   C. Cualquier texto debe estar bien redactado.

   D. Los asuntos cotidianos no son aptos para convertirse en noticia.

4. ¿Qué título le pondrías a este texto?

5. Añade otro punto para convertirlo en un decálogo.

Reflexión sobre la lengua

6. Observa las siguientes palabras y complétalas con la vocal adecuada. No olvides escribir la tilde donde sea necesario.

   a) buscar●s   c) algui●n   e) retir●r

   b) ●mbito   d) intent●r   f) f●cil

   • Explica las reglas de acentuación que siguen estas palabras.

7. Justifica si el texto del cartel es adecuado y coherente, y si está cohesionado.

8. Indica cuál es el sujeto y cuál es el predicado de las siguientes oraciones.

   a) No añadas información por tu cuenta.

   b) Compártelo con más gente.

   c) Tu perspectiva es importante.

   d) La información debe ser real.

9. Explica por qué los enunciados de la actividad anterior son oracionales.

Expresión escrita

10. Redacta una columna en la que opines sobre las redes sociales como fuente de información, frente a los medios de comunicación tradicionales.

Investiga acerca del tema y aplica las reglas que aparecen en el texto.

2 HABLEMOS DEL TEMA

En esta unidad aprenderás...

- Las características de los textos orales
- El sujeto
- Los signos de puntuación
- El campo semántico

Observa

1. Observa la imagen y responde.
   a) ¿Estas personas se están comunicando?
   b) ¿Qué canal usan?
   c) ¿Hay un solo emisor? ¿Y receptor?
   d) ¿Pueden intercambiarse los papeles?

ESCUCHA el audio

2. Escucha el audio y contesta.
   a) ¿Qué elementos influyen en el modo de recibir un texto oral?
   b) ¿Qué impresión transmite un tono de voz cálido? ¿Y uno vital y enérgico?
   c) ¿Qué debe observar el hablante en sus oyentes? ¿Qué información obtendrá?

Habla

3. Muchas veces malinterpretamos los mensajes que recibimos de forma escrita. ¿Te ha sucedido alguna vez? ¿A qué crees que se debe?

4. ¿Piensas que un receptor obtiene la misma información de un mensaje hablado que de un mensaje escrito? ¿Por qué lo piensas?

Atentamente

>> El amor por la literatura, por los libros raros y por los escritores que ya nadie lee es lo que une a los personajes de esta historia: una excéntrica escritora estadounidense autodidacta y los trabajadores de una librería inglesa de segunda mano. A pesar de la distancia, logran establecer una relación estrecha a través de las cartas que se escriben.

14 East 95th St.
25 marzo 1950

¡Vamos, Frank Doel...! ¿Se puede saber qué HACE usted ahí? No veo que haga NADA, salvo pasarse todo el día SENTADO. ¿Dónde está el Leigh Hunt? ¿Dónde está la Antología de la poesía inglesa de Oxford que le pedí? ¿Dónde mi Vulgata y ese querido y viejo loco de John Henry, con los que había pensado pasar horas de edificante lectura durante la Cuaresma? ¡No me envía usted NADA! Me tiene aquí escribiendo largas notas en los márgenes de unos libros sacados en préstamo de la biblioteca... Algún día me descubrirán y me quitarán mi tarjeta de lectora. He hecho tratos con el Conejito de Pascua para que le lleve un Huevo. Pero mucho me temo que, cuando llegue ahí, se encuentre con que usted se ha muerto de inercia. Con la llegada de la primavera necesito un libro de poemas de amor. ¡Nada de Keats o Shelley!

Envíeme poetas que sepan hablar del amor sin gimotear... Wyatt o Johnson o alguien por el estilo: lo dejo a su criterio. Pero que sea una edición linda y preferiblemente de pequeño formato, para poder metérmelo en los bolsillos de los pantalones y llevármelo a Central Park. ¡Ande, no se quede ahí sentado! Vaya a buscarlo. La verdad es que no sé cómo puede seguir funcionando esa tienda.

MARKS & CO., Libreros
84, Charing Cross Road
Londres, W. C.
27 abril 1950

Srta. Helene Hanff
14 East 95th Street, New York 28,
New York, USA

Querida señorita Hanff:

Tengo que darle las gracias por el maravillosamente bien recibido paquete de Pascua que nos llegó ayer. Nos encantó a todos ver las latitas y la caja con los cascarones de huevo... Todos los de la casa se unen a mí para agradecerle su amable y generoso detalle. Lamento que no hayamos podido enviarle ninguno de los libros que usted necesita. En cuanto al libro de poemas de amor, de vez en cuando viene a nuestras manos un volumen como el que usted describe. No tenemos ninguno en existencias en este momento, pero buscaremos uno para usted. Muchas gracias, de nuevo, por el paquete. Queda a su disposición,

Frank Doel

p/o MARKS & CO.

MARKS & CO., Libreros
84, Charing Cross Road
Londres, W. C.
7 abril 1950

Querida señorita Hanff:

No le diga a Frank que le escribo esta nota, por favor, pero es que cada vez que le envío una factura me muero de ganas de incluir algo así por iniciativa propia y él tal vez pudiera pensar que no es correcto que lo haga. Con esto no le digo que sea un poco estirado, porque no lo es: en realidad es una persona muy amable, encantadora. Lo que ocurre es que la considera a usted su corresponsal privada, ya que todas sus cartas y paquetes van dirigidos a él. O sea que he decidido escribirle yo por mi cuenta.

A todos nos encantan sus cartas y tratamos de imaginar cómo debe de ser usted físicamente. Yo me la imagino joven, muy sofisticada y muy elegante. El viejo señor Martin opina que debe de tener aspecto de intelectual, a pesar de su maravilloso sentido del humor. ¿Por qué no nos envía una foto suya? Nos encantaría tenerla. Por si siente usted curiosidad acerca de Frank, le diré que está ya más cerca de los cuarenta que de los treinta y cinco años, que es bien parecido y está casado con una chica irlandesa de carácter muy dulce, que creo que es su segunda esposa. Todos le estamos muy agradecidos por el paquete. Para mis pequeños (una niña de cinco años, un chico de cuatro) fue una verdadera gloria…, y ahora, con las pasas y el huevo, ¡voy a poderles hacer yo un pastel también! Espero que no le parezca mal que le haya escrito. Por favor, no se lo mencione a Frank cuando le escriba a él. Con mis mejores deseos para usted,

Cecil Farr

P. D.: Pondré al dorso del sobre mi dirección particular, por si alguna vez desea que le envíe algo de Londres.

C. F.

que lo aspen. Frase coloquial para expresar que el señor Martin está equivocado.

>> **Helene Hanff**

Esta autora estadounidense (1916-1997) escribió teatro, guiones de televisión, textos publicitarios y artículos periodísticos. En *84, Charing Cross* recoge la correspondencia que ella misma inició en 1949 con la librería Marks & Co., situada en Londres, en la misma calle que da título al libro.

14 East 95th St.
10 abril 1950

Querida Cecily... ¡Y **que lo aspen** al viejo señor Martin! Dile que soy tan poco estudiosa que nunca fui a la universidad. Lo único que pasa es que tengo un gusto muy especial por los libros, gracias a un profesor de Cambridge llamado Quiller-Couch (yo lo llamo Q), con uno de cuyos libros fui a dar en una biblioteca cuando tenía yo diecisiete años. Y mi aspecto es casi tan elegante como el de una mendiga de Broadway. Visto jerséis apolillados y pantalones de pana, porque donde vivo no encienden la calefacción durante el día. Es una casa de cinco pisos de ladrillo oscuro; todos los demás inquilinos salen para el trabajo a las nueve de la mañana y no regresan hasta las seis..., ¿por qué va a calentar el propietario todo el edificio por una simple lectora/escritora de guiones, que trabaja en casa en la planta baja?

Pobre Frank..., ¡le hago pasar tan malos ratos! Siempre estoy regañándolo por una cosa u otra. Bromeo, claro, pero sé que él me tomará en serio. Disfruto tratando de poner a prueba con mis pullas esa típica reserva británica... Si le da una úlcera, será culpa mía. Escríbeme, por favor, y cuéntame cosas de Londres. Vivo esperando el día en que pueda bajar del *ferry* y sentir bajo mis pies sus sucias aceras. Quiero ir caminando hasta Berkeley Square, bajar luego por Wimpole Street, estar un rato en el interior de la catedral de San Pablo, donde predicaba John Donne, sentarme en el escalón donde Isabel se sentó cuando se negó a entrar en la Torre, y cosas así. Un periodista que conozco, que estuvo destinado en Londres durante la guerra, dice que los turistas viajan a Inglaterra con ideas preconcebidas y que por eso encuentran exactamente lo que buscan. Yo le expliqué que me gustaría ir en busca de la Inglaterra de la literatura inglesa, y me respondió: "Pues está allí, sí".

Saludos de
Helene Hanff

HELENE HANFF: *84, Charing Cross Road*, Anagrama

1. ¿De qué trata este texto? Completa este resumen con las palabras que faltan y tendrás la solución.

> El texto recoge varias ●●● que se enviaron ●●●, una mujer estadounidense a la que le gustaba ●●●, y los trabajadores de ●●●, una librería ●●● de libros de segunda mano.

Localizo el tema

2. ¿Cuáles son las ideas principales de las cartas? Relaciona en tu cuaderno.

Localizo la idea principal

Carta del 25 de marzo de 1950

Carta del 7 de abril de 1950

Carta del 27 de abril de 1950

Carta del 10 de abril de 1950

- Helene explica a Cecil que viste con jerséis viejos y pantalones de pana porque no tiene calefacción durante el día.
- Cecil muestra su agradecimiento a Helene por el paquete que les envió.
- Helene se queja a Frank porque no le ha mandado ninguno de los libros que le pidió.
- Cecil cuenta a Helene como la imaginan ella y el señor Martin y le pide una foto suya para que todos puedan saber cómo es en realidad.
- Helene cuenta a Cecil que, a pesar de su gusto especial por los libros, no fue a la universidad.
- Frank agradece a Helene el paquete de Pascua que les envió.
- Helene pide a Frank un libro de poemas de amor para la llegada de la primavera.
- Frank se disculpa por no haber podido enviar a Helene ninguno de los libros que ella pidió.
- Helene pide a Cecil que le cuente cosas de Londres en sus cartas y le transmite su deseo de viajar allí.
- Cecil cuenta a Helene que Frank tiene casi cuarenta años.

3. ¿Cómo se imaginan a Helene los trabajadores de la librería? ¿Cómo se describe ella? Elige.

Busco información

①  ②  ③  ④

COMPRENSIÓN LECTORA 37

Relaciono palabras

4. ¿De qué otra manera se podría expresar la idea de este fragmento?

> … tengo un gusto muy especial por los libros, gracias a un profesor de Cambridge llamado Quiller-Couch (yo lo llamo Q), con uno de cuyos libros fui a dar en una biblioteca cuando tenía yo diecisiete años.

A. En una biblioteca me encontré un libro de Quiller-Couch que despertó mi interés por ciertas lecturas.

B. Quiller-Couch donó un libro suyo a una biblioteca y le di las gracias por poder leerlo.

C. Cuando tenía diecisiete años me topé con el profesor de Cambridge Quiller-Couch en una biblioteca.

Relaciono significados

5. Sustituye cada palabra destacada por otra de las propuestas con un significado similar.

- refinada
- estimulante
- apatía
- singular
- engreído
- lamentarse

a) Una **excéntrica** escritora estadounidense autodidacta.

b) ¿Dónde mi Vulgata y ese querido y viejo loco de John Henry, con los que había pensado pasar las horas de **edificante** lectura durante la Cuaresma?

c) Pero mucho me temo que, cuando llegue ahí, se encuentre con que usted se ha muerto de **inercia**.

d) Envíeme poetas que sepan hablar de amor sin **gimotear**…

e) Con esto no le digo que sea un poco **estirado**, porque no lo es: en realidad es una persona muy amable, encantadora.

f) Yo me la imagino joven, muy **sofisticada** y muy elegante.

Me fijo en la forma

6. Las cartas formales tienen una estructura concreta y contienen algunos elementos especiales. Identifícalos en tu cuaderno.

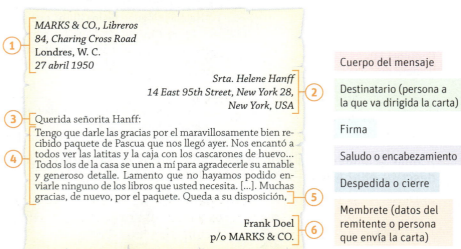

Pienso en lo que dice el texto

7. A lo largo de la historia, la carta ha sido el medio más usado para comunicarse en la distancia. Actualmente ha sido sustituida por el teléfono y las aplicaciones de mensajería. Comenta con tus compañeros qué ventajas e inconvenientes tenía la comunicación por carta.

PRACTICA Sigue trabajando la comprensión lectora con otro texto.

8. La señorita Helene Hanff estaba esperando el paquete con el libro de poemas que había perdido, pero, al ir a recogerlo, el paquete estaba abierto y el libro había desaparecido. La señorita Hanff os ha contratado para que averigüéis qué ha sucedido. Por parejas, leed las siguientes pistas y escribid una teoría sobre qué ha podido ocurrir.

   Pista 1. Habéis conseguido hablar con las siguientes personas:

   Aída, vecina del bajo   Elías, vecino del primero
   Eugenia, vecina del segundo   Pedro, vecino del cuarto
   Helene Hanff

   Pista 2. La señorita Helene Hanff fue a recoger el paquete sobre las 16:30 h.

   Pista 3. Hacia las 16:00 h, Aída oyó ladrar a un perro en el portal.

   Pista 4. Eugenia cogió su correo a las 12:25 h, al volver de trabajar, y vio un paquete marrón apoyado en el suelo.

   Pista 5. Sobre las 15:00 h, Pedro salió de casa para pasear a su perro.

   Pista 6. Sobre las 15:45, Elías estuvo charlando con Pedro en la entrada del edificio durante unos 15 minutos.

   Pista 7. La señorita Hanff encontró el sobre marrón de su paquete hecho añicos esparcidos por el portal.

9. Imagina que en tu centro os han convocado para que hagáis sugerencias para comprar nuevos libros para la biblioteca. Escribe una carta a la dirección en la que propongas un nuevo título.

   • Investiga sobre estos libros u otros que te hayan gustado y escribe sus datos para incluirlos en tu carta.
   • Redacta un breve resumen del libro que has elegido, señalando a qué género pertenece y para qué curso escolar es más apropiado.
   • Explica por qué crees que este libro debe estar en la biblioteca del centro.

10. Después de sugerir nuevos libros para incorporar a la biblioteca de tu centro, entrevista a tus compañeros y elabora una propuesta sobre otras actividades que se puedan llevar a cabo en ese espacio.
    • Pregunta a tus compañeros si suelen visitar la biblioteca y con qué fin: investigación en los ordenadores, estudio, lecturas de ocio...
    • Realiza una encuesta sobre qué actividades les gustaría hacer en la biblioteca: clubes de lectura, exposiciones de arte, talleres de lectura ágil...
    • Investiga las actividades que se desarrollen en alguna biblioteca pública de tu localidad y anota aquellas que creas que puedan ser interesantes para plantear en tu centro.

Las características de los textos orales

1. Lee el texto y responde a las preguntas que aparecen a continuación.

   —¿Sí? —se dirigió a los dos visitantes.
   —¿Octavio Llorca? —le tendió la mano el del traje.
   —Yo mismo —se la estrechó—. ¿Qué sucede?
   —Inspector Miralles —señaló a su compañero—. Inspector Pons.
   Octavio también le estrechó la mano.
   Bueno, parecían amigables.
   La policía no daba la mano a los delincuentes. Les ponían las esposas directamente. Eso si antes no los apuntaban con una pistola o los reducían tirándolos al suelo.
   ¿O era que había visto demasiadas películas?
   —Nos han dicho que es la persona que más sabe de música en Barcelona —dijo el inspector Miralles.
   A Octavio se le descolgó la mandíbula. ¿Dos policías roqueros?
   —Pues... No sé —se hizo el humilde—. Si lo dicen...
   —¿Podría acompañarnos cuando acabe el programa? Nos han dicho que termina en pocos minutos.
   —¿A dónde?
   —Necesitamos a un experto en música.
   Increíble.
   —¿En serio? —miró a derecha e izquierda por si se trataba de una broma, aunque, si estaba metido Miguel Ángel, era raro que lo fuera—. No fastidie, oiga.
   —Me temo que sí —mantuvo la seriedad Miralles—. Se trata de algo grave y urgente.
   —Es que tengo un compromiso al acabar el pro... gra... ma...

   Jordi Sierra i Fabra: *Que no vayan a por ti*, SM

   a) El texto transcribe una conversación. ¿Cuántas personas intervienen?
   b) ¿Cómo se organizan las intervenciones de los conversadores?
   c) ¿Qué características te permiten suponer que es una conversación?
   d) Busca en el texto ejemplos de estos rasgos de la comunicación oral:

Alusiones al interlocutor	●●●
Enunciados no oracionales	●●●
Dudas y vacilaciones	●●●
Elementos no verbales	●●●

   La comunicación mediante textos orales se realiza a través de los **sonidos articulados del lenguaje**. Es la forma más habitual de expresión, tiene un carácter universal y presenta rasgos de las variedades geográficas del hablante.
   Los textos orales pueden ser espontáneos o planificados.

El texto oral espontáneo: la conversación

La conversación permite **establecer relaciones personales y sociales** cotidianas con los demás, expresar opiniones, exponer ideas o contar sucesos.

Fíjate en este mapa mental, que recoge las principales características del lenguaje conversacional:

Sin orden establecido
Las intervenciones de los interlocutores no siguen un orden, lo que implica **frecuentes interrupciones** de un interlocutor a otro.

Registro informal
Se emplea un **orden subjetivo** de las palabras, **repeticiones** por razones de expresividad o descuido, supresión de parte de los enunciados por **economía del lenguaje**, y **muletillas** y **frases hechas**.

Combinación de funciones del lenguaje
Suelen destacar la **función expresiva** por medio de oraciones interrogativas y exclamativas, la **apelativa** para provocar una reacción en el receptor y la **fática** para comprobar que la comunicación sigue activa.

La conversación

Recursos no verbales
La **entonación**, el **ritmo**, el **volumen** o los **gestos** completan la información significando alegría, enfado, ironía, etc.

Empleo de referencias
Se suelen usar referencias a los **interlocutores** que intervienen en la conversación (*yo*, *tú*), y al **lugar** y **tiempo** en que se hallan.

Libertad temática
Los asuntos que se tratan pueden ir **variando** según discurre la conversación.

2. Lee este fragmento y realiza en tu cuaderno las actividades que aparecen a continuación.

> SADIE: ¡James! ¡Qué sorpresa! ¿Eres tú?
>
> YO: Eh...
>
> SADIE: ¿Qué haces aquí?
>
> YO: ...
>
> SADIE: No sabía que aún venías a la biblioteca.
>
> YO: Pues sí... A veces...
>
> SADIE: ¿Qué tal andan de música? ¿Has visto algo bueno?
>
> YO: No mucho, la verdad.
>
> SADIE: *(Observando el lugar)*. ¡Vaya! Nunca había estado en esta sección. Es agradable.
>
> YO: ...
>
> BLAKE NELSON: *Muerte a los coches*, SM

a) Busca en el texto las características propias de la conversación que has estudiado.

b) ¿Qué funciones lingüísticas se emplean en el texto? ¿Para qué sirven?

c) En parejas, representad la conversación. ¿Qué elementos del lenguaje no verbal habéis utilizado para acompañar la charla? ¿Aportan información? Justifica tu respuesta.

COMUNICACIÓN **41**

Las características de los textos orales

3. Lee la siguiente transcripción de un texto oral y realiza las actividades.

> PROFESOR: ¿Me quieres explicar de qué trata la novela de *La tesis de Nancy*?
>
> ESTUDIANTE: Bueno, pues el libro nos presenta un personaje principal, que se llama Nancy, y tiene que ir a hacer una tesis; va a España, ¿no? Y hace su tesis sobre el lenguaje que utilizan los gitanos. Entonces todo lo que va ocurriendo, ¿eh?, se lo escribe a su amiga Betsy, ¿no?, entonces el libro, ¿no?, nos cuenta todas las aventuras que vive Nancy, ¿no?, con esta gente, que se enamora [...] Bueno, al final vuelve, vuelve a su país y se olvida de todo, ¿no? Hace la tesis y ya está, muy en general.
>
> H. CALSAMIGLIA, A. TUSÓN: *Las cosas del decir,* Ariel

a) Di cuál es la intención del estudiante: convencer, informar, ordenar...

b) ¿Crees que la intervención tiene un sentido global? Explícalo.

c) ¿Piensas que las ideas del texto están convenientemente ordenadas? Justifica tu respuesta.

d) Busca en el texto un ejemplo de las siguientes características típicas del lenguaje oral:

- Repeticiones.
- Dudas y vacilaciones.
- Oraciones incompletas.
- Enunciados no oracionales.

e) Observa el uso del conector *entonces*. ¿Crees que es el adecuado? Justifica tu respuesta.

f) Fíjate en el enunciado *¿no?*, que aparece varias veces. ¿Aporta información al texto? Busca otra expresión de este tipo en el texto y escríbela.

>> En la lengua oral es muy frecuente que usemos expresiones que no aportan información: *bueno*, *¿eh?*, *¿vale?*... Se conocen como **muletillas** y debemos evitarlas.

Como puedes comprobar, el texto anterior trata de un tema concreto y logra tener un sentido global. Sin embargo, tiene algunas incorrecciones gramaticales:

- Algunas de las ideas están desordenadas.
- Hay oraciones incompletas.
- Usa conectores incorrectos.
- Añade demasiadas muletillas.
- Repite palabras innecesariamente.

Todo ello es consecuencia de la espontaneidad y de la falta de planificación.

4. Rescribe la intervención del estudiante del texto de la actividad 3 para que se exponga correctamente el tema de la novela. Puedes hacerlo teniendo en cuenta lo que has estudiado.

5. ¿Crees que los recursos no verbales son importantes en una conversación? Piensa en tu actitud corporal cuando hablas y en cómo sueles hacerlo: muchos o pocos gestos, tono alto o bajo de la voz, ritmo rápido o lento... Después, descríbelo en tu cuaderno.

42 COMUNICACIÓN

El texto oral planificado

6. Imagina que asistes al discurso de inauguración del polideportivo de tu barrio. ¿Crees que se trata de un texto oral espontáneo o planificado? ¿Por qué?

La comunicación oral planificada es aquella que tiene **previamente establecidos** los **asuntos** que se tratan y el **orden** de las **intervenciones**.

La comunicación oral planificada puede ser de dos tipos:

- **Unidireccional.** El emisor se dirige a un grupo de receptores sin que puedan intercambiar sus papeles.
- **Pluridireccional.** Varios interlocutores se intercambian los papeles de emisor y receptor.

7. Indica si los siguientes textos orales planificados son unidireccionales o pluridireccionales.

Una conferencia   Un debate   Un discurso
Un coloquio   Una exposición
Una presentación de un libro   Una clase

8. Piensa en una persona a la que te gustaría entrevistar y contesta a las siguientes preguntas.

a) ¿La entrevista es un texto unidireccional o pluridireccional? Argumenta tu respuesta.

b) ¿Qué rasgos consideras que debe tener un buen entrevistador? Haz una lista para saber todo lo que deberías o no deberías hacer a la hora de realizar tu entrevista.

c) Elabora un guion para tu entrevista. Puedes seguir estos pasos:

Paso 1. Busca información sobre la persona a la que vas a entrevistar y anota las cosas que te gustaría saber.

Paso 2. Prepara una batería de preguntas. Deben ser cuestiones interesantes. Además, sería conveniente que anticipases las posibles respuestas para hilar las preguntas.

Paso 3. Ten preparadas algunas preguntas de más por si te sobra tiempo.

d) Explica si vas a emplear un lenguaje formal o informal a la hora de hablar con el entrevistado.

9. Transforma un fragmento de la entrevista que has preparado en una conversación espontánea con una persona de tu entorno.

- ¿Qué factores han cambiado? Analízalos uno por uno citando ejemplos concretos.

10. Observa el vídeo del enlace www.e-sm.net/snglcl4eso02_01. Aunque las entrevistas son textos orales planificados, en el vídeo también aparecen rasgos de los textos orales espontáneos. Clasifica en una tabla como la que tienes a continuación las características que observes de estos dos tipos de comunicación oral.

Comunicación oral espontánea	Comunicación oral planificada
●●●	●●●

COMUNICACIÓN **43**

Las características de los textos orales

Para realizar una correcta comunicación oral planificada, es necesario tener en cuenta una serie de factores:

- **Conocimiento del contenido.** Improvisar es difícil, de modo que es mejor preparar la intervención con un guion. Esto implica el uso de un lenguaje más elaborado y cuidado.
- **Adecuación al auditorio.** Es conveniente conocer las características del público: su edad, sus intereses, lo que saben sobre el tema, etc. La función representativa y la expresiva son las más habituales; asimismo la función fática se usa para captar la atención.
- **Apoyo visual.** El apoyo gráfico puede servir como guía; sin embargo, hay que evitar que contenga mucha información porque distrae al receptor.
- **Correcta intensidad de la voz.** Debe adecuarse la intensidad de la voz al espacio, pronunciar de forma clara y emplear un ritmo y entonación adecuados.
- **Actitud corporal natural.** Es fundamental estar cómodo, ni muy relajado ni muy tenso, ya que con el cuerpo también se comunica. Mantener la espalda recta y mirar al auditorio transmite seguridad. El contacto visual es importante también.

11. Observa el vídeo que encontrarás en www.e-sm.net/snglcl4eso02_02 y responde a las preguntas.

a) ¿Se trata de un texto oral planificado? ¿Por qué?

b) ¿Es de tipo unidireccional o pluridireccional? Justifica tu respuesta.

c) Analiza los siguientes factores del discurso y di si se puede considerar una comunicación oral planificada correcta.

- Volumen de la voz.
- Entonación.
- Exposición de las ideas.
- Ritmo.
- Gesticulación.
- Léxico.

d) ¿Crees que el apoyo visual empleado es correcto? ¿Por qué?

12. Busca información sobre uno de los siguientes personajes relevantes de la historia y elabora una presentación oral para exponer a tus compañeros. Ten en cuenta todo lo aprendido para hacer una buena exposición.

Amelia Earhart

Malala Yousafzai

Thomas Edison

Puedes seguir este guion:
- Datos e información personal sobre el personaje.
- Biografía y evolución a lo largo de los años.
- Curiosidades y otros datos de interés.

Las normas de cortesía en los textos orales

Para que una conversación sea respetuosa, debes seguir unas **normas básicas de cortesía**:

- Realiza intervenciones breves, ordenadas y claras.
- No impongas el tema que te interesa.
- No acapares la conversación y evita repeticiones.
- Escucha a tu interlocutor y no hables a la vez que él.
- No muestres desinterés, sé respetuoso y estate atento.

13. ¿Crees que las normas de cortesía varían según si el texto es espontáneo o planificado? Justifica tu respuesta.

14. Observa estas viñetas e indica qué normas de cortesía no se están cumpliendo. Después rescribe las conversaciones utilizando esas normas para que sean respetuosas.

15. Fíjate en estas imágenes y responde a las preguntas.

a) En las fotografías aparecen personas saludándose. ¿Crees que las dos situaciones comunicativas se producen en un contexto similar?

b) ¿Utilizarías en las dos situaciones el mismo registro lingüístico? Justifica tu respuesta.

c) En parejas, representad las conversaciones que podrían producirse en cada una de estas situaciones. Después, explicad qué diferencias habéis observado entre una y otra.

El sujeto

1. Lee el siguiente texto y contesta a las preguntas.

> No habla bien el que no dice nada o el que convierte su habla en un juego floral. Los malos hablantes [...] suelen confundir a la gente con palabras grandilocuentes, con neologismos, con alargamientos innecesarios. Y la confusión y el engaño verbales son tales que esa misma gente, que no ha entendido absolutamente nada de lo que ha escuchado, llega a alabar la palabrería del orador; "qué bien habla" puede oírse de alguien que ha utilizado palabras huecas, vacías de contenido, poco comprometedoras, rimbombantes. No habla bien quien no transmite claramente los contenidos a los que escuchan [...]. Por tanto, *saber hablar bien es tener claras las ideas que se desea transmitir y ser claro y preciso en la elección lingüística, en la palabra dicha y en la exposición de esas ideas.*
>
> VV. AA.: *Saber hablar,* Instituto Cervantes

a) ¿Qué quieren decir los autores con *palabras huecas*?

b) ¿Cuál es el sujeto de los verbos y perífrasis verbales destacados en el texto? ¿Hay algún sujeto que se haya omitido?

c) ¿Cómo has deducido el sujeto de estos verbos?

El sujeto es un componente básico de la oración. Está desempeñado por un **grupo nominal** que concuerda con el verbo en número y persona.

<u>Los jugadores</u>   <u>ganaron</u>   el partido.
GN/Suj (3.ª p. plural)   V/N (3.ª p. plural)

- Cuando el sujeto es una construcción como "la mayoría de, el resto de, la mitad de...", el verbo puede concordar con el complemento de ese núcleo (*La mayoría **de los vecinos** no **votaron***). Si el núcleo es un sustantivo cuantificador como "grupo, serie, montón, conjunto...", la concordancia se puede dar con el núcleo o con su complemento (*Un **grupo** de estudiantes **salió** de clase*). Los sustantivos colectivos auténticos, si no llevan un complemento, siempre concuerdan con el verbo en singular.

- Cuando el sujeto está formado por varios grupos nominales, la concordancia con el verbo se establece en plural:

  <u>Este vaso y aquella jarra</u> se **<u>guardan</u>** en el armario de la cocina.
  GN/Suj   V/N

- Para localizar el sujeto de una oración, conviene cambiar el número del verbo de singular a plural, o viceversa; aquel elemento de la oración que cambie forzosamente su número y persona para concordar con el verbo será el sujeto:

  Ayer <u>actuaron</u> mis hijos. → Ayer <u>actuó</u> <u>mi hijo.</u>
  V. plural   V. singular GN/Suj

>> Los sustantivos colectivos son aquellos que en singular se refieren a un conjunto de elementos: *bosque, grupo, enjambre, gente, rebaño...*

2. Indica el sujeto de las siguientes oraciones.

a) Las acelgas y las espinacas tienen mucho hierro.

b) Esta mañana, los albañiles han acabado las obras del colegio.

c) Una serie de problemas complicaron el viaje.

d) El conjunto de los ciudadanos eligió a su presidente.

46 GRAMÁTICA

3. Fíjate en este diálogo y localiza los sujetos de las oraciones. ¿Cómo los has identificado?

¿Alguien sabe qué ha pasado?

Él dice que han desaparecido todos los perros del barrio.

Este estaba escondido detrás de unas cajas.

El sujeto de una oración siempre es un grupo nominal o cualquier palabra o grupo de palabras que equivalgan a un grupo nominal.

Sujeto	Ejemplo
Grupo nominal	*Las maletas* están en el armario.
	Nadie supo lo ocurrido.
	El siguiente llegará en media hora.
Oración subordinada sustantiva	Me sorprendió *que vinieras*.

En el caso de las oraciones subordinadas sustantivas, la prueba de la concordancia se realiza sustituyéndolas por un pronombre o un grupo nominal equivalente. Una vez realizada la sustitución, podemos comprobar si concuerda con el verbo al cambiar su número:

Me encanta (GV/Pred) escuchar música (O Sub Sust/Suj). → Eso (GN/Suj) me encanta (GV/Pred).

El núcleo del grupo nominal que constituye el sujeto puede ir acompañado de un **complemento del nombre**. Este complemento puede ser:

Complemento del nombre	Ejemplo
Grupo adjetival	El coche **rojo** es mi favorito.
Grupo preposicional	Los amigos **de Daniela** prepararon una sorpresa.
Oración subordinada de relativo	No me gustó el libro **que compraste**.

4. Señala el sujeto de las siguientes oraciones y explica por qué núcleo está formado cada uno.

a) Todos tienen su regalo.
b) Nosotros no podemos venir.
c) Estudiar tiene su recompensa.
d) Nadie sabía las respuestas del examen.
e) Fumar perjudica la salud.
f) Aquellos árboles tienen el tronco muy grueso.
g) Este guiso no tiene cebolla.

GRAMÁTICA 47

El sujeto

Las clases de sujeto

5. Lee las siguientes oraciones y señala los sujetos. ¿Todas las oraciones tienen sujeto? Justifica tu respuesta.

a) Necesito que vengas.

b) ¿Quieres venir a cenar?

c) Esta es una herramienta muy útil.

Existen dos tipos de sujeto:

- **Sujeto explícito**. Es aquel que aparece en la oración: ***El veterinario*** *vacunó al gato*. ***Las sillas*** *están en esa habitación*.

  Dentro de este tipo de sujeto se incluye el sujeto paciente, característico de las oraciones pasivas: ***El castillo*** *fue conquistado por los guerreros*.

- **Sujeto elíptico**. Se trata de un sujeto que no aparece en la oración, pero que podemos deducir a partir de la desinencia verbal: *Lleg**aremos** tarde.* → *(**Nosotros/-as**) llegaremos tarde*; *Volver**é** mañana.* → *(**Yo**) volveré mañana*.

  En muchos casos, el sujeto elíptico se refiere a un sujeto que ya ha aparecido anteriormente; se oculta para evitar su repetición:

  Nora *apagó la luz y salió de casa.* → ***Nora*** *apagó la luz y (**Nora**) salió de casa*.

---

6. Indica el sujeto de los verbos de las siguientes oraciones. Di si se trata de un sujeto explícito o elíptico.

a) Sus amigos bajaron a la plaza, se encontraron con Marta y fueron a la fiesta de cumpleaños de Sofía.

b) La música de la canción era pegadiza y tenía mucho ritmo.

c) Cuando salía el sol, los labradores se despertaban y se dirigían al campo, donde les esperaba una dura tarea de más de doce horas.

d) Las sillas estaban rotas y tenían agujeros en la tapicería.

e) En verano, mi familia se va a casa de mis abuelos y se instala allí durante un par de semanas.

7. Fíjate en la escena y escribe las oraciones correspondientes.

- Dos oraciones cuyo sujeto sea un grupo nominal con un pronombre que funcione como núcleo.
- Una oración cuyo sujeto contenga un grupo preposicional.
- Una oración con sujeto elíptico.

Las oraciones impersonales

8. Observa el siguiente mapa del tiempo e inventa tres oraciones que lo describan. ¿Qué sujetos aparecen en esas oraciones?

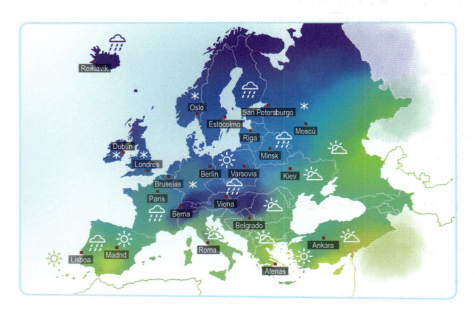

Las oraciones impersonales no tienen ningún sujeto, ni expreso ni sobrentendido. Según el verbo que empleen, existen diferentes clases:

- **No reflejas.** No tienen ningún sujeto porque el significado del verbo no lo admite ni lo necesita. Las más frecuentes son:
  - **Oraciones con verbos referidos a fenómenos atmosféricos** como *llover, nevar...*: **Nevó** *toda la noche.* **Llueve** *mucho.*
  - **Oraciones con el verbo *hacer*** cuando se refiere a elementos temporales o meteorológicos: **Hacía** *mucho frío.* *Ayer* **hizo** *dos meses de tu graduación. Mañana* **hará** *sol.*
  - **Oraciones con el verbo *haber*** cuando no funciona como auxiliar: **Había** *muchas personas.* **Hay** *una solución.* **Habrá** *elecciones.*
  - **Oraciones con el verbo *ser* y *estar*** en 3.ª persona del singular: **Es** *muy pronto.* **Está** *nublado.*
- **Reflejas.** Se construyen con la forma *se* y un verbo en 3.ª persona del singular. Este verbo puede ser transitivo, intransitivo o copulativo: *En ese restaurante* **se come** *muy bien.* **Se viaja** *mejor en tren.*

>> Las oraciones **impersonales ocasionales** se forman con verbos en 3.ª persona del plural, y su sujeto es indeterminado o se desconoce: *Llaman a la puerta. Dicen que mejorará la situación*

9. Indica en tu cuaderno cuáles de las siguientes oraciones son impersonales y a qué clase corresponden.

A. Mucha gente había comprado ya las entradas.
B. Había unos hombres esperando en la estación.
C. Relampagueaba con mucha intensidad.
D. En esa calle se aparca mejor.
E. Juan siempre hacía los deberes.
F. En la playa hacía demasiado calor.

Los signos de puntuación

Los signos de puntuación son los signos ortográficos que organizan el discurso y, por tanto, su uso correcto es imprescindible para la comprensión de todo texto escrito.

EL ARCHIVO DE LA PALABRA
Comentario sobre la visita

Manuel Ortiz y Marina Casas
Curso: 4.º ESO B

El Archivo de la Palabra

La Biblioteca Nacional de España (BNE) guarda una colección de 24 discos de pizarra con las grabaciones de las voces de Ramón María del Valle-Inclán, Miguel de Unamuno, Juan Ramón Jiménez, Pío Baroja, entre otros escritores, y la de personalidades políticas, como el general Primo de Rivera.

La finalidad es conservar y dar a conocer las voces de personalidades relevantes de la historia de nuestro país en el ámbito de la literatura, la ciencia, la política, la cultura...

Desde el inicio de la colección (1950) hasta hoy se han reunido más de 20 000 documentos sonoros o musicales.

Una parte de la colección está compuesta por cursos de idiomas, el más antiguo es de 1905; voces de personalidades literarias y políticas (desde 1931 a 1933), como las que se apuntaban anteriormente; y canciones y discursos de la Guerra Civil española, del bando republicano y del nacional.

Nuestra experiencia durante la visita

La visita a la colección nos pareció muy emocionante. Estuvimos mucho tiempo, más del que esperábamos, escuchando grabaciones; sin embargo, no queríamos marcharnos.

Nos impresionó escuchar el acento gallego de Vallé-Inclán, el acento andaluz de Juan Ramón Jiménez, la voz grave de Miguel de Unamuno o las canciones de la guerra. ¡Fue fascinante! Nunca nos habíamos parado a pensar en la cantidad de información que da la voz sobre una persona.

Esto es lo que más nos impresionó de la grabación de Unamuno: "Es menester que la gente aprenda a leer con los oídos, no con los ojos. La palabra es lo vivo".

Al final, el guía nos dijo:

—Chicos, da gusto mostrar la colección a alumnos con tanto entusiasmo.

La **coma** separa **incisos explicativos**.

Los **paréntesis** se usan para **intercalar datos** como fechas o lugares.

El **punto y coma** se utiliza delante de expresiones como *sin embargo*, *más bien*, *por tanto*, *por consiguiente*, etc.

Los **dos puntos** introducen una **cita textual**.

Los **dos puntos** inician los **diálogos** en estilo directo.

La **coma** separa los **elementos de una enumeración**.

Los **puntos suspensivos** se emplean como sustitutos de *etcétera* al **final de las enumeraciones**.

El **punto y coma** separa los elementos de una enumeración cuando estos **ya incluyen comas**.

Entre el **signo de interrogación o exclamación** y la palabra que le sigue o precede no debe haber espacio, y después del signo de cierre no debe haber punto.

El **punto** se sitúa siempre **detrás de las comillas**.

La **coma** separa un **vocativo**.

1. Además de sustitutos de *etcétera*, ¿cuáles de los siguientes usos tienen los puntos suspensivos?

   A. Dejar enunciados incompletos.

   B. Expresar temor o vacilación.

   C. Marcar el final de párrafo.

2. Completa esta tabla sobre los usos de la coma con ejemplos extraídos del texto que no hayan sido destacados.

Uso	Ejemplo
Separa incisos explicativos.	*[...] discursos de la Guerra Civil española, del bando republicano y del nacional.*
•••	•••

3. Indica cuál es el signo de puntuación que se utiliza para introducir incisos aclaratorios e incluir acotaciones teatrales. Escribe un ejemplo de cada caso.

4. Explica en tu cuaderno el uso de los signos de puntuación destacados en el texto siguiente.

   La anciana señora se bajó las gafas para mirar alrededor del cuarto por encima de ellas; luego, echándoselas sobre la frente, miró por debajo. [...] Se quedó un momento perpleja, y continuó gritando, no fuertemente pero sí lo bastante alto como para que la oyeran los muebles:

   —Ya verás si te cojo; te...

   No terminó la frase, porque en aquellos momentos, puesta en cuclillas, daba escobazos por debajo de la cama y perdía el aliento al manejar la escoba. No hizo salir más que al gato.

   MARK TWAIN: *Las aventuras de Tom Sawyer*, Siruela

5. Explica el significado de las oraciones según la posición de la coma.

   a) En esta ciudad tan solo, se han derribado el 50 % de las casas. / En esta ciudad, tan solo se han derribado el 50 % de las casas.

   b) He dicho que no me he enfadado y me he marchado. / He dicho que no, me he enfadado y me he marchado.

6. Completa en tu cuaderno este anuncio con los signos de puntuación que consideres oportunos. No olvides poner mayúsculas donde corresponda.

   ANUNCIOS

   SE VENDE cámara de fotos réflex digital en perfecto estado por 550 euros incluye objetivo de 55 a 250 mm funda de transporte sin estrenar tarjeta de memoria de 8 GB y trípode interesados contactar en el siguiente teléfono 62 203 506

   A qué esperas aprovecha esta oferta

PRACTICA Repasa con un dictado interactivo.

El campo semántico

1. Observa las palabras destacadas en el texto y contesta a las preguntas.

> Ana y Rafael reformaron las habitaciones de su casa y también cambiaron muchos de los muebles que tenían. En el comedor, antes pequeño y oscuro, tiraron una pared y abrieron una enorme ventana y una puerta al jardín. En medio, situaron una mesa de madera con unas sillas acolchadas de color rojo. La cocina quedó más grande, pues la unieron al comedor y en ella pusieron una barra con taburetes y armarios de color marrón claro.

a) ¿Qué palabras se relacionan con el significado de *habitaciones*?
b) ¿Cuáles tienen que ver con el significado de *muebles*?

Un **campo semántico** es un conjunto de palabras que mantienen entre sí una relación de significado. En los campos semánticos, distinguimos:

- **Hiperónimo:** es el término que engloba todas las palabras del campo semántico (*habitaciones* → *comedor, cocina y dormitorios*).
- **Hipónimo:** es la palabra que por su significado se relaciona con otra más general que la engloba (*mesa, silla, taburete, cómoda, armario* → *muebles*).

---

2. Escribe el hiperónimo de cada una de estas palabras. Después, añade un hipónimo más a cada lista.

a) Arándano, pomelo, papaya.
b) Violeta, jazmín, azucena.
c) Comedia, drama, tragedia.
d) Freno, volante, retrovisor.

3. En grupos, escribid el mayor número de hipónimos para cada uno de los hiperónimos que representan las imágenes.

La página web

1. ¿De qué trata este texto?
2. Fíjate en su estructura. ¿Cuántas partes tiene? ¿Cuáles son?
3. ¿Qué relación encuentras entre los elementos de la imagen y el tema del que trata el texto?
4. ¿Los colores que aparecen en la imagen transmiten alguna información? ¿Por qué?
5. ¿Piensas que esta película forma parte de un ciclo o de un programa? ¿Cómo lo sabes? ¿En qué crees que consiste?
6. ¿En qué idioma se emite esta película? Justifica tu respuesta y explica dónde has encontrado la información.
7. ¿A partir de qué edad está recomendada la película?
8. ¿Qué iconos aparecen en el texto? Explica su significado.
9. El tema del coloquio se abre a partir de una afirmación sobre el uso que se hace de las nuevas tecnologías. ¿Qué opinas sobre esta afirmación? ¿Qué argumentos a favor o en contra podrías aportar tú en el coloquio?
10. ¿Qué significado tiene para ti la siguiente oración?

    La tecnología supone una nueva forma de entender la intimidad.

Comunicación consciente

1. Observa el cartel y contesta a las preguntas.

Ministerio de Educación y Formación Profesional

a) Este cartel forma parte de una campaña publicitaria. ¿Qué finalidad crees que puede tener?

b) ¿Tendría sentido que este cartel se tradujera a otros idiomas? ¿Por qué?

c) ¿Qué significan para ti, dentro del contexto del cartel, las expresiones *saber*, *saber hacer* y *saber ser*? Descríbelo brevemente.

2. En parejas, dialogad sobre los siguientes aspectos del cartel:

a) ¿En qué bloques del cartel incluiríais estos apartados?

concordancia verbal   tolerancia   síntesis   léxico
sociabilidad   argumentación   argot

b) ¿Qué aportaríais en cada apartado del cartel si este incluyera la comunicación no verbal? Poned ejemplos.

c) En la campaña que realizó este Ministerio se trataron otros temas siguiendo esta misma estructura: *saber*, *saber hacer*, *saber ser*. Elegid uno de ellos y escribid al menos un contenido en cada apartado.

Competencia digital   Competencias sociales y cívicas
Aprender a aprender

54 EXPRESIÓN

ACTIVIDADES FINALES

1. Lee este texto y responde a las preguntas.

¿Te reconoces?

Tecleas tu nombre en el ordenador y en cuestión de segundos te alcanzas
Juan José Millás

A mediados del siglo XIX se instalaron los primeros cables transatlánticos entre América y Europa. Si lo piensas, resulta sobrecogedor: miles y miles de kilómetros de cobre, tenazmente aislado (aún no existía el plástico), serpenteando como una anguila infinita sobre el suelo del océano. Una especie de cordón umbilical por el que circulaban noticias, telegramas personales y datos económicos. Quizá lo primero que discurrió por uno de estos cables fue la cotización del dólar. Con frecuencia, me duermo pensando en ese cordón, que debía de ser muy grueso, lo visualizo entre el fango del fondo marino provocando en los peces una extrañeza muda. Observadas con perspectiva las dificultades que entrañaba tender esa comunicación de un extremo a otro de la Tierra, piensa uno que habría sido más fácil inventar de entrada la telegrafía sin hilos. Pero hubo que pasar por lo visible antes de alcanzar lo invisible. Da la impresión de que este, el de lo material a lo inmaterial, es el camino obligatorio, también en otros ámbitos.

a) Indica la vinculación entre las palabras *anguila* y *peces*.
b) Escribe dos hipónimos de *peces*.

2. Observa los signos de puntuación de estas oraciones y explica el uso de cada uno de ellos.

a) Cuando terminaron la visita estaban muy cansados; sin embargo, había merecido la pena.
b) Iván, tienes que tranquilizarte. No sé si es cosa mía, pero te veo nervioso.
c) Este asunto será debatido en el Conade (Consejo Nacional de Desarrollo).
d) ¿También has traído sándwiches? Yo creo que tenemos suficiente con las empanadas, las tortillas, las ensaladas…

3. Escribe un hiperónimo para cada uno de estos grupos de hipónimos.

naranja, marrón, púrpura…   radio, televisor, plancha…

4. Señala cuáles de las siguientes afirmaciones son falsas y corrígelas.

A. En un texto oral planificado deben respetarse los turnos de intervención.
B. Una presentación de un proyecto en clase es un texto oral espontáneo.
C. El sujeto explícito nunca aparece en la oración.
D. Las oraciones impersonales tienen un sujeto en tercera persona del plural.
E. Las oraciones impersonales carecen de sujeto.

5. Por parejas, mantened un diálogo espontáneo sobre vuestras aficiones. Después, reflexionad sobre cómo habría cambiado la conversación si hubiera sido planificada.

ACTIVIDADES FINALES

6. Analiza los sujetos que aparecen en la siguiente conversación.

- ¿Alguna de las oraciones de la conversación carece de sujeto? ¿Cuál?

7. Indica cuáles de las siguientes oraciones son impersonales. Justifica tu elección en el cuaderno.

A. Había mucho ruido.

B. Se vive muy tranquilo en esa aldea.

C. Se llevaron todos los muebles durante la mudanza.

D. Mañana habrá que madrugar.

8. Construye una oración teniendo en cuenta las siguientes características.

a) Oración impersonal con el verbo *hacer*.

b) Oración con sujeto elíptico.

c) Oración con un sujeto formado por un pronombre.

9. Escribe una oración en la que aparezcan cada uno de los siguientes usos de los signos de puntuación.

a) La coma separa conectores discursivos.

b) La coma separa incisos explicativos.

c) Los dos puntos introducen una cita textual.

d) Los puntos suspensivos se utilizan como sustitutos de *etcétera* al final de las enumeraciones.

10. Organiza tus ideas. Realiza en tu cuaderno un diagrama de Venn en el que expliques las diferencias y semejanzas entre la comunicación oral espontánea y la comunicación escrita espontánea.

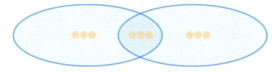

- Compara el diagrama con el de tu compañero. ¿Hay más rasgos comunes o diferentes? ¿A qué conclusión llegas?

11. Imagina que vuestra clase ha sido seleccionada para velar por el correcto uso de la ortografía en el centro. Dividíos por equipos y escoged una norma ortográfica o un signo de puntuación. Después, realizad una infografía donde expliquéis claramente su uso.

Cuando terminéis, podéis colgar las infografías en el pasillo del centro y explicárselas a los compañeros de 1.º, 2.º y 3.º de ESO.

 **VALORA LO APRENDIDO** Autoevaluación.

SOY COMPETENTE | **LAS EMOCIONES**

TEXTO 1

MANIFIESTO DE LAS **EMOCIONES**

1 Las emociones son energía humana. Por tanto, ni se crean ni se destruyen. Solo se transforman.

2 Una parte de esa energía permanece estable, son emociones estables o estados emocionales. Y otra parte está en constante transformación, son emociones fugaces o de tránsito hacia otras emociones.

3 Las emociones son personales, intransferibles y contagiosas.

4 Para generar interés aumentamos el valor de una emoción. Nos interesa lo que le pasa a una persona que está muy triste o que tiene mucho miedo.

5 Para lograr interacción y empatía mezclamos adecuadamente las emociones. Una chica está triste por un ataque de nostalgia, un amigo le ayuda a sentir alivio y esperanza hablando del futuro.

6 Las emociones positivas son energía expansiva, más contagiosa y compartible.

7 Las emociones negativas son energía que puede estallar en nuestro interior y también provocar una onda expansiva. Son muy poderosas, pero necesitan de un mayor control.

8 Energía empática: las emociones negativas ligadas a la tristeza provocan que otros quieran aportarnos su energía.

9 Somos energía, somos emoción.

Fuente: https://www.artevia.com

Comprensión lectora

1. Busca en un diccionario qué es un decálogo y explica si este texto es uno.

2. Indica si las siguientes afirmaciones sobre las emociones son verdaderas o falsas.

A. Nadie puede reconocer nuestras emociones.

B. Toda la energía está cambiando constantemente.

C. Las emociones positivas son las más difíciles de gestionar.

D. Las emociones negativas necesitan mucho control.

Reflexión sobre la lengua

3. Identifica el sujeto de las siguientes oraciones e indica de qué tipo son.

a) Las emociones son energía humana.

b) Parte de esa energía permanece estable.

c) Necesitan más control.

d) Eso te alivia.

e) Somos energía y emoción.

4. Analiza sintácticamente los sujetos que has identificado en la actividad anterior.

5. Lee el primer y el tercer punto del catálogo y explica el uso que se hace de los signos de puntuación.

6. Observa las siguientes palabras del texto y escribe un sinónimo y un antónimo para cada una.

tristeza   negativo   amigo   esperanza

- Explica en tu cuaderno a qué categoría gramatical pertenecen estas palabras.

Expresión escrita

7. Crea una campaña publicitaria en redes sociales para promover una mejor gestión de las emociones. Adapta el eslogan, las imágenes y otros recursos a las principales redes sociales.

TEXTO 2

Comprensión oral

8. Escucha la siguiente conversación e identifica las afirmaciones verdaderas.

A. La persona que llama sabe que la línea de catamarán está suspendida.

B. El servicio de catamarán funcionará al día siguiente.

C. Hay un autobús que sale de enfrente de las taquillas del catamarán.

D. Carlos ofrece a su interlocutor información que este no le ha pedido.

Reflexión sobre la lengua

9. Explica qué características propias de los textos orales aparecen en la conversación que has escuchado en la actividad 8.

10. Completa las siguientes palabras con la vocal adecuada. Recuerda que deberás escribir tilde cuando sea necesario.

a) catamar◻n   c) meteorol◻gicas   e) par◻da

b) taqu◻llas   d) l◻nea   f) serv◻cio

Expresión escrita

11. Elabora una nota informativa que anuncie la suspensión del servicio del catamarán que realiza la ruta de Cádiz-Puerto de Santa María.

REPASO **57**

3 COMO PEZ EN EL AGUA

En esta unidad aprenderás...

- La narración y la descripción
- El atributo y el complemento predicativo. Los complementos verbales (I)
- Uso de *b/v, ll/y, h*
- Las comparaciones lexicalizadas

Observa

1. Observa la imagen y responde.
   a) ¿Crees que el título de la unidad hace referencia a la fotografía?
   b) ¿Qué significa para ti la expresión "como pez en el agua"?
   c) ¿En qué situación emplearías esa frase hecha?

2. Escucha y contesta a las preguntas.
   a) ¿Qué actitud tienen los poetas ante su propia obra?
   b) ¿De qué depende la manera de organizar el material de un texto?
   c) ¿Por qué conviene revisar nuestros propios textos?
   d) ¿En qué aspectos debemos fijarnos?

Habla

3. ¿Te gusta escribir? ¿Sueles hacerlo a mano o en el ordenador?

4. ¿Tienes un diario o un cuaderno donde anotes sucesos importantes de tu vida? ¿Crees que esas acciones ayudan a las personas a expresarse? ¿Por qué?

5. ¿Has escrito algún cuento o relato corto? ¿Qué tipo de lenguaje has utilizado?

Rosa Parks

>> Rosa Parks creció en el sur de Estados Unidos, en una época donde había segregación racial y los afroamericanos estaban separados del resto de la sociedad. Un día, volviendo en autobús, cansada después de un largo día de trabajo, Rosa se negó a ceder su asiento a un hombre blanco; y este gesto improvisado y casual encendió la chispa del cambio que la llevaría a convertirse en todo un icono de la igualdad entre las personas.

flamante. Resplandeciente.

abolir. Dejar sin vigencia una ley.

segregar. Separar y marginar a una persona por motivos sociales, políticos o culturales.

incipiente. Que comienza.

SUEÑOS DE IGUALDAD

Rosa Louise McCauley nació en 1913 en Tuskegee, Alabama, Estados Unidos.

Cuando sus padres se separaron, su madre, Leona, se mudó a la granja de sus padres junto a Rosa y su hermano pequeño, Sylvester. Los abuelos de Rosa, Rose y Sylvester Edwards, habían sido esclavos. Ellos le enseñaron a creer que todas las personas son iguales y que el color de piel no importa.

Mientras que los niños blancos de la ciudad iban al colegio en su **flamante** autobús escolar, Rosa y sus amigos tenían que ir a pie, estudiar en un aula separada y sentarse en el suelo. La madre de Rosa creía que la educación era primordial, y se las arregló para enviar a su hija a un colegio privado de enseñanza secundaria. Si bien continuó formándose para ser profesora, tuvo que dejar la universidad para cuidar de su abuela enferma y de su madre.

"Saber lo que hay que hacer elimina el miedo".

DERECHOS E INJUSTICIAS

Aunque Rosa nació casi 50 años después de la guerra de Secesión y la esclavitud ya se había **abolido**, creció en una época en la que los afroamericanos seguían recibiendo un trato muy injusto: algunos blancos los herían e incluso mataban, sobre todo en el sur de EE. UU.

Las leyes en el sur del país mantenían a los negros **segregados** o separados de los blancos. Había leyes que establecían que los negros no podían beber agua de las mismas fuentes, ni usar los mismos aseos, ni ir a los mismos colegios ni sentarse en un autobús junto a los blancos. Los afroamericanos debían sentarse al fondo del autobús, y los conductores tenían tanto poder como la policía para hacer cumplir esa norma.

Tras conocer a su esposo, Raymond Parks, y casarse con él cuando tenía 19 años, Rosa obtuvo su diploma de bachillerato. Vivían en Montgomery, Alabama. Raymond trabajaba de barbero; y Rosa, de costurera en unos grandes almacenes. Él la animó a involucrarse en el **incipiente** movimiento por los derechos civiles que, de manera pacífica, reclamaba que los afroamericanos tuviesen los mismos derechos y libertades.

"El racismo sigue estando presente. Pero depende de nosotros preparar a nuestros hijos para lo que tendrán que afrontar, y que, con suerte, vamos a superar".

El 1 de diciembre de 1955, después de un duro día de trabajo, Rosa se subió al autobús para regresar a su casa y se sentó al fondo, como de costumbre. El autobús se llenó con tantos pasajeros blancos que algunos iban de pie en el pasillo, así que el conductor decidió aumentar el área reservada a los blancos para que pudieran sentarse, y les exigió a cuatro pasajeros negros que se fueran más atrás. Tres de ellos se levantaron, pero Rosa no lo hizo. "¿Por qué no te levantas?", le preguntó el conductor. "No veo por qué tendría que hacerlo", le contestó Rosa. El conductor llamó a la policía y Rosa fue arrestada.

Más adelante, Rosa aclaró que, si no se había levantado, no había sido tanto por fatiga como por el cansancio de ceder siempre. Su negativa inspiró a miles de personas, que dejaron de utilizar la red de transporte urbano como medida para luchar pacíficamente contra aquellas injustas normas. El **boicot** comenzó el 5 de diciembre de 1955, liderado por Martin Luther King, y la ciudad perdió mucho dinero, ya que los autobuses iban vacíos. Las casas de King y de otros líderes fueron atacadas con bombas, se incendiaron iglesias, y la violencia estalló por todos los rincones de la ciudad. El boicot duró 381 días.

"Me gustaría que se me recordara como alguien que quiso ser libre… para que otros pudieran serlo también".

boicot. Acción para obstaculizar o impedir el desarrollo de una actividad.

>> **Katherine Halligan**

Katherine Halligan es una escritora estadounidense de libros infantiles y juveniles. Estudió artes, literatura, historia e idiomas viajando por todo el mundo.

instruir. Enseñar, adoctrinar.

ASÍ CAMBIÓ EL MUNDO

Con un sencillo gesto de protesta, Rosa desencadenó profundos cambios en el país. Su abogado, Fred Gray, logró que los tribunales declarasen ilegal la segregación racial en el transporte público, y Rosa pasó a la historia como la madre del movimiento por los derechos civiles en Estados Unidos. Fundó un instituto para instruir a los jóvenes en esos asuntos, escribió dos libros, y recibió muchos premios y reconocimientos. Pese a su fama e influencia, siempre fue modesta, y afirmaba: "Aquel día, lo único que intentaba era llegar a casa después del trabajo". ■

Katherine Halligan:
Ellas cuentan, SM

1. ¿De qué trata el texto que has leído?

    A. De las consecuencias de la segregación que vivían los ciudadanos afroamericanos del sur de Estados Unidos durante el siglo XX.

    B. De como un pequeño gesto de una mujer supuso un gran avance en los derechos de la población afroamericana de EE. UU.

    C. De la lucha incansable de Rosa Parks por conseguir que todos los ciudadanos de Alabama tuvieran los mismos derechos.

Localizo el tema

2. La lectura está dividida en cuatro fragmentos y solo tres de ellos tienen título. Escribe uno adecuado para el tercer fragmento que recoja el sentido de lo que se narra.

3. En el fragmento del texto, aparecen cuatro citas de Rosa Parks. ¿Cuál de ellas crees que recoge mejor la idea principal de la lectura?

Localizo la idea principal

    ① "Saber lo que hay que hacer elimina el miedo".

    ② "El racismo sigue estando presente. Pero depende de nosotros preparar a nuestros hijos para lo que tendrán que afrontar, y que, con suerte, vamos a superar".

    ③ "Me gustaría que se me recordara como alguien que quiso ser libre… para que otros pudieran serlo también".

    ④ "Aquel día, lo único que intentaba era llegar a casa después del trabajo".

4. ¿El texto que acabas de leer es descriptivo o narrativo? Fíjate en las características de ambos tipos de texto y justifica tu respuesta.

Reconozco la clase

> **Texto descriptivo:** se exponen las características de algo, ya sea un objeto, una persona, un animal o una situación, poniendo especial énfasis en los detalles.
>
> **Texto narrativo:** se narran una serie de acontecimientos reales o ficticios que conforman una historia en la que aparecen diferentes personajes en un tiempo y un espacio determinados. Los textos narrativos también pueden incluir descripciones de personajes, paisajes o situaciones.

5. Lee este fragmento del texto y explica en tu cuaderno qué significa la expresión destacada.

Relaciono significados

> Su negativa inspiró a miles de personas, que dejaron de utilizar la red de transporte urbano como medida para ==luchar pacíficamente== contra aquellas injustas normas.

6. Lee estas líneas del final de la lectura y responde.

Relaciono palabras

> Pese a su fama e influencia, siempre fue modesta, y afirmaba: "==Aquel día==, lo único que intentaba era llegar a casa después del trabajo".

    • ¿A qué hacen referencia las palabras destacadas?

COMPRENSIÓN LECTORA **63**

Relaciono palabras

7. Busca en el texto qué otras palabras utiliza la autora para referirse a las siguientes palabras.

trasladó   detenida   provocó   humilde

Busco información

8. El texto informa sobre algunas de las normas vigentes en EE. UU. en la primera mitad del siglo XX para separar a los ciudadanos negros de los blancos. ¿Qué imágenes las representan?

9. ¿Por qué decidió Rosa Parks no ceder su asiento a un hombre blanco?

A. Porque estaba cansada después de haber trabajado todo el día.

B. Porque había otros asientos libres en el autobús.

C. Porque estaba cansada de tener que ceder siempre.

D. Porque su asiento estaba reservado para personas afroamericanas.

Pienso en lo que dice el texto

10. ¿En qué consistió el boicot que realizó parte de la sociedad después de que Rosa Parks fuera detenida aquel día por no levantarse del asiento del autobús?

11. En el texto se explica que Rosa Parks fundó un instituto para instruir a los jóvenes en esos asuntos. ¿A qué asuntos se refiere?

12. Según la información del primer fragmento, el alumnado afroamericano no tenía los mismos derechos que el resto del alumnado. ¿Cómo crees que influyeron las discriminaciones que vivió Rosa en el colegio en la decisión de no ceder su asiento en el autobús?

13. Este texto forma parte de una colección de biografías sobre mujeres que lucharon por construir un mundo mejor. ¿Piensas que Rosa Parks tuvo más dificultades para defender su postura por ser mujer?

PRACTICA Sigue trabajando la comprensión lectora con otro texto.

14. Imagina que, al igual que Rosa Parks, tuvieras la oportunidad de conseguir un cambio en el mundo. ¿Cuál de estos tres logros elegirías y por qué? Escribe un texto breve en el que justifiques tu elección y explica cómo crees que lo harías.

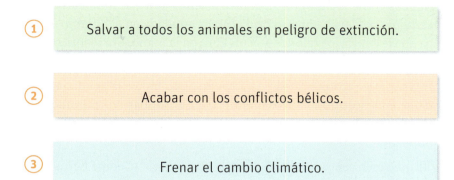

① Salvar a todos los animales en peligro de extinción.

② Acabar con los conflictos bélicos.

③ Frenar el cambio climático.

15. En la lectura has podido ver cómo era Rosa Parks, pero ¿cómo eres tú? ¿Cómo te ves a ti mismo? Escribe una breve descripción explicando cómo eres, las cosas que más te gustan y los rasgos más relevantes de tu personalidad. Para ello, puedes seguir estos pasos.

Paso 1. Lee las siguientes palabras y señala las cinco que más definan tu personalidad. Explica por qué lo piensas.

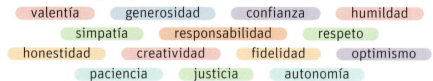

valentía   generosidad   confianza   humildad
simpatía   responsabilidad   respeto
honestidad   creatividad   fidelidad   optimismo
paciencia   justicia   autonomía

Paso 2. Resume un hecho de tu vida que ejemplifique cada uno de los rasgos de personalidad que has destacado.

Paso 3. Completa tu descripción contestando a estas preguntas.

- ¿Qué otros rasgos definen tu forma de ser?
- ¿Qué valores son más importantes en tu vida?
- ¿Qué aspecto de tu personalidad te gustaría mejorar?
- ¿Cuáles son las virtudes que más valoras en otras personas?

Paso 4. Lee tu descripción en clase para que tus compañeros te conozcan mejor. Pídeles que nombren otras virtudes que ven en ti.

16. Aunque no existe una base científica que lo avale, en muchas ocasiones se suelen identificar los signos del zodiaco con ciertos rasgos de personalidad. Investiga y explica de manera oral ante tus compañeros cómo debería ser tu personalidad según tu signo zodiacal.

- Indaga sobre cuál es tu signo según tu fecha de nacimiento, y cuáles son las características de personalidad que se le asocian.
- Reflexiona sobre si estás de acuerdo con lo que has investigado y si crees que encaja contigo. ¿Coincide con la descripción que has hecho de ti mismo en la actividad anterior?
- Debatid en clase sobre qué pensáis de este tema, argumentando vuestras ideas y opiniones.

La narración y la descripción

La narración

1. Lee el siguiente texto y realiza las actividades.

> Apenas tomé el autobús, encontré asiento junto a una bellísima mujer centenaria. Llevaba una colorida túnica anudada en el hombro —tan larga que le cubría los talones— y un libro en la mano. Era idéntico al que yo había estado leyendo, entre lágrimas, ese fin de semana.
>
> Ella también iba por la página 115. Su dedo índice la ayudaba a no perderse en la lectura y, curiosamente, cuando ambas nos miramos, estaba señalando el mismo epígrafe que mi pluma había subrayado la noche anterior:
>
> "El odio es la venganza de un cobarde intimidado" (George Bernard Shaw).
>
> Quise comentar la coincidencia, pero en ese momento abrió despacio el cierre de su bolso, revolvió con sus pálidas manos arrugadas y comenzó a colocar recuerdos, uno a uno, sobre su falda: abandonos, mentiras, decepciones, desprecios, injusticias... todo en sobres pequeños, transparentes, rotulados con temblorosa letra cursiva en lápiz rojo.
>
> La miré sorprendida, deseando una respuesta.
>
> —Mil disculpas (murmuró, entonces), hoy es día de inventario. Para no dar lugar a los rencores, cada año extirpo de mi alma aquello que me ha causado pena. Y defiendo así, esperanzada, el humano derecho a no olvidar que existo.
>
> Tal vez, todos deberíamos hacerlo...
>
> Silvia Gabriela Vázquez: "El inventario", en Concurso de microrrelatos
> "Por un futuro sin odio", de Amnistía Internacional

a) ¿El texto que acabas de leer es una narración? ¿Por qué?

b) ¿Está contado en primera o en tercera persona? ¿Cuántos personajes aparecen en el texto?

c) ¿Hay referencias al espacio y al tiempo? Indícalas.

Una narración es un texto, oral o escrito, que **cuenta acontecimientos** protagonizados por unos **personajes** en un **tiempo** y un **lugar** determinados.

En los textos narrativos siempre aparecen una serie de **elementos**:

- **Los personajes.** Son los seres a los que les suceden los hechos que se narran. Según su importancia en la historia, se clasifican en principales y secundarios.
- **El marco narrativo.** Lo forman las circunstancias en las que se producen los acontecimientos: el espacio, el lugar donde ocurren los hechos; y el tiempo, que puede hacer referencia al momento en el que sucede la historia o a la duración de los acontecimientos.
- **La acción.** Es el conjunto de hechos que se relatan. Suele estructurarse en tres partes: planteamiento, nudo y desenlace.
- **El narrador.** Es la voz que cuenta los hechos. Puede ser interno, cuando participa en los sucesos que cuenta, o externo, cuando no participa.

2. Lee el texto e identifica los elementos de la narración que aparecen.

Para nosotros, los niños, la llegada de Aproximado era motivo de gran alegría, una pequeña sacudida en nuestra árida monotonía. El tío nos suministraba víveres, ropa y productos básicos. Nervioso, mi padre salía al encuentro del camión donde se amontonaban los encargos, e interceptaba al visitante antes de que el vehículo invadiera el coto que circundaba el casar. En el cercado, obligaba a Aproximado a lavarse para no introducir elementos contaminantes de la ciudad. Se lavaba con tierra y con agua, ya hiciera frío o fuera de noche. Tras el baño, Silvestre descargaba el camión apresurando las entregas y abreviando las despedidas. Y en un fugaz instante, más breve que un batir de alas, Aproximado volvía a desaparecer más allá del horizonte ante nuestras angustiadas miradas.

—No es un hermano directo —justificaba Silvestre—. No quiero hablar demasiado con él. Ese hombre no conoce nuestras costumbres.

Este reducto de humanidad, unido como los cinco dedos, estaba en realidad dividido: mi padre, el tío y Zacaria tenían la piel oscura; yo y Ntunzi también éramos negros, pero de piel más clara.

—¿Somos de otra raza? —pregunté un día.

Mi padre respondió:

—Nadie es de otra raza. Las razas —dijo— son uniformes que vestimos.

Tal vez Silvestre tuviera razón. Pero yo aprendí, aunque demasiado tarde, que a veces ese uniforme se filtra en el alma de los hombres.

MIA COUTO: *Jerusalén*, Alfaguara

Características lingüísticas de la narración

La narración es dinámica y por ello sus rasgos lingüísticos son los siguientes:

- **Uso abundante de formas verbales.** Predominan las formas del pretérito perfecto simple para expresar la sucesión de acciones (*llegaron*, *fui*). Las del pretérito imperfecto de indicativo sitúan en el tiempo acciones simultáneas (*hablaban*, *pensaba*). En ocasiones, se emplea el presente de indicativo con un valor actualizador o porque el narrador cuenta lo que sucede en ese momento.

- **Presencia de conectores textuales.** Indican los momentos en que suceden las acciones: *entonces*, *después*, *más tarde*. También suelen abundar las expresiones de lugar y de tiempo, que hacen referencia a los escenarios donde ocurren los sucesos y a los momentos en los que suceden.

- **Utilización de primera o tercera persona.** El uso de unos o de otros dependerá del tipo de narrador.

3. Lee de nuevo los textos de las actividades 1 y 2 y explica en tu cuaderno qué rasgos lingüísticos propios de la narración reconoces.

4. Transforma el texto de la actividad 1 de tal forma que la narradora sea la mujer centenaria.

COMUNICACIÓN **67**

La narración y la descripción

5. Escucha la narración que encontrarás en www.e-sm.net/snglcl4eso03_01 y contesta a las siguientes preguntas.

a) ¿Quién protagoniza la narración?

b) ¿En qué lugar suceden los hechos?

c) ¿Piensas que la historia transcurre en la actualidad o en el pasado? ¿Cómo lo has sabido?

d) Identifica qué tipo de narrador relata la historia.

e) Analiza las características lingüísticas propias de la narración que aparecen en el audio.

f) ¿Piensas que es necesario ver a la persona que narra el texto para seguir la historia? Si pudieras ver a la persona que cuenta la historia, ¿qué tipo de gestos crees que haría?

6. Comenta con tus compañeros cómo es la manera de hablar de la persona que narra el texto en la actividad anterior, contestando estas preguntas.

a) ¿Se le entiende bien?

b) ¿Habla con claridad?

c) ¿Usa un tono adecuado?

7. Piensa en algún sueño que hayas tenido ultimamente y nárraselo a tus compañeros de clase. Ten en cuenta las siguientes características.

- Sitúa a tus compañeros en el contexto de la historia.
- Utiliza enunciados breves.
- Usa un tono y un ritmo adecuados a la narración.
- Acompaña tu historia con gestos.

8. Fíjate en estas escenas y escribe una narración breve de una de ellas. Ten en cuenta los elementos propios de la narración.

- Sin leerla, narra la historia que has elaborado a un compañero. Cuando termines, tu compañero leerá el texto que has escrito anteriormente. ¿Qué diferencias observáis entre la versión oral y la versión escrita?

La descripción

9. Lee el texto y contesta a las preguntas.

Llego a casa.

Tiro las llaves en el cestillo que hay en el aparador de la entrada y espero de pie, junto a la puerta. Todavía está abierta. La cierro.

Oigo ruido en la cocina. Se escuchan la radio y la campana extractora de humos. [...]

El aroma de algo que lleva tomate y canela golpea mi sentido del olfato casi al instante. También huele a otras cosas que no reconozco. Multitud de especias. Seguro que demasiadas. Mi madre está en una etapa en la que mucho siempre es poco. Nunca hay suficiente de nada. Utiliza cosas como flores comestibles, y frutas de nombres impronunciables que mezcla con esencias y extractos y con pescados y mariscos y con carnes y con lo que sea.

Peran siempre le alaba el resultado, aunque en su rostro permanentemente sonriente adivino que, en más de una ocasión, lo hace solo por agradarla. [...]

Peran tiene ese nombre porque es noruego. Y también porque es noruego mide casi dos metros y es rubio y tiene los ojos grises y habla con un acento que a todos resulta adorable. Sobre todo a mi madre.

"Te querría solo por tu acento", le dijo una vez. Y Peran sonrió. Siempre sonríe. Aunque truene o se hunda el suelo bajo nuestros pies. Tal vez porque es noruego. Aunque eso no lo sé. Los otros noruegos que conozco son todos de su familia, y si también sonríen siempre, puede deberse a motivos genéticos y no a causa de su nacionalidad.

RAFAEL SALMERÓN: *No te muevas, musaraña*, SM

a) ¿Qué es lo primero que nota la protagonista cuando entra en casa?

b) ¿Cómo describe el olor que percibe? ¿Crees que le gusta? ¿Por qué?

c) ¿Qué es lo que más destaca la protagonista cuando habla de Peran? ¿Piensas que lo describe de manera objetiva o subjetiva? ¿Por qué?

La descripción consiste en **representar las características de una realidad** y se puede clasificar atendiendo a diferentes criterios:

- **Según el punto de vista del emisor.** El emisor puede adoptar dos posturas ante lo que describe: objetiva y subjetiva. En la objetiva se representan las características de lo descrito de manera clara y precisa, sin realizar valoraciones. En la subjetiva se refleja la realidad a través de las opiniones o impresiones del emisor.

- **Según el modo de representar la realidad.** La realidad se puede presentar de forma inmóvil, como si fuera una fotografía; en ese caso, se llama descripción estática. Por el contrario, puede describirse la realidad en movimiento; se trata de una descripción dinámica.

- **Según la naturaleza de lo descrito.** Se pueden describir elementos de distinta naturaleza, como personas, objetos o lugares.

COMUNICACIÓN **69**

La narración y la descripción

10. Lee esta descripción y compárala con la que aparece en la actividad 9. ¿Cuál de las dos descripciones te parece más detallada? ¿Por qué?

> El vello de mis piernas sombrea la piel húmeda, las gotas prendidas en los pelos, aplastados bajo el peso del agua. Son extraños vistos desde esta perspectiva. ¿De quién serán esas piernas? ¿Y esos pies grandes, de hombre? Levanto los dedos y se marcan los tendones como si alguien tirara de una cuerda. La piel se vuelve mansa, lisa, casi deslumbrante por los talones, los costados. Miro tanto esos pies que ya no parecen pies. Me fijo en sus dedos grandes, que debo domar y doblar, estirar. Me pongo de puntillas, desciendo. Hay un pequeño charco en las baldosas, bajo mis plantas. Y la gota del grifo. Clin, clin, clin. Vuelvo a levantar la cabeza. El espejo se ha empañado lo suficiente para que solo vea un borrón de ese cuerpo. Esa pincelada impresionista soy yo. Froto el espejo con la palma de la mano. Mi rostro aparece en el agujero del vaho y sé que es mío. Lo distingo porque lo he visto muchas veces en este mismo espejo, su imagen especular, ahora distinta, más angulosa, menos dulce, con un ligero vello sobre el labio superior. Pero, aunque haya cambiado, hay algo que es solo mío, que soy yo, un puñado de gestos, esa mirada hosca, tímida, confusa, enmarcada ahora por las pestañas mojadas. No sé qué es, no sé qué soy yo, pero estoy ahí, en ese rostro, que hasta hace poco era suave y blanco como la piel de una cebolla.
>
> MÓNICA RODRÍGUEZ: *Biografía de un Cuerpo*, SM

- ¿Cómo es la descripción que acabas de leer? Analízala y completa en tu cuaderno una tabla como la siguiente.

Según el punto de vista del emisor	●●●
Según el modo de representar la realidad	●●●
Según la naturaleza de lo descrito	●●●

Características lingüísticas de la descripción

Los principales rasgos lingüísticos de las descripciones son:

- **Uso del presente y del pasado.** Abundan las formas verbales en presente y en pretérito imperfecto de indicativo.

- **Abundancia de grupos nominales.** Se emplean para referirse a las realidades descritas que contienen diferentes complementos del nombre (grupos adjetivales, grupos preposicionales, etc.).

- **Empleo frecuente de verbos copulativos.** Se utilizan para atribuir cualidades a las realidades descritas: *era suave*, *parecía despistado*.

- **Uso de recursos literarios.** En las descripciones subjetivas se suele recurrir a los recursos literarios, especialmente a las comparaciones, las metáforas y las personificaciones.

11. Vuelve a leer los textos de las actividades 9 y 10. ¿Qué características lingüísticas propias de la descripción identificas?

12. Observa estas imágenes y descríbelas como si estuvieses situado en el punto desde el cual se ha tomado la fotografía. Ten en cuenta todas las características lingüísticas de la descripción.

13. Analiza las características lingüísticas de la descripción que aparecen en el texto. ¿De quién se está hablando? ¿Qué es lo que se describe?

> El presidente era un hombre extraordinario en muchos aspectos. Era una persona jovial y sociable, aunque de una vivacidad anormal y dotado de unos modales ostentosos que le conferían siempre un aire de lo más afectado. Su cordialidad parecía patológica; sus ocurrencias y bromas, sin dar la impresión de ser forzadas, parecían brotar de su fuero interno en virtud de una facultad del espíritu que no es la del ingenio. Su humor parecía impostado y disimulaba su excitación con una apariencia de naturalidad.
>
> En compañía de sus amigos —y eran muchos los que tenía— mantenía una corriente constante de júbilo, todo en él era alegría y risa. Y aun así resultaba sorprendente que el semblante de este hombre extraño no expresase contento o felicidad. Cuando se apagaba su risa, parecía sumirse, remarcado por el contraste que expresaba su rostro, en una seriedad nada natural, como hermanada con el dolor.
>
> FERNANDO PESSOA: *Una cena muy original*, Nørdicalibros

Dentro de la descripción de personas, existen diferentes tipos:
- **Prosopografía:** solo se detallan los rasgos físicos.
- **Etopeya:** se describen los rasgos del carácter.
- **Retrato:** se combinan los aspectos físicos con los rasgos de carácter.
- **Autorretrato:** es la descripción que alguien hace de sí mismo.
- **Caricatura**: los rasgos aparecen exagerados para hacerlos cómicos.

14. Vuelve a leer el texto de la actividad 13. Inventa y escribe en tu cuaderno una prosopografía para añadir a la descripción de ese personaje. Recuerda que debes utilizar los elementos lingüísticos propios de la descripción que has estudiado.

15. Llevad a clase una fotografía de un personaje conocido. Formad un grupo de cuatro o cinco miembros, barajad todas las fotografías y repartid una por cada equipo. Un integrante del equipo debe coger la foto sin que los demás la vean. Después, realizad una descripción del personaje para que el resto de los compañeros intenten adivinar de quién se trata.

El atributo y el complemento predicativo

El atributo

1. Lee la siguiente viñeta y responde a las preguntas.

a) Localiza los verbos. ¿De qué tipo son: copulativos o plenos?
b) Fíjate en los verbos que has localizado. ¿Tienen complementos?
c) ¿Qué grupos de palabras forman esos complementos?

El atributo (Atr) es una función ejercida por un grupo sintáctico que aparece con **verbos copulativos y semicopulativos** para expresar una **cualidad**, una **propiedad** o el **estado del sujeto**.

La función de atributo la pueden desempeñar estas categorías:

Grupo nominal	El doctor Buendía parece **un buen médico**.
Grupo adjetival	Su conversación resultaba **muy agradable**.
Grupo preposicional	Esta ensaimada es **de Mallorca**.
Grupo adverbial	Josefina se encuentra **estupendamente**.
Oración	Su problema es **que miente mucho**.

Si el atributo es un grupo adjetival, este concuerda en género y número con el sujeto; si es un grupo nominal, puede concordar en género y número (*Ellos están **contentos***), o solo en número si el sustantivo no tiene flexión de género (*Este chico es una promesa*).

Hay oraciones copulativas con el verbo *ser* en las que el verbo no concuerda con el sujeto sino con el atributo: *Todo esto **son problemas sin importancia***.

>> El atributo locativo sitúa algo en un lugar. Suele aparecer con el verbo *estar*: *La mochila está **en el aula***.

Si se sitúan en el tiempo o en el espacio acciones o sucesos, se utiliza el verbo *ser*: *El homenaje será **en el ayuntamiento***.

>> Para identificar el atributo:
1.º Comprueba que el verbo es copulativo o semicopulativo.
2.º Verifica que, si se suprime el atributo, la oración no tiene sentido.
3.º Sustituye el atributo por el pronombre *lo*, salvo en el caso de los verbos semicopulativos.

2. Señala los atributos de estas oraciones y explica por qué grupos de palabras están formados.

a) Estuvo muy inquieta todo el día.
b) ¿Sois vosotros los responsables de esto?
c) El que quiere volver es Nacho.
d) Mi casa está entre dos grandes edificios.
e) Este trabajo está estupendamente.

3. Crea dos oraciones donde cada adjetivo funcione como atributo: una con el verbo *ser* y otra con el verbo *estar*. ¿Cambia el significado del atributo?

joven   despierto   delicado   seguro

72 GRAMÁTICA

El complemento predicativo

El complemento predicativo (CPvo) es una clase de **atributo** que acompaña a un **verbo pleno**.

La función de complemento predicativo la pueden desempeñar estos grupos:

Grupo adjetival	*Presenciamos **tranquilos** el concierto.*
Grupo nominal	*Laura Ruiz ha sido nombrada **directora comercial**.*
Grupo preposicional	*He trabajado **de camarero**.*
Grupo adverbial	*Llegó **bien** a la meta.*

El complemento predicativo expresa una **cualidad**, una **propiedad** o el **estado** del **sujeto** o del **complemento directo**. Concuerda con ellos en género y número si es un grupo nominal (cuyo sustantivo admite flexión) o un grupo adjetival: *Los jugadores acabaron **muy cansados** el partido. Suelo comer la verdura **muy cocida**.*

En las oraciones pasivas, el complemento predicativo que se refiere al complemento directo de la oración activa pasa a complementar al sujeto paciente: *La clase eligió a Miriam **delegada**.* → *Miriam ha sido elegida **delegada** por la clase.*

---

4. Identifica los complementos predicativos de estas oraciones y señala a qué grupo sintáctico complementan.

a) Envié el correo electrónico sin asunto.

b) Llevas sucia la camisa.

c) El concursante contestó muy nervioso.

5. Indica en cuál de estas oraciones aparece un complemento predicativo.

A. Los vecinos se despertaron sobresaltados por el ruido.

B. Los vecinos se mostraron sobresaltados por el ruido.

6. Completa estas oraciones añadiendo complementos predicativos.

a) El gato se lanzó ●●● sobre su presa.

b) Tras la avalancha, los alpinistas regresaron ●●●.

c) Llevaba toda la ropa ●●●.

7. Lee este titular y transfórmalo en una oración pasiva. ¿A qué complementa el complemento predicativo?

El jurado del Premio al Mérito Deportivo eligió deportistas del año a los hermanos Márquez.

8. Analiza los complementos predicativos de este texto.

Cuando el muchacho abrió los ojos, sobresaltado, el sol brillaba radiante en la habitación y esta lucía más pequeña y ruinosa que la noche anterior. Mercedes, peinada y vestida, lo miraba inquisidora desde una esquina de la cama.

Mario Vargas Llosa: *Lituma en los Andes*, RBA

Los complementos verbales (I)

9. Completa estos enunciados en tu cuaderno para que tengan sentido. ¿Tenían sentido antes de que las completaras?

Marta encontró · Ellos tenían · Sus hermanos dieron

Hay verbos plenos que necesitan obligatoriamente complementos, pues sin ellos la oración carecería de sentido o tendría otro significado. Estos complementos se denominan **complementos argumentales**: *Chema publicó **un libro interesante**. *Chema publicó.*

El núcleo del predicado puede ir acompañado opcionalmente de otros complementos que no sean necesarios pero que aporten información adicional. Reciben el nombre de **complementos adjuntos**: *Chema publicó un libro interesante **el mes pasado**.*

Son complementos argumentales el complemento directo (CD), el complemento de régimen (CRég) y muchos de los complementos indirectos (CI). Son complementos adjuntos el complemento circunstancial (CC), el complemento agente (CAg) y algunos de los complementos indirectos.

10. Indica si los complementos destacados son argumentos o adjuntos.

a) En la sartén pequeña fríe este filete.

b) ¿Ayer avisaste de tu ausencia?

c) Los pases fueron entregados por el comité a los socios.

d) Estuvimos charlando toda la tarde con Mila y Miguel.

El complemento directo

El complemento directo (CD) es un **complemento argumental de un verbo transitivo**, que lo necesita para completar su significado: *Enciende **la lámpara**.*

La función de complemento directo la pueden desempeñar estas categorías:

Grupo nominal	*¿Has visto **aquello**?*
Grupo preposicional introducido por la preposición *a*	*He llamado **a tus amigos**.*
Oración subordinada	*No sabía **si quedarse en casa**.*

>> Para identificar el CD:

1.º Comprueba si el verbo es transitivo y necesita un complemento.

2.º Sustitúyelo por los pronombres *lo, la, los, las.*

Si el CD se antepone al verbo, se duplica con los pronombres *me, te, se, nos, lo, la, los, las.*

3.º Transforma la oración a pasiva. En este caso, el CD se convierte en sujeto paciente.

11. Localiza los complementos directos que aparecen en estas oraciones. Después, indica qué categoría gramatical los desempeña.

Fuente: Barrio Adentro

RAZONES PARA RECICLAR

Se salvan **6 árboles** por cada **tonelada de papel** reciclado.

Reciclar permite generar menos cantidad de residuos.

Si **reciclamos**, reducimos la presión de los **rellenos sanitarios**.

Si se **desconectan** los aparatos electrónicos, se ahorra hasta un 30 % de **energía**.

Reciclar **ayuda** a reducir **la contaminación** del agua y el aire.

12. Analiza los complementos directos de estas oraciones.

a) Se ganó la admiración del público con su voz.

b) ¿Has encontrado a tu perro?

c) Eso lo dijiste tú.

El complemento indirecto

13. Lee la siguiente oración y señala el complemento directo que aparece. ¿Quién es el destinatario de la acción del verbo?

> Enseña el pase al recepcionista.

El complemento indirecto (CI) es un complemento del verbo, a veces argumental y otras veces adjunto, que **indica el beneficiario, el destinatario o el perjudicado de una acción**. Puede aparecer con verbos transitivos e intransitivos. La función de complemento indirecto la pueden desempeñar estas categorías:

Grupo preposicional introducido por la preposición *a*	*Tania envió un mensaje **a tus padres**.*
Grupo nominal	*¿Por qué **le** gritas?*

14. Completa estas oraciones en tu cuaderno añadiendo un complemento indirecto con el grupo indicado en cada caso.

a) Háblale de mi ••• (grupo preposicional).

b) ¿Qué ••• (grupo nominal) has comprado para su cumpleaños?

c) He enviado una tarjeta ••• (grupo preposicional) por Navidad.

d) Siempre ••• (grupo nominal) da un beso de despedida a la puerta del colegio.

15. Sustituye los complementos directos e indirectos por los pronombres correspondientes.

a) Han dicho a mi madre que está muy bien de salud.

b) Premiaron a Julio con un viaje a México.

c) Concedieron a Carlos un premio merecido.

d) Carla escribió una carta a Luis desde Estambul.

16. Analiza sintácticamente estas oraciones. Fíjate en el ejemplo.

EJEMPLO:

$$\underbrace{\underbrace{Mi}_{Det/Act}\ \underbrace{padre}_{Sust/N}}_{GN/Suj}\ \underbrace{\underbrace{compró}_{V/N}\ \underbrace{\underbrace{un}_{Det/Act}\ \underbrace{ordenador}_{Sust/N}\ \underbrace{nuevo.}_{GAdj/CN}}_{GN/CD}}_{GV/Pred}$$

a) El camarero trajo un enorme helado de vainilla.

b) ¿Sabes el camino correcto?

c) Mi madre regaló un libro de aventuras a mi primo.

d) El alumno entregó la redacción a la profesora.

e) Se lo envié al secretario.

>> Para identificar el CI:

1.º Sustitúyelo por los pronombres personales átonos *le*, *les*. Si se sustituyen a la vez el CD y el CI, *le* o *les* se sustituyen por *se*. Si el CI se antepone al verbo, se duplica mediante los pronombres personales *me*, *te*, *se*, *nos*, *os*, *le*, *les*.

2.º Transforma la oración de activa a pasiva. El CI no sufre ninguna variación.

Uso de b/v, ll/y, h

Algunas grafías como *b* y *v* representan el mismo sonido (/b/); sonidos parecidos, como *ll* e *y* (/y/); o no representan ningún sonido, como *h*. Por ello, la escritura de las palabras que las contienen puede presentar dificultades.

Se escriben con *b* las formas de los verbos *deber*, *haber* y *saber*.

Se escriben con *ll* las palabras de la misma familia léxica de otra que se escribe con *ll*.

Se escriben con *v* las formas del **pretérito perfecto simple de indicativo y el imperfecto de subjuntivo** de los verbos *andar*, *estar* y *tener* y sus derivados.

Se escriben con *y* todas las formas verbales que contienen el **sonido /y/ y no tienen ni *ll* ni *y* en el infinitivo.**

Se escriben con *v* los adjetivos acabados en *-ave*, *-avo*, *-ava*, *-eve*, *-evo*, *-eva*, *-ivo* e *-iva*.

Se escriben con *h* las **palabras derivadas** de otras que tienen *h*. Se exceptúan algunas derivadas de *hueso*, *hueco*, *huérfano* y *huevo*.

Se escriben con *h* las formas de los verbos que llevan *h* en el infinitivo: *haber*, *hacer*, *hablar*, etc.

Se escribe con *b* el **pretérito imperfecto de indicativo** de los verbos **de la primera conjugación y del verbo *ir*.**

Se escriben con *b* los verbos acabados en *-bir* y *-buir* (excepto *hervir*, *servir* y *vivir*) y sus derivados

Se escriben con *v* todas las formas del presente del verbo *ir*.

Se escriben con *ll* las palabras terminadas en *-alle*, *-elle*, *-ello*, *-illo*, *-illa* y *-ullo*.

• • • MODA

LA REVISTA DE LA GENERACIÓN ZETA

¿Sabías que nuestra forma de vestir afecta a cómo nos sentimos?

Tarde lluviosa, pocas ganas de salir, te sientes malhumorado... Ponte tu camiseta preferida y quizá te devuelva el buen humor.

Puede que dejes de fijarte en los goterones que se escurren por la ventana y pienses que al fin y al cabo la lluvia es beneficiosa, y llover, tiene que llover.

¿Y todo eso solo por haberte puesto tu camiseta preferida? Sociólogos, neurocientíficos y psicólogos responden que sí y afirman que la clave está en el cerebro.

La doctora Karen Pine, profesora de Psicología del Desarrollo en la Universidad de Hertfordshire (Inglaterra), realizó un curioso experimento. Propuso a un grupo de alumnos que asistieran a clase vestidos con una camiseta de Superman.

Y al final del día, tras realizar una encuesta, los que llevaban la camiseta de Superman tuvieron una reacción sorprendente. Se describieron a sí mismos de una forma mucho más positiva que los que iban vestidos con su ropa, e incluso estimaron que podían cargar más peso que los otros.

Lo que los expertos afirman es que la ropa no solo habla de nosotros, también le atribuyen el poder de despertarnos emociones: positivas si nos recuerdan un hecho feliz, o negativas, si ese acontecimiento no fue de nuestro agrado.

Así que, si vas a salir a la calle, no te mezcles en el barullo sin antes haberte peinado el flequillo, haberte puesto tus horquillas o tu gorra favorita.

9

76 ORTOGRAFÍA

1. **Escribe una palabra que pertenezca a la categoría gramatical que se indica en cada caso y que forme parte de la misma familia léxica.**

   a) escritura (*verbo*)
   b) recepción (*verbo*)
   c) detallista (*sustantivo*)
   d) novedad (*adjetivo*)
   e) destrucción (*adjetivo*)
   f) alusión (*adjetivo*)
   g) atributo (*verbo*)
   h) belleza (*adjetivo*)

   • Clasifica las palabras que has escrito según la regla ortográfica que rige su escritura.

2. **Completa en tu cuaderno la siguiente tabla con la información necesaria para distinguir estas palabras homófonas, como en el ejemplo.**

Con *h*	Sin *h*
EJEMPLO: *hay*: verbo	EJEMPLO: *ay*: interjección
ha: ●●●	a: ●●●
he: ●●●	e: ●●●
habría: ●●●	abría: ●●●
hecho: ●●●	echo: ●●●
haya: ●●●	aya: ●●●
honda: ●●●	onda: ●●●

   • ¿Conoces más palabras homófonas con *h* y sin *h*? Añádelas a la tabla.

3. **Completa estos enunciados con las palabras de la tabla anterior.**

   a) ¡●●●, no te vayas ahora! Que yo ●●● escuchado tus penas e historias.
   b) Si mañana no estoy ●●● polvo, te ●●● una mano con la limpieza.
   c) Me relaja mirar las ●●● que hace el agua en la piscina.
   d) La puerta no se ●●●. Si no, te ●●● abierto cuando llamaste.
   e) Enrique ●●● venido con su hermano al cumpleaños.

4. **Completa en tu cuaderno el siguiente texto con las letras que faltan.**

   Estu●e bastante pensati●o durante todo el día, e incluso tu●e aún un poco de mareo; pero ●acia el crepúsculo, el tiempo se despejó, el ●iento dejó de soplar, y el atardecer que siguió fue mara●illoso; el sol se puso en medio de un cielo purísimo, y a la mañana siguiente el ●orizonte seguía sin una sola nu●; una ●risa muy le●e, casi incepti●le, un mar inmó●il so●re el que brilla●a un sol radiante, me ●icieron pensar que aquel era el espectáculo más ●ermoso que ●abía contemplado en mi vida.

   DANIEL DEFOE: *Robinson Crusoe*, Siruela

   • ¿Qué palabras has completado que no siguen ninguna regla de las que has estudiado en la página anterior?

5. **Observa la ilustración que acompaña al texto de la actividad 4 y descríbela con detalle con tus propias palabras.**

   • ¿Has empleado palabras que se rijan por las reglas estudiadas en la página anterior? ¿Cuáles son?

PRACTICA Repasa con un dictado interactivo.

ORTOGRAFÍA

Las comparaciones lexicalizadas

1. Lee este texto y contesta a las preguntas.

El sábado pasado estaba en casa aburrida como una ostra, así que decidí salir a pasear. Nada más salir de casa me encontré con un vecino del barrio que comenzó a hablar y se puso más pesado que el plomo. Intenté salir disparada como un cohete, pero no fui capaz, así que me quedé escuchándolo, durante una hora, tiesa como un palo y callada como una tumba, mientras él hablaba como una cotorra. Al final, pasó por allí mi madre y aproveché para despedirme e irme con ella a casa. Me vino como anillo al dedo, aunque ya tenía la cabeza dándome vueltas como una peonza. Como podéis imaginar, esa mañana se me hizo más larga que un día sin pan.

a) ¿Qué tienen en común las expresiones descatadas?

b) ¿Cuál es el significado de cada una de ellas?

Las comparaciones lexicalizadas son expresiones donde se establece una **relación entre dos elementos** y que los hablantes de una lengua han usado a lo largo de los años de **forma invariable** y con un **sentido específico**.

2. Explica el significado de las siguientes comparaciones lexicalizadas.

a) Ser más viejo que Matusalén.

b) Estar más claro que el agua.

c) Tener más vidas que un gato.

d) Estar como pez en el agua.

e) Estar más sordo que una tapia.

f) Ponerse rojo como un tomate.

3. Construye comparaciones lexicalizadas con estas palabras en tu cuaderno y explica su significado.

Cambiar de opinión como	moscas.
Ir como Pedro por	una regadera.
Luchar como	el pan.
Caer como	una veleta.
Ser más bueno que	su casa.
Estar como	un león.

4. Escribe una comparación lexicalizada para cada una de estas situaciones. Puedes utilizar comparaciones que conozcas o inventarlas.

a) Comentarle a alguien que tiene los dientes muy blancos.

b) Decirle a alguien que camina demasiado lento.

c) Contarle a alguien que eres una persona muy dulce.

El decálogo

Néstor Alonso

1. Observa el decálogo sin leerlo. ¿A quién o quiénes crees que puede dirigirse con solo echarle un vistazo? ¿En qué te has fijado para responder?

2. ¿Qué tipo de texto es?

3. Ahora, lee el decálogo. ¿Qué finalidad crees que tiene el texto: educativa, lúdica, informativa...? Elige y argumenta tu respuesta.

4. ¿Qué función tienen las imágenes en el texto? Si tuvieras que elegir una de ellas y prescindir de todas las demás, ¿con cuál te quedarías? Justifica tu respuesta.

5. En este tipo de textos, el orden en el que se ofrecen los pasos es muy importante. ¿Crees que en este cartel la manera de exponerlos es clara? ¿Por qué? ¿Qué se ha utilizado para reforzar ese orden?

6. En el texto, todos los pasos que se deben seguir se presentan con un infinitivo, excepto uno. Transfórmalo para que quede más claro.

7. ¿Crees que podrías crear una historia siguiendo estos pasos o necesitarías más información? ¿Qué habrías añadido tú?

Tipos de personalidad

1. Observa el siguiente texto y contesta a las preguntas.

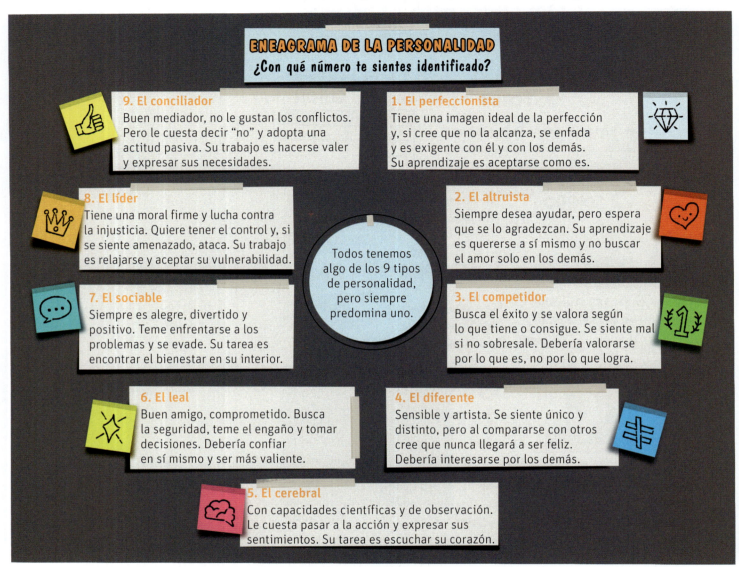

a) ¿De qué trata el texto? ¿Dónde podrías encontrarlo?

b) ¿Qué tienen en común las descripciones de cada número? ¿Crees que una virtud puede convertirse en un defecto? Justifica tu respuesta.

2. En parejas, comentad y realizad las actividades.

a) El eneagrama es una propuesta de clasificación de la personalidad. Hoy lo emplean, entre otros profesionales, los psicólogos, los guionistas de series y las empresas. ¿Qué utilidad le encontráis en cada caso?

b) Cada uno de vosotros, elegid uno o dos números con los que os sintáis identificados y poned ejemplos de situaciones en las que habéis actuado en la forma positiva o negativa de cada uno de ellos.

c) ¿Cómo definiríais vosotros la personalidad que describe cada número? Cambiadles el título.

d) ¿Qué información añadiríais a cada tipo? Reflexionad y escribid al menos un rasgo más de cada tipo de personalidad.

3. ¿Qué opinas sobre estas clasificaciones: crees que son simplistas o te parece que son útiles?

ACTIVIDADES FINALES

1. **Lee este texto y responde a las preguntas.**

   La manzana de oro

   En aquellos días nobles y remotos en que los hombres eran héroes y convivían con los dioses, Peleo, rey de los mirmidones, se desposó con una ninfa de los mares llamada Tetis, la de los pies de plata. Numerosos invitados asistieron al banquete de bodas, y, junto con los mortales, llegaron los dioses del Olimpo.

   Pero en el momento más alegre de la celebración apareció Éride, la diosa de la Discordia, que no había sido invitada porque dondequiera que iba llevaba la desgracia; pero allí estaba ella, enfurecida como siempre y dispuesta a vengar la afrenta. Éride se limitó a arrojar sobre la mesa una manzana de oro; luego echó su aliento sobre los invitados y se esfumó.

   La manzana resplandecía entre los montones de frutas y las copas rebosantes de vino; y, al inclinarse para verla más de cerca, todos pudieron leer, escrito sobre la piel: "Para la más bella".

   ROSEMARY SUTCLIFF: "Naves negras ante Troya", *La historia de la Ilíada*, Vicens Vives

   a) Explica por qué es una narración y analiza sus características lingüísticas.
   b) Realiza un esquema sobre los elementos de la narración que aparecen.
   c) Observa las palabras destacadas y explica las reglas de *b/v* y de *ll/y* que siguen.

2. **Clasifica la siguiente descripción y señala los rasgos lingüísticos propios de este tipo de textos.**

   > La nieve caída y pisoteada se endurecía con la helada nocturna y las calles se transformaban en unas pistas relucientes y vítreas, más apropiadas para patinar que para transitar por ellas.
   >
   > MIGUEL DELIBES: "El otro hombre", en *Tres pájaros de cuenta y tres cuentos olvidados*, R que R

3. **Organiza tus ideas.** Completa en tu cuaderno este mapa conceptual sobre los tipos de descripción.

   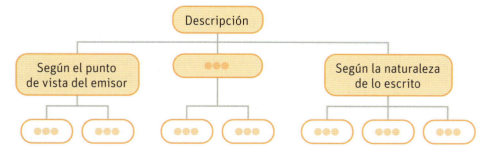

4. **Escribe en tu cuaderno la forma verbal adecuada para cada una de las siguientes opciones. Recuerda las reglas de uso de *b/v*, *ll/y*, *h*.**

   a) ●●●: tercera persona del singular del pretérito perfecto de indicativo del verbo *caer*.
   b) ●●●: primera persona del singular del pretérito perfecto de indicativo del verbo *haber*.
   c) ●●●: tercera persona del plural del pretérito imperfecto de subjuntivo del verbo *mantener*.

REPASO 81

ACTIVIDADES FINALES

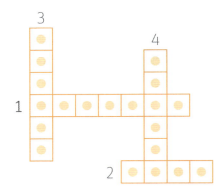

5. **Completa el siguiente crucigrama en tu cuaderno con palabras con *ll* e *y*.**

   1. Utensilio en el que se guardan y se llevan las llaves.
   2. Juguete formado por dos discos unidos por un eje, que se hace subir y bajar mediante una cuerda enrollada.
   3. En un puerto o en una orilla de aguas navegables, construcción hecha junto al agua para facilitar el embarque y el desembarque.
   4. Río que lleva poco caudal.

6. **Completa estas palabras en tu cuaderno con *b/v*, *ll/y*, *h*. Explica la regla por la que se escriben con una o con otra letra.**

   a) contri●uir   d) cepi●o   g) ●ormiguero
   b) ●oy   e) í●amos   h) estu●imos
   c) her●ido   f) sa●íamos   i) o●eron

7. **Indica cuáles de estas oraciones contienen un complemento directo.**

   A. Déjalas encima de la mesa.
   B. Ahora os traigo la carta de postres.
   C. ¿Confías en mí?
   D. El viernes vuelven de su viaje de fin de curso.
   E. Avisa pronto a Sara.

8. **Fíjate en las siguientes características y escribe en tu cuaderno una oración para cada una de ellas.**

   a) sujeto elíptico y atributo
   b) sujeto explícito y predicativo
   c) sujeto explícito y complemento indirecto
   d) complemento directo y complemento indirecto

9. **Escribe una narración donde utilices estas comparaciones lexicalizadas.**

   ir como pollo sin cabeza   comer como una lima
   llevarse como el perro y el gato

10. **Organizad un cuentacuentos para un curso de alumnos más pequeños. Para ello, podéis seguir estos pasos.**

    Paso 1. Elegid los cuentos que os parezcan más interesantes, según la edad de los alumnos para los que vais a actuar. También podéis inventar vuestros propios relatos. En este caso, recordad que debéis tener en cuenta los elementos característicos de la narración.

    Paso 2. Pensad en el vestuario y el atrezo que necesitáis para cada cuento.

    Paso 3. Reflexionad sobre los detalles del cuento que no quedarán descritos con la caracterización de los personajes y el atrezo, y que debéis relatar con vuestras palabras durante la narración.

    Paso 4. Planificad el tiempo necesario, el orden y la estructura de vuestras actuaciones. Debéis tener en cuenta el tiempo que vais a emplear para cambiar de vestuario y de atrezo entre cada actuación.

    Paso 5. Narrad los cuentos teniendo en cuenta la gesticulación, el tono de la voz y el ritmo para captar la atención de los espectadores.

VALORA LO APRENDIDO Autoevaluación.

SOY COMPETENTE — SOLIDARIDAD ACTIVA

Comprensión lectora

1. Resume el contenido del texto en una oración. ¿Cuál es la finalidad del texto?

2. Explica si existe alguna jerarquía entre las ilustraciones. ¿Cómo se relaciona cada una de ellas con el texto al que acompaña?

3. Analiza la estructura del texto respondiendo a estas preguntas.
   a) ¿Hay partes del texto que es mejor leer primero para comprender el resto? ¿Hay alguna parte que no importe en qué orden la leas?
   b) ¿De qué manera se utilizan los recursos visuales como la tipografía, los colores, etc., para separar unas partes de otras?
   c) ¿Qué función cumple cada parte?

4. ¿Qué tipo de texto es? ¿Dónde lo encontrarías?

Reflexión sobre la lengua

5. Completa las siguientes palabras con *b* o *v*.
   a) acti•o
   b) há•ito
   c) a•razar
   d) positi•idad

6. Ordena las siguientes palabras del cartel según como aparezcan en el diccionario.
   arterial   autoestima   amor   altruismo

Expresión escrita

7. Redacta una narración en la que cuentes la historia de alguien que aprende a dar abrazos en la madurez de su vida.

4 DÉJATE GUIAR

En esta unidad aprenderás...

- Los textos expositivos. Los textos argumentativos
- Los complementos verbales (II)
- Uso de mayúsculas y minúsculas
- Los modismos y las frases hechas

Observa

1. Observa la fotografía y responde.

   a) ¿Se presenta algún proceso comunicativo en la imagen?

   b) ¿Quién es el emisor? ¿Y los receptores?

   c) ¿En qué situación o contexto se produce?

   d) ¿Cuál crees que puede ser el tema de la exposición?

ESCUCHA el audio

2. Escucha el audio y responde.

   a) ¿Cuándo se ven los estudiantes en la necesidad de exponer sus ideas?

   b) ¿Qué tipo de ideas ha de saber explicar un vendedor?

   c) ¿Por qué a menudo no basta con exponer bien nuestras ideas?

   d) ¿Cuándo puede ser necesario argumentar una opinión?

Habla

3. ¿Te gusta hablar en público? ¿Crees que lo haces bien?

4. ¿Hablas igual ante desconocidos que ante personas que conoces? ¿Por qué?

5. Existen técnicas para perder el miedo a hablar en público. ¿Conoces alguna? ¿Cuál usas tú cuando tienes que hablar delante de tus compañeros?

La historia de un monasterio

>> El narrador de esta historia, Carlos, conoce a Ana. Los dos tienen en común su pasión por los libros y por las palabras. Ana acaba de descubrir un libro que le ha entusiasmado, *Memoria del silencio*, y quiere recomendárselo a Carlos. Por eso le hace un resumen de su argumento.

fagocitarse. Absorberse.

voto de silencio. Promesa de no hablar nunca.

iluminar. Dibujar con diferentes colores.

Ana está justo al lado del sofá. Es sábado y acaba de llegar, con su bolso lleno de horquillas, y una barra de pan, según lo convenido.

—Se titula "Memoria del silencio" —hizo un globo de chicle que le explotó en la cara, un segundo antes de tirarlo a la basura—, anoche lo estuve releyendo...

5 Me tendía un libro pequeño, de tapas blandas y bastante sobado. Uno de esos libros que viajan con nosotros en el metro y los autobuses y que acaban por **fagocitarse** a sí mismos. De sus páginas sobresalía un señalador que marcaba uno de los cuentos. Era de Umberto Eco. Lo hojeé mientras Ana seguía hablando.

—Cuenta la historia de un monasterio, en plena Edad Media. Una isla de paz en
10 un lugar azotado por la guerra y los conflictos armados entre los señores feudales. En él viven poco más de una docena de monjes: largas túnicas marrones, tonsuras, barbas ralas y una especie de bonete, también marrón, en la cabeza.

Ana siguió hablando, deteniéndose en la descripción minuciosa del lugar: un paisaje abrupto, montañoso, casi en la cima de una colina rocosa surcada de caminos
15 serpenteantes, casi siempre desiertos. El monasterio no es más que un pequeño conjunto de edificios de paredes encaladas, con estrechos corredores y escaleras de madera, tejados de pizarra negra, y una ermita minúscula, adornada con frescos, y su campanario coronado por una oxidada cruz de metal.

Los monjes trabajan en un pequeño huerto. No hablan entre sí sino por señas,
20 porque todos han hecho **voto de silencio**. Las horas de comida, oración, meditación y trabajo están rigurosamente regidas por el sol. Después de un frugal almuerzo, a media mañana, los monjes se dirigen ordenadamente al *scriptorium*: una sala rectangular, fresca y bien iluminada, en el segundo piso, rodeada de altos armarios de madera abarrotados de libros. Los monjes, siempre en silencio, escriben
25 palabras en pedazos de pergamino, **iluminándolas** de manera cuidada y exquisita. Llevan siglos haciéndolo. Generaciones y generaciones de monjes silenciosos entregados a guardar y proteger las palabras. Todas las palabras que, después, ordenan amorosamente en pequeños archivadores de madera. Allí se resume la memoria de todo lo nombrado: lo visible y lo invisible, lo material y lo espiritual. Y ese es

su único objetivo: guardar las palabras, preservarlas del olvido, la desmemoria, la amnesia colectiva. Porque, afirman, en las palabras se encuentra la certidumbre. Los objetos, los sentimientos, comienzan solo a ser conocidos en el momento en que somos capaces de nombrarlos. Sin palabras no hay nada, solo un territorio inexplorado y hostil. Nombrar las cosas permite poseerlas... Y eso inquietaba a los poderosos, que veían en los monjes a unos extraños hechiceros dotados del poder, de la magia de las palabras.

Un día acude al monasterio un grupo de forasteros. Buscan asilo. Les persigue una partida de soldados renegados que al día siguiente llega a la abadía. Desde el huerto, uno de los monjes les ve acercarse por el camino. Van envueltos en una espesa nube de polvo. Son diez, quince hombres a caballo, armados con yelmos y cotas de malla. Desmontan y se acercan a la puerta abierta de par en par. El abad, un viejo enjuto de pelo cano llamado Marcelo Zagro, los recibe en silencio. Son mercenarios, hombres rudos acostumbrados a la retórica de la guerra. Le apartan de un violento empujón. El que parece el jefe lleva la espada desenvainada, hay también ballesteros y hombres armados con lanzas y garrotes: gritan, blasfeman, toman al asalto los corredores, registran las celdas rompiendo a patadas todo aquello que se les interpone, acuchillan los jergones de paja y destrozan a hachazos los bancos de madera. Los campesinos, que no han podido escapar, son obligados a salir a empellones. Uno de los hombres armados se para delante del abad, y lo abofetea. Otro prende una **tea** y la arroja por una de las ventanas del piso inferior. Otros siguen su ejemplo y porfían respecto a su puntería: algunas teas se estrellan contra los muros, pero otras destrozan cristales, vidrieras... A los pocos minutos, de las ventanas comienzan a salir unas rojas lenguas de fuego que despiden un humo negro y compacto. Los soldados se marchan con los campesinos, atados por las manos, trastabillando detrás de los caballos que, al trote, los envuelven en una espesa nube de polvo.

—Y el cuento —concluyó Ana tras una pausa— acaba con el abad y los monjes, tiznados de ceniza los rostros, las manos y las túnicas, viendo desde el huerto,

tea. Astilla o raja de madera muy impregnada en resina, que, encendida, alumbra como una vela grande.

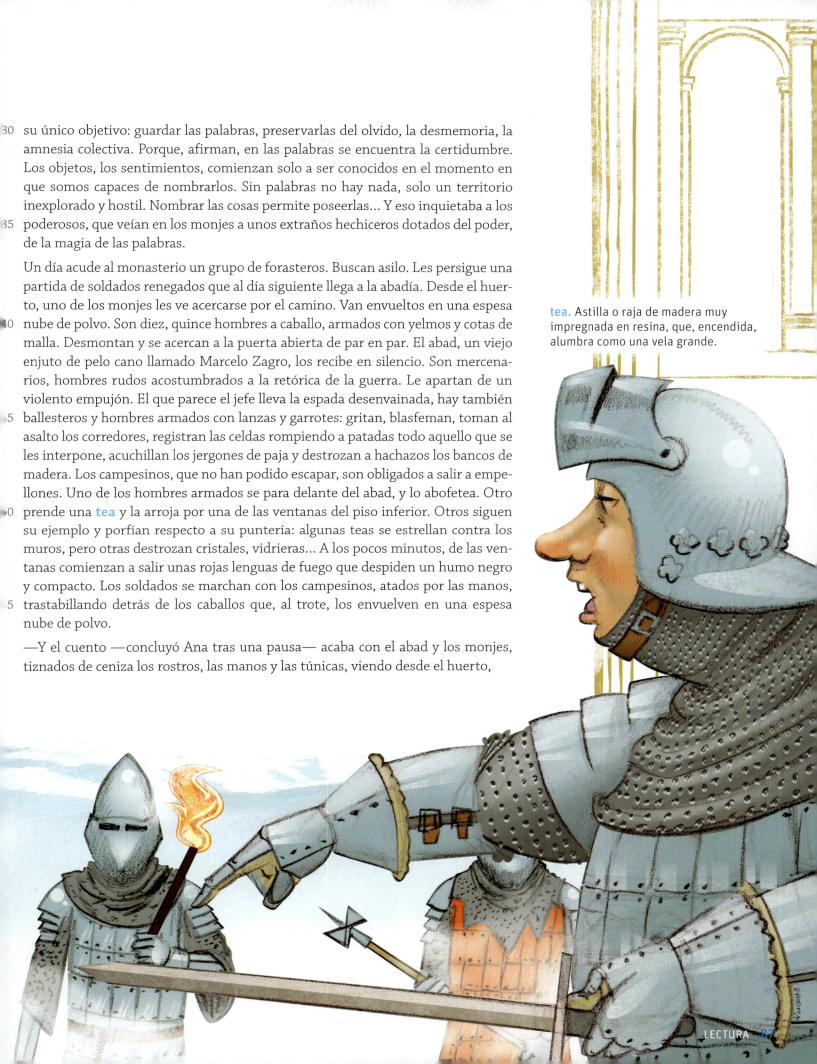

Tears in Heaven. Canción compuesta por el guitarrista Eric Clapton dedicada a su hijo, fallecido en un accidente doméstico.

tempo. Ritmo.

>> **Jesús Marchamalo**

El escritor Jesús Marchamalo (Madrid, 1960) ha trabajado muchos años en los medios de comunicación y ha colaborado con Radio Nacional y Televisión Española como guionista, director de programas y creador de contenidos. Algunos de sus libros son *Técnicas de comunicación en radio*, *Tocar los libros* y *La tienda de las palabras*.

impotentes, cómo el monasterio entero arde pasto de las llamas. Y el abad Zagro
60 rompe entonces a llorar. Y las lágrimas le surcan en el rostro el negro del humo. Llora porque Europa entera está en guerra, y el sonido de los cascos de los caballos retumba por todo el valle como una maldición. Llora por los campesinos, condenados a una muerte segura, y llora, sobre todo, porque el fuego está destruyendo las palabras, las comunes y las olvidadas. Y porque ellos han hecho un voto de silencio
65 que les impide pronunciarlas.

Nos quedamos callados unos segundos. Sonaba *Tears in Heaven* en una versión para guitarra. Una canción que a mí siempre me ha puesto melancólico, y que dio a la historia un tono irremediable.

—¡Qué fuerte! —balbucí.

70 —¿Te ha gustado? [...]

Ana ha trabajado en dos o tres grupos de teatro aficionado, y tiene dotes para la interpretación: el tono, las inflexiones de la voz, el control de las pausas, del **tempo** narrativo. La historia me había causado una profunda impresión. Durante mucho tiempo guardaría vívidas aquellas terribles imágenes: los soldados, los monjes,
75 las teas, el abad llorando por la pérdida de las palabras...

—Uf... "Memoria de silencio"... —dije con el libro en la mano, sopesándolo—; déjamelo para leerlo.

JESÚS MARCHAMALO: *La tienda de palabras*, Siruela

1. ¿Cuál es el tema de la lectura? Continúa el título con información que resuma el contenido del texto.

> La historia de un monasterio ●●●.

2. De las tres opciones siguientes, ¿cuál representa una de las ideas principales de la historia que cuenta Ana? Di en qué parte del texto se expone.

   A. Los pergaminos con las palabras que recogieron los monjes son el origen de los diccionarios.

   B. No podemos hacer nada para evitar que algunas palabras desaparezcan.

   C. Las palabras son tan valiosas porque dan nombre a algo y nos permiten conocerlo.

3. En un texto narrativo, a menudo se incluyen algunas descripciones. ¿Qué se describe en la lectura? Selecciona las opciones correctas.

   A. A los monjes.
   B. El *scriptorium*.
   C. Los pergaminos.
   D. El monasterio.
   E. Los alimentos de los monjes.
   F. Los mercenarios.

4. Vuelve a leer este fragmento del texto y responde a la pregunta.

   > —Cuenta la historia de un monasterio, en plena Edad Media. Una isla de paz en un lugar azotado por la guerra y los conflictos armados entre los señores feudales. En él viven poco más de una docena de monjes: largas túnicas marrones, tonsuras, barbas ralas y una especie de bonete, también marrón, en la cabeza.

   • ¿Qué otra expresión se utiliza para referirse a la palabra *monasterio*? Explica su significado en este contexto.

5. En el texto se dice que los forasteros que asaltan el monasterio son mercenarios, y que van seguidos por un grupo de soldados renegados. ¿Cuál de las siguientes definiciones pertenece a *mercenario* y cuál a *soldado*?

   ① Militar o persona que sirve en el ejército.

   ② Que sirve voluntariamente en la guerra a cambio de dinero, y sin motivaciones ideológicas.

   • Ahora explica el significado de la expresión *soldado renegado*.

6. Relaciona en tu cuaderno estas palabras de la lectura con su significado.

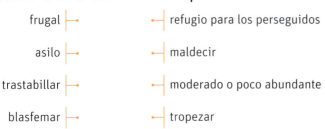

COMPRENSIÓN LECTORA 89

Busco información

7. Lee este fragmento y deduce a partir de esta información por qué los mercenarios destruyeron el monasterio.

> Sin palabras no hay nada, solo un territorio inexplorado y hostil. Nombrar las cosas permite poseerlas... Y eso inquietaba a los poderosos, que veían en los monjes a unos extraños hechiceros dotados del poder, de la magia de las palabras.

8. ¿Cuál de las siguientes imágenes representa a los monjes que se describen en la lectura?

9. ¿Por qué los monjes solo pueden hablar entre sí por señas?

Me fijo en la forma

10. En una parte de la lectura, aparecen tres puntos suspensivos entre corchetes: [...]. ¿Qué significan?

　A. Que uno de los personajes ha hecho una intervención.
　B. Que se ha omitido una parte del texto original.
　C. Que se ha incluido una nota a pie de página.

Pienso en lo que dice el texto

11. El carácter de los monjes difiere mucho del de los mercenarios. ¿Qué adjetivos utilizarías para describir a cada uno? Clasifícalos en tu cuaderno en una tabla como la siguiente y, a continuación, añade dos adjetivos más para cada uno.

sereno　ordenado　rudo　disciplinado
cruel　respetuoso　agresivo　impulsivo

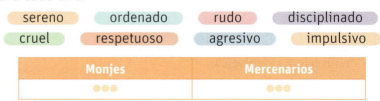

12. ¿Qué es lo que más le duele al abad de lo sucedido? Explica por qué.

13. Según dice Ana, el título del relato es "Memoria del silencio". ¿Crees que es un título adecuado? Justifica tu respuesta.

14. Actualmente, los monasterios siguen siendo lugares que guardan mucha sabiduría. ¿Cómo crees que se podría evitar una tragedia como la que cuenta la lectura?

PRACTICA Sigue trabajando la comprensión lectora con otro texto.

15. Escoge uno de estos titulares y redacta la noticia del incendio en el monasterio como si ocurriera en la actualidad.

① **Un grupo de mercenarios arrasa el monasterio y aterroriza a los campesinos**

② **Arde en llamas el monasterio con todos los manuscritos dentro**

③ **Los monjes y el abad, desolados después del incendio del monasterio**

④ **El abad del monasterio: "El fuego ha destruido las palabras, las comunes y las olvidadas"**

⑤ **Los monjes solo pudieron contemplar cómo el monasterio se deshacía entre las llamas**

16. En la lectura, Ana recomienda un libro a Carlos quien, después de escuchar de qué va la historia, decide leerlo. Recomienda tú a un amigo un libro que te haya gustado especialmente. Sigue estos pasos.

Paso 1. Escribe el título y el autor del libro que quieres recomendar.

Paso 2. Resume el argumento brevemente. Recuerda no desvelar nada que sea importante en la historia para que tu amigo no pierda el interés por él.

Paso 3. Haz un perfil breve de sus personajes, sobre todo de los protagonistas.

Paso 4. Redacta los argumentos que puedes utilizar para convencer a tu amigo de leer el libro. Puedes fijate en estos:

- Su tema es muy atractivo.
- La historia está contada con un lenguaje sencillo.
- Tiene unas ilustraciones llamativas.
- El personaje o los personajes son muy interesantes.
- Su lectura es enriquecedora y educativa.
- Su edición (el tipo de letra, diseño de la página, etc.) es especialmente atractiva.

17. Ana ha trabajado en grupos de teatro y tiene dotes interpretativas que le permiten explicar de forma amena y muy expresiva la historia. Ahora es tu turno: narra un cuento que conozcas como si fueses un cuentacuentos. Para ello, ten en cuenta las siguientes recomendaciones.

- Memoriza todo el cuento, no lo leas.
- Controla el tono, las pausas y el ritmo narrativo. Detente en las descripciones y ve más rápido en las escenas de acción.
- En los diálogos, adapta tu voz y tu actitud a cada personaje.

EXPRESIÓN **91**

Los textos expositivos

1. Lee el siguiente texto y realiza las actividades.

¿Desde cuándo existen los años bisiestos?

El año bisiesto se introdujo para sincronizar nuestro calendario y el movimiento orbital en Roma, bajo el mando de Julio César, asesorado por el matemático y astrónomo Sosígenes de Alejandría. César decidió que, en el calendario juliano (llamado así en su honor), uno de cada cuatro años tendría 366 días, uno más que los años comunes. De esta manera se aseguraba de que los meses del año seguían el ritmo de las estaciones. En principio, el día "extra" del año bisiesto se intercaló entre los días que hoy corresponden al 23 y el 24 de febrero.

La desincronización se resolvió solo aproximadamente, ya que la Tierra no llega al mismo punto de su órbita en exactamente un número entero de días (365) más un cuarto de día. Concretamente, se añaden 44 minutos y 56 segundos de más cada cuatro años, es decir, casi ocho días por milenio. La diferencia se acumula en cada revolución de la Tierra alrededor del Sol, y llegó a ser importante varios siglos después de que Julio César ideara su calendario. De ahí que en el año 1582 d. C., el papa Gregorio XIII, aconsejado por los astrónomos Christopher Clavius y Luigi Lilio, optara por introducir una reforma que consistía en ajustar los años bisiestos de manera que los años divisibles por cien pero no por cuatrocientos dejasen de tener 366 días. De esta manera se evitaba el desfase que se estaba produciendo al intercalar excesivos años bisiestos, ya que se suprimían tres días cada cuatro siglos.

Así, el año 1600 fue bisiesto y lo fue también 2000 (ambos son divisibles por cuatrocientos), pero fueron años naturales 1700, 1800 y 1900, y lo será 2100.

Sarah Romero y Elena Sanz, https://www.muyinteresante.es

a) ¿Qué tema se trata en el texto? ¿Cuál es su objetivo?

b) Señala qué ideas se plantean en cada párrafo del texto. ¿En cuál de ellos se introduce el tema? ¿En cuál se concluye?

Los textos expositivos son aquellos que transmiten **información relevante** sobre un tema y presentan los datos de forma **objetiva**, **clara** y **ordenada**.

Existen dos tipos: la exposición **científica** es aquella que trata un asunto especializado y se dirige a un receptor entendido, mientras que la **divulgativa** tiene como finalidad poner a disposición de un público no experto determinados conocimientos especializados.

Los textos expositivos se organizan en torno a una idea principal, llamada **tesis** y suelen tener esta estructura:

- **Introducción.** Centra el tema del que se va a hablar.
- **Desarrollo.** Expone la información más relevante. Es el apartado más extenso y puede constar de más de una parte.
- **Conclusión.** Sintetiza las ideas expuestas.

92 COMUNICACIÓN

Características lingüísticas de los textos expositivos

Las características lingüísticas propias de los textos expositivos son:
- Predominio de **verbos en presente de indicativo**.
- Utilización de **definiciones**, **explicaciones** y **clasificaciones** para aclarar los conceptos de mayor dificultad.
- Uso de un **registro formal** y un **lenguaje objetivo**, que en la exposición divulgativa se alterna con **expresiones valorativas** y con una mayor presencia de la **función apelativa**.
- Abundacia de **conectores** discursivos para organizar los enunciados y las distintas partes del texto.
- Uso de **tecnicismos** en la exposición científica y un **lenguaje común más sencillo y accesible** en la exposición divulgativa.

2. Lee este texto divulgativo y contesta a las preguntas.

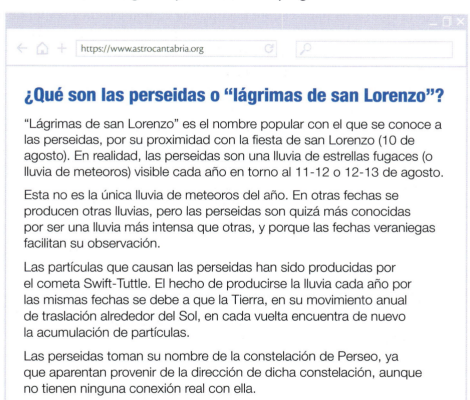

¿Qué son las perseidas o "lágrimas de san Lorenzo"?

"Lágrimas de san Lorenzo" es el nombre popular con el que se conoce a las perseidas, por su proximidad con la fiesta de san Lorenzo (10 de agosto). En realidad, las perseidas son una lluvia de estrellas fugaces (o lluvia de meteoros) visible cada año en torno al 11-12 o 12-13 de agosto.

Esta no es la única lluvia de meteoros del año. En otras fechas se producen otras lluvias, pero las perseidas son quizá más conocidas por ser una lluvia más intensa que otras, y porque las fechas veraniegas facilitan su observación.

Las partículas que causan las perseidas han sido producidas por el cometa Swift-Tuttle. El hecho de producirse la lluvia cada año por las mismas fechas se debe a que la Tierra, en su movimiento anual de traslación alrededor del Sol, en cada vuelta encuentra de nuevo la acumulación de partículas.

Las perseidas toman su nombre de la constelación de Perseo, ya que aparentan provenir de la dirección de dicha constelación, aunque no tienen ninguna conexión real con ella.

a) ¿Cuál es el tema del texto? ¿En qué parte del artículo se localiza?

b) ¿A qué tipo de lector está destinado el texto? Explica si el artículo está escrito en un lenguaje sencillo o complejo. Añade algunos ejemplos para justificar tu respuesta.

c) ¿Qué pretende el autor? ¿En qué características se advierte?

d) Analiza la estuctura del texto y señala las partes en las que se mencionan las siguientes ideas.

Origen del fenómeno.   Definición del fenómeno.

Procedencia de su nombre.

Relación con otros fenómenos similares.

COMUNICACIÓN 93

Los textos expositivos

3. ¿Cuál es el tema de estos fragmentos de textos expositivos? ¿A qué parte de la estructura pertenecen?

① Los cristales de hielo se originan a partir de microscópicas gotas de agua al borde de la congelación que se hallan en las nubes y que cristalizan sobre las partículas suspendidas en la atmósfera. Cuando se precipitan, los cristales se aglutinan, adoptando una u otra forma dependiendo de las circunstancias ambientales, siempre a temperaturas bajo cero.

② Los casuarios son aves grandes, no voladoras, emparentadas con los emúes, los avestruces, los ñandúes y los kiwis.

4. Fíjate en este esquema sobre los tipos de comunicación y responde a las preguntas en tu cuaderno.

a) ¿Crees que este esquema es un texto expositivo? Justifica tu respuesta.
b) Escribe un texto expositivo a partir del esquema, siguiendo las características propias de este tipo de textos.

5. ¿Cuál de estos títulos te parece apropiado para un texto expositivo científico y cuál para un texto expositivo divulgativo? Explica por qué.

a) "La alimentación durante la infancia".
b) "¿Por qué no puedo comer magdalenas todos los días?".

6. Elige uno de estos temas y realiza una pequeña investigación. Después, escribe en tu cuaderno un texto expositivo en el que expliques lo que has aprendido sobre el tema.

① La migración de las aves. Cambios en las costumbres migratorias, causas y consecuencias.

② El transporte público en las ciudades. Distintos medios de transporte.

③ El ciclo del agua. Concepto y etapas.

Los textos argumentativos

7. Observa el vídeo del siguiente enlace www.e-sm.net/snglcl4eso04_01 y contesta a las preguntas en tu cuaderno.

a) ¿Qué opina la protagonista sobre el ejercicio y el cerebro? ¿Qué motivos usa para justificar su opinión?

b) ¿Crees que se trata de un texto expositivo? ¿Qué características del vídeo te parece que son diferentes a las propias de los textos expositivos?

Un texto argumentativo expresa una opinión y expone los argumentos y razones que la sustentan.

En una argumentación se relacionan dos elementos:

- **Tesis.** Es la afirmación, opinión o hechos que se defienden o que se pretenden demostrar.

- **Argumentos.** Son datos o razones que se aportan para convencer de la validez de la tesis. Existen argumentos de distintos tipos:

Clases de argumentos más habituales	
Datos objetivos	Se presentan datos demostrables: cifras, estadísticas, sucesos comparables, etc.
Oposición de conceptos	Se oponen ideas, como *entre lo que es beneficioso y perjudicial*, *entre lo que es moral o inmoral*, etc.
Comparación o ejemplo	Se muestra un caso, real o ficticio, parecido al asunto sobre el que se razona.
Experiencia personal	Se recurre a lo vivido personalmente por el autor del texto para dar veracidad a una idea.
Opinión general	Se justifica que una idea sea aceptada porque se corresponde con las creencias de la mayoría de la gente.
Cita de autoridad	Se cita una fuente de prestigio que apoya la tesis.

8. Vuelve a ver el vídeo de la actividad anterior. ¿Qué tesis se defiende? ¿Cuáles son las clases de argumentos que utiliza la oradora para sostenerla? Cita ejemplos y clasifícalos en tu cuaderno.

9. Lee este texto y contesta a las preguntas.

Jostein Gaarder (Oslo, 1952), autor de *El mundo de Sofía*, responde prudente: "Por supuesto que defiendo la utilidad de la filosofía, y si tengo que votar a favor o en contra de esa ley, votaría que no se recortase. [...] No creo que sea necesario que sea una materia concreta, puede integrarse en el resto de las asignaturas porque todas tienen implicaciones filosóficas". En el Medievo, explica, antes de estudiar leyes o medicina había que instruirse en *Philosophia et septem artes liberales*. Gramática, Retórica, Lógica, Aritmética, Geometría, Música y Astronomía, enumera. "Y en Noruega seguimos esa tradición".

https://www.elpais.com

a) ¿Cuál es la tesis que se defiende? ¿Qué tipos de argumentos aparecen?

b) Escribe tres argumentos, de clases diferentes, que apoyen la misma tesis.

COMUNICACIÓN **95**

Los textos argumentativos

10. Lee estos titulares e indica cuáles crees que encajarían con un texto expositivo y cuáles con un texto argumentativo. Justifica tu respuesta.

① **"La educación en línea es mucho más accesible, y en el futuro se combinará con la formación presencial"**

② **El alquiler de naves logísticas se duplica en Valencia durante el último año**

③ **Curiosity encuentra nitrógeno en Marte, imprescindible para la vida**

④ **El glamur se pasea por los premios del cine español**

Estructura de los textos argumentativos

La estructura de la argumentación consta de tres partes:
- **Introducción.** Plantea el tema y busca captar la atención y la confianza del destinatario.
- **Cuerpo argumentativo.** Contiene los argumentos que sustentan la tesis.
- **Conclusión.** Refuerza la tesis y aporta información relacionada con ella.

Además, una argumentación puede ser **deductiva** o **inductiva**, dependiendo del orden en el que se presenten la tesis y los argumentos:

Argumentación deductiva	Argumentación inductiva
Se expone en primer lugar la tesis y a continuación se fundamenta con uno o varios argumentos.	Se exponen los argumentos y, a partir de ellos, se extrae una tesis a modo de conclusión.

11. Lee este texto. ¿Se trata de una argumentación deductiva o inductiva? Justifica tu respuesta.

> Puedes tener tus estanterías a rebosar de libros, pero no estará completa del todo hasta que hayas leído las maravillosas historias de Gabriel García Márquez, autor de obras maestras traducidas a cientos de idiomas, premio nobel y creador de un nuevo estilo: el realismo mágico. Estas cualidades lo han convertido en uno de los escritores más importantes e influyentes de la literatura universal.
>
> Sin duda, se trata de un gran autor que no debe faltar en tu biblioteca.

12. Fíjate en esta tesis y escribe en tu cuaderno un texto argumentativo deductivo y otro inductivo en los que la defiendas.

> Las redes sociales han influido de manera muy notable a la hora de encumbrar a nuevas estrellas de la música.

Características lingüísticas de los textos argumentativos

La intención persuasiva y el carácter subjetivo de los textos argumentativos determinan algunas de sus características lingüísticas:

- Predominan la **función representativa** en la exposición de argumentos y la **apelativa**, pues la finalidad es persuadir al receptor.
- Es habitual el empleo de la **primera** y la **segunda persona** para implicar al receptor y captar su atención: *Opino... Creeréis...*
- Se usa un **léxico connotativo** y **adjetivos calificativos**.
- Se utilizan **verbos de voluntad** para expresar opiniones, y **de pensamiento y de habla**, como *creer, opinar, pensar*, para presentar argumentos.
- Aparecen **formas verbales imperativas y perífrasis de obligación** para incidir directamente en la actitud del receptor.
- Es frecuente el uso de **conectores** que indican la relación entre las ideas.

13. Explica qué características lingüísticas de la argumentación están presentes en el siguiente texto. Puedes seguir estas pautas.
- Fíjate en cuál es la función textual que predomina.
- Observa el léxico que se utiliza en el texto y qué tipo de verbos aparecen.
- Anota si aparecen conectores discursivos.

> A mí me parece que todas las relaciones humanas tienen siempre algo de recíproco. Los adultos cuidan de los más pequeños, pero también los pequeños protegen a sus protectores a su manera; además, nadie es adulto del todo... [...] Lo que pasa es que los mayores nunca pedimos ayuda a los niños por pura vanidad.
>
> FERNANDO SAVATER: *El gran laberinto*, Ariel

14. ¿Qué tesis se defiende en el texto de la actividad anterior? ¿Qué tipo de argumentos se utilizan?

15. Escribe algún contrargumento para refutar la idea que se sostiene en el texto de la actividad 13.

16. Por parejas, leed de nuevo los textos que habéis elaborado en la actividad 12 y comprobad si siguen las características lingüísticas de la argumentación. ¿Qué debéis cambiar para que se adapte correctamente?

17. Observa el cuadro del margen y lee las características del arte contemporáneo. Reflexiona sobre qué es arte y si consideras que esta obra se puede considerar como tal. Escribe un texto donde argumentes tus ideas.

> En el siglo XX el arte rompe con todos los conceptos tradicionales y se crean técnicas nuevas con un punto en común: la pasión de innovar y conceder al arte un espacio muy distinto al que poseía antes. Su deseo de novedad lleva a los artistas a experimentar con el color, las formas y la composición. Además, niegan el pasado y buscan un nuevo lenguaje expresivo basado en una visión diferente de la realidad.

MARÍA BLANCHARD: *Mujer con guitarra* (1917). Museo Nacional Centro de Arte Reina Sofía, Madrid

Los complementos verbales (II)

1. Lee la siguiente viñeta y responde a las preguntas.

- He cogido prestado este libro en la biblioteca. ¿Lo conocéis?
- Sí. Fue escrito por una chica muy joven.
- La novela trata de su vida. ¡Es muy interesante!

a) Fíjate en las palabras destacadas. ¿A qué complementan?
b) ¿Son complementos argumentales o adjuntos? Justifica tu respuesta.
c) ¿Qué indica el complemento *en la biblioteca*?
d) La oración *Fue escrito por una chica muy joven*, ¿en qué voz está: activa o pasiva? ¿Cómo lo has averiguado?
e) ¿Qué ocurre si quitamos el complemento en la oración *La novela trata de su vida*? ¿Tiene sentido la oración resultante?

El complemento de régimen

El complemento de régimen (CRég) es un **complemento preposicional argumental exigido por el significado del verbo**. Se trata de un grupo preposicional cuya preposición la selecciona el verbo: *Hablaron **sobre muchas cosas**. He pensado mucho **en ti***.

El complemento de régimen no es compatible con el complemento directo, salvo con algunos verbos como *confundir, comparar, decir, advertir, informar, enseñar* o *convertir*, entre otros:

El mago convirtió el pañuelo (CD) en una paloma (CRég).

>> Para identificar el CRég:

1.º Comprueba que es un grupo preposicional cuya preposición está regida por el significado del verbo (*alegrarse de algo*).

2.º Sustitúyelo por un pronombre y comprueba que se mantiene la preposición (*Se conforma con un aprobado.* → *Se conforma con eso*).

2. Indica cuáles de las siguientes oraciones contienen un complemento de régimen. ¿Cómo lo has averiguado?

A. Nos advirtieron del peligro.
B. Quiero mucho a mis amigos.
C. Su opinión influyó en mi decisión.
D. Ha renunciado a su ascenso.

3. Construye una oración con estos verbos. ¿Qué clase de complementos tienes que incluir? Justifica tu respuesta.

atreverse   dedicarse   avergonzarse

4. Observa estas oraciones. ¿Hay alguna diferencia de significado entre ellas? Y, sintácticamente, ¿qué diferencias encuentras?

a) Olvidó su cumpleaños.
b) Se olvidó de su cumpleaños.

5. Completa las oraciones siguientes con los complementos verbales que se indican.

a) Los estudiantes confían + CRég.
b) La embajada informó + CD + CRég.

El complemento circunstancial

El complemento circunstancial (CC) es un complemento adjunto del verbo que expresa las **circunstancias en las que se produce la acción verbal**.

La **función** del complemento circunstancial la pueden desempeñar los siguientes grupos:

Grupo nominal	*Esta semana* tengo mucho trabajo.
Grupo preposicional	Tiene una casa *en la playa*.
Grupo adverbial	Habla inglés *perfectamente*.

6. Fíjate en los complementos circunstanciales destacados e indica por qué grupo de palabras están formados.

   a) Llovía mucho aquella tarde.

   b) Nos vamos a Málaga a pasar el fin de semana.

   c) Hemos hecho el trabajo de Historia con Andrés.

   d) El viaje empezó el sábado.

   e) Siempre habla correctamente.

Los complementos circunstanciales se consideran complementos adjuntos porque, generalmente, son **opcionales**; es decir, la oración sigue teniendo sentido si los suprimimos, aunque se pierda información.

En una misma oración podemos encontrar **más de uno**: *¿Dónde iremos este verano?* Además, estos complementos tienen **movilidad** dentro de la oración: *Marta perdió su mochila* **ayer**. → *Marta perdió* **ayer** *su mochila*.

7. Indica cuáles de las siguientes oraciones contienen complementos circunstanciales y señálalos.

   A. El próximo mes iremos a las fiestas de tu pueblo.

   B. ¿Han terminado las obras?

   C. Ha sido galardonada por el jurado.

   D. Consiguió su objetivo con mucho esfuerzo.

   E. Me alegro de su victoria.

8. Escribe una oración en tu cuaderno con cada uno de los siguientes complementos circunstanciales.

   en tu casa   para las vacaciones   con verduras

   con ella   unos meses   dentro de dos horas

9. Rescribe estas oraciones cambiando la posición de los complementos circunstanciales tantas veces como puedas.

   a) Encontramos un perro en el campo hace una semana.

   b) Quedamos con Lucía todas las tardes en el parque.

   c) Fuimos a Venecia el mes pasado.

   d) Pasaremos todo el mes en la montaña.

>> Para identificar el CC:

1.º Sustitúyelo por un adverbio o por una preposición más un pronombre (*Viajaré a Atenas con Juan.* → *Viajaré allí con él*).

2.º Comprueba que puedes moverlo de posición dentro de la oración sin que cambie el sentido de la misma.

3.º Comprueba que responde a las preguntas *¿dónde?, ¿cuándo?, ¿cómo?, ¿con quién?,* etc.

Los complementos verbales (II)

Según su significado, los complementos circunstanciales pueden ser:

Tipo	Ejemplos
De tiempo	Iremos a comprar **ahora**.
De lugar	Las mesas hay que guardarlas **dentro**.
De modo	Tienes que andar **deprisa** o no llegaremos.
De cantidad	Te quiere **mucho**.
De compañía	Siempre va **con sus amigos**.
De causa	Me he mojado **por tu culpa**.
De finalidad	He venido hasta aquí **para informarme**.
De medio	Me enteré de la reunión **por un correo**.
De materia	Tienes que modelar un castillo **con arcilla**.
De beneficiario	Lo he hecho **para ti**.
De instrumento	Tienes que darle **con el martillo**.

10. Localiza los complementos circunstanciales de las siguientes oraciones y clasifícalos según el tipo.
   a) Me enteré de la noticia por el periódico.
   b) Le llamaron la atención por su conducta.
   c) Ellos trabajan para mí.
   d) Se quedaron en casa por el mal tiempo.
   e) Martín dejó hoy la ropa nueva en el armario.
   f) Debes hacer la tarta con dátiles.
   g) Lo harás mejor con un destornillador.

11. Completa las oraciones con el complemento circunstancial que se indica en cada caso.
   a) Tienes que hacerlo ••• (tiempo).
   b) Me avisaron de lo ocurrido ••• (medio).
   c) Siempre lo hace todo ••• (modo).
   d) Tienes que ir ••• (lugar) ••• (finalidad).
   e) Hemos llegado tarde ••• (causa).

12. Fíjate en la escena y escribe un diálogo en el que utilices al menos tres clases diferentes de complementos circunstanciales.

El complemento agente

El complemento agente (CAg) es un complemento adjunto que indica **quién realiza la acción del verbo en las oraciones pasivas**. Se trata de un grupo preposicional introducido por la preposición *por*: *El resultado de las próximas elecciones será comunicado* **por el Ministerio del Interior**.

>> Aunque no es tan común, el complemento agente también puede estar introducido por la preposición *de* (*Es conocida* **de todos** *su inteligencia*).

13. Indica en qué oraciones el grupo preposicional destacado es un complemento agente. ¿Cómo lo has averiguado?

A. Los alumnos salieron por la mañana de excursión.

B. La vi por la ventana.

C. La novela fue presentada por el editor.

D. El Taj Mahal fue visitado por los turistas.

E. Bajamos por las escaleras de emergencia.

14. Fíjate en las oraciones de la actividad anterior en las que el grupo preposicional destacado no es un complemento agente. Explica en tu cuaderno de qué tipo de complemento se trata cada uno.

15. Pasa estas oraciones en voz activa a voz pasiva e indica cuál es el complemento agente.

a) La directora de la fundación pronunció el discurso inaugural.

b) Los bomberos apagaron el incendio rápidamente.

c) Los alumnos expusieron sus trabajos.

d) Los vecinos escucharon la música de la fiesta.

16. Lee las siguientes oraciones e inventa un complemento agente para cada una de ellas.

a) Este certificado fue firmado ●●●.

b) Su valor ha sido reconocido ●●●.

c) Tres exámenes fueron aprobados ●●●.

d) El edificio fue cerrado ●●●.

e) Su nuevo disco ha sido publicado ●●●.

17. Analiza sintácticamente estas oraciones. Fíjate en el ejemplo.

>> Para identificar el CAg:

1.º Comprueba que se trata de un grupo preposicional introducido por las preposiciones *por* o *de* y que la oración es pasiva.

2.º Transforma la oración en activa y comprueba que el complemento agente funciona como sujeto de la oración.

EJEMPLO:

La novela trata de su vida.

a) Los niños confiaron en sus padres.

b) ¿Dónde iremos este verano?

c) Su actitud fue elogiada por los profesores.

d) Cuatro exploradores encontraron la semana pasada una pirámide azteca en lo más profundo de la selva.

e) La novela fue escrita por una autora muy joven.

f) Salimos rápidamente del aula por el denso humo.

GRAMÁTICA **101**

Uso de mayúsculas y minúsculas

Todas las letras del alfabeto cuentan con dos variantes: una mayúscula y otra minúscula. El uso de una u otra es una convención estrictamente gráfica que obedece a unas normas que a veces pueden plantear dificultades.

Se escriben con **mayúscula** los **nombres propios de los accidentes geográficos**, pero no los sustantivos comunes que los acompañan. Cuando para referirse a un accidente geográfico se emplea un sustantivo seguido de un adjetivo derivado del topónimo, ambos se escriben con minúscula.

Se escriben en **minúscula** los **tratamientos**, tanto los que preceden al nombre propio (don *Luis*) como los que pueden utilizarse sin él (*usted*, *doctor*). Se escribe con **mayúscula** la letra inicial de sus abreviaturas (***Ud.***, ***Sra.***).

Se escriben con **minúscula** los sustantivos con los que se nombran **títulos nobiliarios, cargos o profesiones**.

| categorías | suscripción a novedades | cómo comprar |

EDICIONES AYMARA

¡Estamos de aniversario! Pásate por nuestra tienda física (C/América del Sur) y te regalaremos el *best seller Viaje a las montañas Rocosas* por una compra superior a 20 €.

Narrativa	Poesía	Educativos
	Poetas del sur	
	Poetas del norte	

Narrativa

La señora Bergson y el doctor Bauhaus viajan al Renacimiento

La primavera llegará el lunes para el Sr. Flaubert

La condesa de El Salvador no nació en las islas británicas

Se escriben con **minúscula** los nombres de los **puntos cardinales**, a no ser que formen parte de un nombre propio.

Se escriben con **mayúscula** los nombres de los **grandes movimientos artísticos y culturales** que identifican grandes períodos históricos. Los **artículos** que los acompañan se escriben con **minúscula**.

Se escriben con **minúscula** los nombres de los **días de la semana**, los **meses** y las **estaciones del año**.

Cuando el **artículo** se escribe con **mayúscula** por formar parte de un nombre propio, **no se produce contracción** con las preposiciones *a* y *de*.

102 ORTOGRAFÍA

1. Indica si debería escribirse mayúscula o minúscula inicial en estos casos.
   a) Un tratamiento sin abreviar.
   c) Los artículos que acompañan a períodos históricos.
   d) Una abreviatura de un sustantivo común.

2. Explica el uso de las mayúsculas o minúsculas de las palabras destacadas.

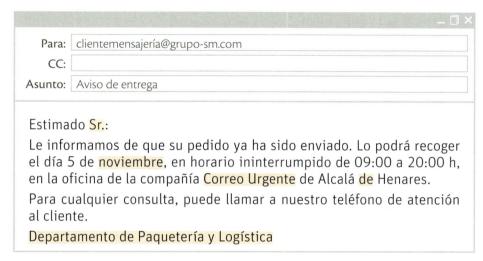

3. Explica con un ejemplo cuándo se deben escribir con mayúscula y cuándo con minúscula estas palabras.
   a) La primera palabra tras el signo de exclamación.
   b) Los artículos que preceden a un sustantivo.

4. Escribe una invitación para acudir a un evento al que te gustaría ir. Incluye las indicaciones que deben seguir los invitados para llegar.
   • ¿En qué casos has utilizado las mayúsculas?

5. Explica por qué las palabras destacadas se escriben con mayúscula inicial.
   a) Rafael Álvarez, "El Brujo", dirige y actúa en *El asno de oro*, de Lucio Apuleyo (https://www.elpais.com).
   b) Las mejores excursiones y rutas de senderismo y montaña en el Parque Nacional de Ordesa y Monte Perdido (https://www.rutaspirineos.org).

6. Copia el texto en tu cuaderno e incluye mayúsculas donde sea necesario.

la exposición "el rostro de las letras. escritores y fotógrafos en españa desde el romanticismo hasta la generación de 1914", una iniciativa del académico de bellas artes publio lópez mondéjar incluida en la programación del III centenario de la real academia española, se abre hoy al público en valencia, en donde podrá visitarse hasta el próximo 21 de febrero de 2023 en el centro del carmen.

PRACTICA   Repasa con un dictado interactivo.

Los modismos y las frases hechas

>> El **sentido literal** de una palabra es el significado más habitual de esta, el más literal o exacto.

El **sentido figurado** es el significado distinto al habitual que damos a una palabra o expresión.

1. Fíjate en las expresiones destacadas e indica si están en sentido literal o figurado. Después, explica el significado de cada una.

a) Estaba tan contento que repartía abrazos a diestro y siniestro.

b) Cuando salí de casa, estaba lloviendo a cántaros.

c) Todos los consejos que le doy caen en saco roto.

d) Mi hermano siempre me saca de mis casillas.

e) Pillaron al ladrón con las manos en la masa.

f) Este ejercicio es pan comido.

g) Javier siempre está en la luna.

2. Observa las expresiones anteriores. ¿Cuáles tienen verbo y cuáles no?

Los **modismos** y **frases hechas** son expresiones que han quedado fijadas por el uso de una lengua para expresar una idea o un concepto en un sentido figurado: *con las manos en la masa, tocar las narices, ponerse las pilas, llover a cántaros…*

La diferencia entre los modismos y las frases hechas es que estas últimas poseen un verbo (*estar en la luna*), y los modismos, no (*a troche y moche*).

3. Lee los siguientes modismos y frases hechas y escribe en tu cuaderno una situación en la que puedas emplearlos.

a) Ponerse las pilas.

b) Como anillo al dedo.

c) Ahogarse en un vaso de agua.

d) Tener mucho morro.

e) Hacerse la boca agua.

f) Hacer castillos en el aire.

g) La gota que colma el vaso.

4. Lee de nuevo los modismos y las frases hechas de la actividad anterior y clasifícalos en tu cuaderno. ¿Cómo lo has diferenciado?

5. Completa las oraciones con el modismo o frase hecha más adecuado. Recuerda adaptar las formas verbales cuando sea necesario.

tirar la toalla   borrón y cuenta nueva   coser y cantar
estar a dos velas   caer de cuatro patas   echar leña al fuego

a) Ya no podía más y ●●●.

b) Estaban discutiendo y llegó él a ●●●.

c) No tengo dinero, ●●●.

d) Le pusieron una trampa y él ●●●.

e) Al final hizo ●●●: empezó de cero.

f) Esto ha sido muy fácil, es ●●●.

6. Por grupos, repartid los modismos y frases hechas que aparecen en las actividades anteriores. Después, investigad su origen en internet y cread un diccionario entre todos.

El cartel

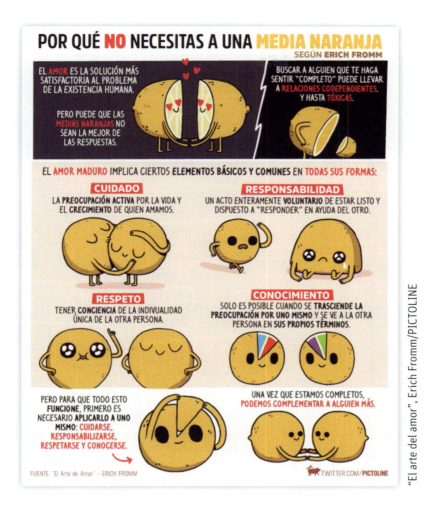

"El arte del amor", Erich Fromm/PICTOLINE

1. ¿De qué trata el cartel? ¿Crees que el tema está abordado de una forma profunda o superficial? ¿Por qué?

2. ¿A qué género textual te recuerda? ¿Qué intención puede tener que se haya expuesto el tema con este formato? Escribe al menos dos argumentos.

3. Indica las partes en las que puedes dividir el texto.

4. Describe qué recursos gráficos se emplean para ordenar el mensaje que transmite y explicar los argumentos.

5. ¿Qué diferencia existe, teniendo en cuenta el contenido del texto, entre la primera imagen y la última? ¿Crees que es una buena solución gráfica para representar lo que se pretende transmitir? ¿Por qué? ¿Cómo lo hubieras hecho tú?

6. Transforma el contenido del cartel en un texto expositivo con la siguiente estructura.

   introducción   desarrollo   conclusión

7. ¿Qué información se ha utilizado para crear el texto? ¿De qué forma lo has averiguado?

8. ¿Estás de acuerdo con el contenido del cartel? ¿A qué tipo o tipos de amor lo aplicarías? ¿Por qué?

9. El autor explica qué es, según su punto de vista, el amor maduro. Describe qué es para ti utilizando al menos tres adjetivos.

MÁS TEXTOS 105

Preparar una exposición

1. Observa el siguiente texto y contesta a las preguntas.

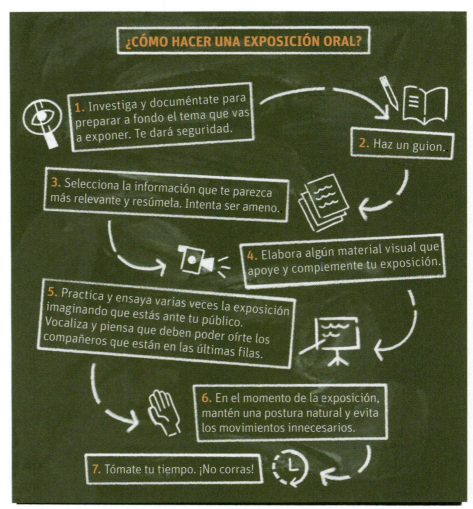

a) ¿A qué tipo de persona podría dirigirse este texto?

b) ¿Qué añadirías o qué eliminarías del cartel para ampliar el público al que podrían serle útiles estos consejos?

c) ¿Qué función tienen las imágenes que aparecen? ¿Crees que alguna aporta más información que otra?

2. En parejas, comentad y realizad las actividades.

a) Conversad acerca de los pasos que hay que seguir para llevar a cabo la exposición oral y analizad las dificultades específicas que entraña cada uno de ellos. Compartid cuáles pensáis que se os dan mejor y en cuáles creéis que deberíais invertir un esfuerzo mayor.

b) ¿Añadiríais algún paso o consejo más al texto anterior? ¿Cuáles serían?

c) ¿Eliminaríais algún paso? ¿Por qué?

d) Ahora elegid un tema que os guste y preparad una exposición oral siguiendo las recomendaciones del cartel. Repartíos el trabajo de manera que cada uno desarrolle las partes que más le cuesten. Al final, presentad vuestro trabajo al resto de los compañeros.

3. ¿Qué crees que puede aportar a tu vida en general aprender a realizar exposiciones orales (confianza al hablar ante personas desconocidas, capacidad para ordenar ideas…)?

ACTIVIDADES FINALES

1. Lee este texto y realiza las actividades que aparecen a continuación.

   CULTURA *El Mundo*

   El próximo 16 de diciembre, con el estreno absoluto de su versión de *Don Quijote de la Mancha*, José Carlos Martínez recupera la tradición del *ballet* clásico en la Compañía Nacional de Danza, abandonada en 1989 con el cambio de línea de Nacho Duato. Martínez quiere retomar el asunto de la tan necesitada sede teatral para la compañía. "Aprovechando que vamos a estar en el Teatro de la Zarzuela, quiero hablar con Daniel Bianco, su nuevo director, para ver cómo vamos a funcionar, ya que de sus estatutos se desprende que el Teatro de la Zarzuela es sede de los *ballets* nacionales".

   a) Localiza en el artículo palabras que respondan a estas normas.
   - Se escriben con minúscula los sustantivos que nombran títulos nobiliarios, cargos o profesiones.
   - Se escriben con minúscula los nombres de los días de la semana, los meses y las estaciones del año.

   b) Si los tratamientos se escriben en minúscula, ¿por qué *Don Quijote de la Mancha* se ha escrito en mayúscula?

   c) En el artículo aparecen otras palabras escritas en mayúsculas. Cítalas en tu cuaderno y explica por qué llevan mayúscula inicial.

2. **Organiza tus ideas.** Completa en tu cuaderno este mapa mental sobre las características de los textos expositivos.

3. Clasifica estos enunciados según sean modismos o frases hechas. Después, escoge dos y escribe una oración con cada uno.

   a) Quedarse en blanco.
   b) Ser un marrón.
   c) Al tuntún.
   d) Verlo todo de color de rosa.
   e) Ponerse morado.
   f) Estar muy verde.
   g) Ponerse rojo.
   h) Día gris.

4. Observa este cartel y redacta una argumentación sobre los beneficios del deporte. Después, señala en ella la tesis y los argumentos.

ACTIVIDADES FINALES

5. Fíjate en los siguientes textos. ¿Son exposiciones o argumentaciones? Explica qué características lingüísticas tiene cada uno.

   (1) Para mí, el parque de El Retiro es uno de los espacios más verdes de la ciudad de Madrid, gracias a sus 125 hectáreas y más de 15 000 árboles.

   (2) La teoría de los seis grados de separación afirma que cualquier persona del planeta está conectada con cualquier otra, a través de una cadena de conocidos con no más de cinco eslabones o puntos de unión.

6. Relaciona en tu cuaderno estas frases hechas con su significado.

Es mano de santo.	Estar empapado.
Está como una sopa.	Alejarse del tema principal.
Le pide peras al olmo.	Desear imposibles.
Se ha ido por las ramas.	Funcionar muy bien.

7. Lee el siguiente texto y responde a las preguntas en tu cuaderno.

   > https://www.muyhistoria.es
   >
   > El vocablo *yoyo* o *yoyó*, pues de las dos formas se puede escribir, procede del tagalo, la lengua nativa de Filipinas, y significa 'volver'. Hasta hace cuatrocientos años, los filipinos usaban el yoyó como arma. No obstante, el origen de este juguete parece estar en China, aunque también era conocido en Grecia por lo menos hace dos mil quinientos años. Los artesanos helenos lo fabricaban con madera, metal o terracota, y decoraban cada pieza con dibujos de los dioses.

   a) ¿De qué trata el texto? ¿Por qué es expositivo?

   b) ¿Qué rasgos lingüísticos propios de la exposición aparecen? Explícalos empleando ejemplos del texto.

8. Identifica los grupos que componen estas oraciones e indica cuál es su función sintáctica. Después, analiza su estructura.

   a) Dirígete hacia el norte a través del bosque.

   b) Premiaron al ganador con un viaje a México.

    VALORA LO APRENDIDO Autoevaluación.

LECTURAS RECOMENDADAS

A un paso de las estrellas. Una novela para aprender a mirar de otra manera la vida, a las personas y a nosotros mismos.

 DESCUBRE Y LEE Profundiza en tu lectura con las fichas de actividades.

SOY COMPETENTE — LA BIODIVERSIDAD MUNDIAL

EL ÍNDICE PLANETA VIVO
Las poblaciones de vertebrados silvestres se han reducido a la mitad en los últimos 40 años

El estado de la biodiversidad mundial está peor que nunca. El Índice Planeta Vivo® (IPV), que mide las tendencias de miles de poblaciones de especies de vertebrados, presenta una disminución del 52 % entre 1970 y 2010. Dicho de otra manera, el número de mamíferos, aves, reptiles, anfibios y peces en todo el planeta es, en promedio, la mitad de lo que era hace 40 años. Esta es una disminución mucho mayor que la registrada anteriormente, gracias a una nueva metodología que busca ser más representativa de la biodiversidad global. [...]

La biodiversidad se está reduciendo tanto en las regiones templadas como en las tropicales, pero es mayor en el trópico. Entre 1970 y 2010 se produjo una disminución del 32 % en 6569 poblaciones de las 1606 especies en el IPV templado. El IPV tropical muestra una reducción del 56 % en 3811 poblaciones de 1638 especies durante el mismo período. América Latina presenta la disminución más dramática, una caída del 83 %. La pérdida de hábitats y la degradación y explotación debidas a la caza y la pesca son las principales causas. El cambio climático es la siguiente principal amenaza común y es probable que ejerza mayor presión sobre las poblaciones en el futuro.

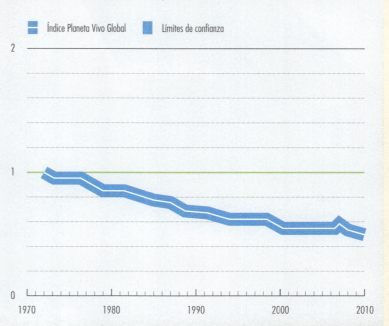

WWW: *Informe Planeta Vivo 2014*

Comprensión lectora

1. Indica si las siguientes afirmaciones son verdaderas o falsas.
   A. El texto comenta el estado de la población de animales como insectos y moluscos.
   B. El número de vertebrados que hay en el planeta se ha reducido a la mitad en menos de medio siglo.
   C. Una de las principales razones de esta evolución es la acción de las personas sobre los ecosistemas.
   D. El cambio climático complicará la situación expuesta en el futuro.
   E. La Antártida es una de las áreas más afectadas.

2. Explica con tus propias palabras qué información refleja el gráfico que acompaña al texto. ¿Cómo se relaciona con él?

   Fíjate en las variables contenidas en los ejes vertical y horizontal y sigue la evolución del gráfico atendiendo a la leyenda.

3. ¿Cuál es la región donde más se acusa esta disminución de vertebrados silvestres? ¿A qué causas achaca el texto esta situación?

Reflexión sobre la lengua

4. ¿Cuál es la tesis de este texto? ¿Se trata de una argumentación inductiva o deductiva? ¿Cuál es su intención?

5. Lee estos hiperónimos que aparecen en el texto y escribe tres hipónimos para cada uno.
   a) mamíferos
   b) aves
   c) anfibios
   d) reptiles

6. Analiza sintácticamente en tu cuaderno la siguiente oración del texto.

   Esta es una disminución mucho mayor.

Expresión escrita

7. Realiza una pequeña investigación en internet sobre el cambio climático. Después, escribe en tu cuaderno un texto expositivo divulgativo donde expliques qué es y cuáles son sus causas y sus consecuencias.

   Recuerda que debes redactarlo teniendo en cuenta las características lingüísticas del texto expositivo divulgativo.

5 POR TODOS LOS MEDIOS

En esta unidad aprenderás...

- Los textos en los medios de comunicación. La publicidad
- La oración compuesta. La oración coordinada
- La impropiedad léxica
- Las onomatopeyas y las interjecciones

Observa

1. Observa la fotografía y responde.

a) ¿Qué crees que se representa en la fotografía: información o publicidad?

b) ¿Cómo distingues entre la información y la publicidad?

c) ¿Por qué crees que la imagen tiene más peso que el texto en esta fotografía?

ESCUCHA el audio

2. Escucha el audio y contesta.

a) Según el audio, ¿quiénes tienen la posibilidad de pedir explicaciones a los políticos?

b) ¿Qué les permiten hacer los medios de comunicación a los periodistas?

c) ¿Qué posibilidad ofrecen los medios de comunicación de masas a las empresas?

d) ¿Estás de acuerdo con lo que has escuchado en el audio? ¿Por qué?

Habla

3. ¿Te gusta estar enterado de todo lo que ocurre de manera inmediata?

4. ¿Crees que estamos sobreinformados? ¿Piensas que tenemos tiempo suficiente para digerir la información? ¿Para ti es importante estar a la última de todas las noticias? Justifica tu respuesta.

El vendedor de pararrayos

>> En mitad de una tormenta, un hombre que vive en una cabaña en las montañas recibe una visita inesperada. El desconocido que llama a su puerta, totalmente empapado, lleva en la mano un objeto singular: una varilla de cobre pulido, de un metro y medio de largo, con forma de trípode, unida a un asta de madera.

bastión. Construcción fortificada para resistir a los ataques del enemigo.

—Señor, ¿tendría usted la bondad de decirme cuál es su ocupación? Si busca refugio de la tormenta, es usted bienvenido, siempre que se comporte educadamente; pero si le trae aquí algún negocio, suéltelo ya. ¿Quién es usted?

—Soy vendedor de pararrayos —dijo el extraño, bajando la voz—, mi negocio en particular... ¡Dios todopoderoso! ¡Menudo trueno! ¿Nunca le ha caído ninguno encima..., a la casa, quiero decir? ¿No? Más vale ser precavido —y rascó la barra metálica contra el suelo—; por naturaleza no hay **bastión** contra las tormentas; pero no tiene más que decirlo y convertiré esta cabaña en un Gibraltar con un par de toques de esta varita mágica. ¡Oiga, qué Himalaya de conmociones!

—Se ha interrumpido usted, se disponía a hablarme de su negocio en particular.

—Mi negocio en particular consiste en recorrer la región entregando pedidos de pararrayos. Este es mi pararrayos de muestra —dio unas palmaditas en la vara—; tengo las mejores referencias. —Rebuscó en sus bolsillos—. El mes pasado instalé en Criggan veintitrés pararrayos en solo cinco edificios.

—Permítame. ¿No fue en Criggan donde la semana pasada, a medianoche del sábado, cayeron rayos sobre la aguja de la iglesia, el gran olmo y la cúpula del salón de sesiones? ¿Había allí alguno de sus pararrayos?

—Ni en el árbol, ni en la cúpula, pero sí en la aguja.

—¿De qué sirve entonces su pararrayos?

—Para decidir la vida o la muerte. Pero mi operario fue muy descuidado. Al instalar el pararrayos en lo alto de la aguja, dejó que parte del metal rozara el revestimiento de latón. De ahí que el accidente no fuera culpa mía, sino suya. ¡Escuche!

—No se moleste. Ese estampido ha sonado lo bastante fuerte para oírlo sin que me lo indiquen. ¿Ha oído lo que ocurrió en Montreal el año pasado? Una joven sirvienta murió junto a su cama con el rosario en la mano, las cuentas eran de metal. ¿Su zona incluye el Canadá?

—No. Y, por lo que he oído, allí solo hay pararrayos de hierro. Deberían instalar los míos, que son de cobre. El hierro se funde con facilidad. Además, utilizan unas varillas tan delgadas que no pueden conducir toda la corriente eléctrica. El metal se funde y el edificio se destruye. Mis pararrayos de cobre nunca se comportan así. Esos canadienses son unos locos. Algunos enroscan un pomo en la punta del pararrayos (con el consiguiente riesgo mortal de explosión) en lugar de desviar imperceptiblemente la corriente al suelo, como hace esta clase de pararrayos. El mío es el único pararrayos auténtico. Mírelo. A solo un dólar los treinta centímetros.

—Esa forma tan poco elogiosa de hablar de sus compañeros de profesión podría hacer que la gente desconfiara también de usted.

—¡Escuche! El trueno se oye menos amortiguado. Se acerca a nosotros, y a la tierra. ¡Oiga! ¡Un estruendo apelotonado! Todas las vibraciones se hacen una por la cercanía. Otro relámpago. ¡Espere!

—¿Qué...? —dije, al verlo dejar de pronto su bastón y precipitarse hacia la ventana con los dedos de la mano derecha sobre la muñeca izquierda.

Pero, antes de que las palabras hubieran salido de mi boca, él dejó escapar otra exclamación.

—¡Bum!, solo tres pulsaciones: está a menos de medio kilómetro, en algún lugar de aquel bosque. Al pasar por allí vi tres robles golpeados por el rayo, recién hendidos y centelleantes. El roble tiene hierro disuelto en la savia y atrae más a los rayos que ninguna otra madera. Su suelo parece de roble.

—De raíz de roble. A juzgar por la peculiar hora de su visita, deduzco que escoge usted a propósito el tiempo tormentoso para sus viajes. Debe de pensar que cuando ruge la tormenta es el momento más favorable para inspirar las impresiones más favorables para su negocio.

—¡Escuche! ¡Es horroroso!

—Parece usted inoportunamente **medroso**, para ser alguien que pretende armar a los demás de valor. La gente corriente prefiere viajar con buen tiempo; usted prefiere las tormentas; y aun así...

—Admito que viajo con las tormentas; pero no sin antes tomar ciertas precauciones, que solo conoce un vendedor de pararrayos. ¡Escuche! Rápido..., mire mi pararrayos de muestra. A solo un dólar los treinta centímetros.

—Un bonito pararrayos, me atrevería a decir. Pero ¿cuáles son esas precauciones suyas? Aunque primero déjeme cerrar las contraventanas; la lluvia cae tan sesgada que se cuela a través del marco. Las atrancaré.

—¿Está usted loco? ¿No sabe que la **falleba** de hierro es un excelente conductor? Desista.

—Entonces me limitaré a cerrar las contraventanas y llamaré a mi criado para que me traiga una barra de madera. Se lo ruego, apriete aquel timbre.

—¿Es que está usted desquiciado? El cable del timbre podría electrocutarle. Nunca toque ningún cable en mitad de una tormenta, ni haga sonar ninguna campanilla.

—¿Ni siquiera las de los campanarios? ¿Haría usted el favor de decirme dónde y cómo puede uno ponerse a salvo de un tiempo como este? ¿Hay alguna parte de mi casa que pueda tocar sin perder la esperanza de seguir con vida?

medroso. Temeroso.

falleba. Varilla de hierro que sirve para asegurar puertas o ventanas.

>> Herman Melville

Además de escribir novelas, como la célebre *Moby Dick*, el estadounidense Herman Melville (1819-1891) fue un destacado cuentista. En sus relatos abundan los personajes solitarios e incomprendidos, tal vez un reflejo de la propia situación del escritor, que no fue muy valorado en su época. Después, sin embargo, su obra se ha considerado como visionaria y precursora de las corrientes literarias posteriores.

—La hay; pero no donde está usted ahora. Apártese de la pared. A veces la corriente recorre la pared, y como el hombre es mejor conductor…, deja la pared y se va hacia él. ¡Fiuuuu! Ese debe de haber caído muy cerca. Debía de tratarse de un rayo globular.

—Es muy probable. Dígame de una vez, ¿cuál es, en su opinión, la parte más segura de la casa?

—Esta habitación, y el lugar exacto que ocupo ahora. Venga aquí.

—Deme una explicación.

—¡Escuche!, después del relámpago, el trueno, ¡tiemblan los marcos y la casa, la casa! ¡Venga conmigo!

—La explicación, si no le importa.

—¡Venga aquí conmigo!

—Gracias otra vez, pero creo que me arriesgaré a seguir donde estoy, junto a la chimenea. Y ahora, señor Vendedor de Pararrayos, aprovechando la pausa entre trueno y trueno, tenga la amabilidad de explicarme sus razones para suponer que esta habitación es la más segura de la casa y que el lugar que usted ocupa es el más seguro de la habitación.

Entonces la tormenta pareció remitir por un instante. El hombre del pararrayos, algo más aliviado, replicó:

—Su casa tiene una sola planta, con una buhardilla y una bodega; esta habitación está entre ambas. De ahí que, en comparación, sea más segura. Porque los rayos a veces pasan de las nubes a la tierra y a veces de la tierra a las nubes. ¿Comprende?, y si escojo el centro de la habitación es porque, en caso de que un rayo golpeara la casa, descendería por la chimenea y las paredes; de modo que es obvio que cuanto más lejos esté uno de ellas tanto mejor.

HERMAN MELVILLE: *Cuentos Completos*, Debolsillo

1. Este texto, como todos los cuentos, tiene la finalidad de hacernos pasar un rato agradable. Pero si lo has leído atentamente, puede tener también otra finalidad. ¿Sabes cuál? Piensa que el cuento fue publicado originariamente en 1856.

   • Pienso en la finalidad

2. El cuento responde a una estructura narrativa. Completa los siguientes enunciados en tu cuaderno para obtener un resumen del texto.

   • Me fijo en la estructura

   a) Un desconocido llega a una cabaña y se presenta…
   b) El Vendedor de Pararrayos empieza a…
   c) Los truenos y los relámpagos se acercan a la casa y el Vendedor de Pararrayos…
   d) El dueño de la casa quiere protegerse de la lluvia, pero el Vendedor de Pararrayos…
   e) Finalmente, el Vendedor de Pararrayos le informa de que…

3. ¿Cuál es el tema del cuento?

   • Localizo el tema

4. El texto que has leído se acompaña de otras clases de texto que aportan diferentes informaciones complementarias. Completa estas oraciones.

   • Reconozco la clase

   a) El recuadro del inicio del texto es un resumen…
   b) El recuadro del final del texto es de tipo informativo sobre…
   c) En los márgenes del texto hay…
   d) Al final del texto aparece…

5. Prácticamente todo el texto está formado por los diálogos entre el dueño de la casa y el Vendedor de Pararrayos. La voz del narrador se introduce de dos formas. ¿Cuáles son?

   • Me fijo en la forma

6. Durante la conversación, se hace referencia a diferentes situaciones en las que los pararrayos pueden suponer un peligro. Fíjate en las siguientes ilustraciones y explícalo con los detalles del texto.

   • Busco información

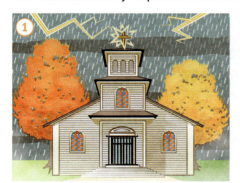

COMPRENSIÓN LECTORA 115

Busco información

7. En un momento de la lectura, el dueño de la cabaña pide al vendedor que le explique cuál es la parte más segura de su casa. ¿Qué habitación es? Escoge la opción correcta e indica en qué línea de la lectura has encontrado la información.

A. La buhardilla.

B. La bodega.

C. La habitación entre la buhardilla y la bodega.

D. El porche.

8. Según el Vendedor de Pararrayos, ¿qué material es el mejor para que los pararrayos sean efectivos? ¿De qué están hechos los pararrayos de Canadá? ¿Qué problema hay con ese material?

9. El vendedor da varias explicaciones al dueño de la casa sobre los materiales conductores y los no conductores, los peligros de los rayos, las zonas más seguras e inseguras de la casa… Pero hay una oración que repite dos veces de manera casi idéntica. ¿Cuál es? ¿Con qué finalidad crees que lo hace? Justifica tu respuesta.

Relaciono significados

10. Vuelve a leer este fragmento de la lectura y contesta.

> —Esa forma tan poco elogiosa de hablar de sus compañeros de profesión podría hacer que la gente desconfiara también de usted.

- ¿A qué se refiere el texto destacado?

11. Fíjate en las siguientes palabras y busca en la lectura otras que tengan el mismo significado.

　trueno　　vara　　loco　　piso

Pienso en lo que dice el texto

12. A lo largo del cuento, el autor usa algunas expresiones que podrían resultarte extrañas porque no son de uso corriente en la actualidad. Lee las que aparecen a continuación y explica su significado.

a) Más vale ser precavido, por naturaleza no hay bastión contra las tormentas.

b) Convertiré esta cabaña en un Gibraltar.

c) ¡Oiga, qué Himalaya de conmociones!

d) Parece usted inoportunamente medroso para ser alguien que pretende armar a los demás de valor.

13. En la actualidad, tenemos mucha información sobre los peligros de las tormentas, los efectos de los rayos, etc. En equipo, escribid una lista que recoja dónde podemos informarnos y adquirir esos conocimientos. A continuación, poned en común los resultados.

14. ¿Qué estratagemas usa el Vendedor de Pararrayos para intentar convencer al dueño de la cabaña para que compre su artefacto? ¿Crees que tienen efecto en el dueño? En la publicidad actual también se usan estrategias para que los compradores adquieran determinados productos. ¿Piensas que son muy diferentes a las técnicas que usa el Vendedor de Pararrayos?

PRACTICA Sigue trabajando la comprensión lectora con otro texto.

15. A la hora de vender, las empresas contratan a expertos en publicidad que intentan destacar los beneficios de un producto para atraer y convencer al consumidor. Para ello, los publicistas deben conocer bien el producto. Conviértete en un experto en publicidad al que le han encargado vender uno de los siguientes artículos. Organizaos por equipos, elegid uno de ellos y completad la tabla en vuestro cuaderno.

- bolsas de tela para la compra
- patinete eléctrico
- cepillo de dientes de bambú
- ábaco de madera
- miel ecológica
- pajitas de acero inoxidable

¿A qué público puede ir dirigido el producto: niños, jóvenes, adultos...?	•••
¿Qué beneficios aporta el producto?	•••
¿Qué valores podrían estar relacionados con el producto?	•••
¿Qué diferencias pueden existir entre este producto frente a otros similares de la competencia?	•••

16. Ahora que ya habéis establecido las cualidades del producto, cread una pequeña campaña publicitaria sobre él. Para ello, podéis seguir estas indicaciones.

Paso 1. Escoged un título con el que promocionar vuestra campaña.

Paso 2. Escribid con más detalle las ideas que habéis anotado en la tabla de la actividad anterior para poder hacer una presentación completa. Recordad que debéis enfatizar la parte de los beneficios que aporta al consumidor y los valores que representa el producto.

Paso 3. Elegid un eslogan llamativo que identifique al artículo que intentáis promocionar y que capte la atención del público.

Paso 4. Pensad en qué medios podría aparecer vuestra campaña publicitaria: radio, televisión, internet...

17. Ahora que habéis establecido las bases de vuestra campaña publicitaria, cread un cartel con todas las ideas que habéis recopilado en las actividades anteriores. Podéis fijaros en el cartel que aparece en el margen para utilizarlo como ejemplo.

a) ¿Cómo aparece escrito el eslogan del cartel del margen: tipo de letra, tamaño, color...?

b) ¿Qué imágenes se emplean? ¿Con qué fin se han utilizado?

c) Según los elementos que aparecen y su distribución en el cartel, ¿es fácil de entender el mensaje que trasmite? Justificad vuestras respuestas.

d) ¿Pensáis que el cartel refleja correctamente el objetivo de la campaña publicitaria? ¿Por qué?

e) ¿Qué aspectos tomaríais como ejemplo para realizar vuestro cartel? ¿Qué elementos mejoraríais?

18. Ahora, imaginad que sois los agentes comerciales del producto que habéis escogido en las actividades anteriores. Intentad convencer al resto de la clase para que compren vuestro producto.

- Realizad una descripción breve del artículo, explicad qué función cumple y numerad los beneficios que tiene.

- Escuchad las preguntas de vuestro público y responded con convicción y mostrad pasión por la idea que defendéis.

Campaña del Ministerio de Medio Ambiente

Los textos en los medios de comunicación

1. Observa esta portada de un periódico y responde a las preguntas.
   a) ¿Cuál crees que es la finalidad de los textos que están en la imagen?
   b) ¿Por qué algunas oraciones de la portada aparecen en colores diferentes y con un tamaño de letra mayor?
   c) ¿Qué información aportan las imágenes que aparecen?
   d) ¿Cuál crees que es la noticia más importante? ¿Por qué?

Los medios de comunicación de masas son aquellos que son **recibidos simultáneamente por una gran audiencia**. Dentro de esta clasificación se incluyen la prensa en papel o digital, la radio y la televisión.

Este tipo de medios de comunicación han ido incrementando su presencia en nuestra vida social. El **periodismo** lleva a cabo en estos medios su principal función: **informar** a la población sobre los hechos más relevantes sucedidos en el mundo y en los distintos ámbitos de la sociedad.

Los textos periodísticos incluyen contenidos diversos con diferentes intenciones: **informar** u **opinar**. Por esta razón existen tres clases de géneros periodísticos: de información, de opinión y mixtos.

2. ¿Cuál opinas que es, actualmente, el medio de comunicación de masas que llega a más gente? ¿Crees que la edad del receptor influye en el medio que consulta para obtener información? Justifica tu respuesta.

Los géneros informativos

3. Escucha el audio que encontrarás en www.e-sm.net/snglcl4eso05_01 y contesta a las siguientes preguntas.
   a) ¿Qué se cuenta en el fragmento? ¿En qué medio se difunde?
   b) ¿Qué detalles aporta para hablar sobre lo que ha sucedido?
   c) ¿Cuál crees que es la intención del audio: informar u opinar? ¿Por qué?

La función de los textos informativos es ofrecer información **de manera objetiva**, sin valorar los hechos que se exponen. La **noticia** y el **reportaje** son los textos informativos más habituales. Presentan estas características:

- Informan sobre un hecho relevante de actualidad.
- Presentan la información con claridad y precisión. Para ello, utilizan un lenguaje claro, sencillo y comprensible. Predominan los verbos en presente y los neologismos para designar nuevas realidades.
- Transmiten la información necesaria para responder a preguntas como ¿quién?, ¿qué?, ¿cuándo?, ¿dónde?, ¿cómo? y ¿por qué?

La estructura que tienen los géneros informativos es la siguiente:

Titular	Enunciado que resume la información esencial y para atraer al lector. Se distingue del resto de la noticia por el mayor tamaño de la letra.
Entradilla	Al inicio del texto, resume la noticia al máximo.
Cuerpo	Desarrolla la información de manera extensa y la expone en orden de importancia.

4. Observa las siguientes escenas e inventa una breve noticia en la que expongas la información esencial sobre lo sucedido en cada una de ellas. Ten en cuenta las características de la noticia que has estudiado.

Los géneros de opinión

Los géneros de opinión son aquellos en los que el autor **interpreta unos hechos de actualidad mediante juicios valorativos**. Estos géneros trabajan sobre ideas, analizan hechos, y deducen sus causas y consecuencias.

Suelen estructurarse en tres partes:

Introducción	Se presenta el tema del que se va a hablar.
Desarrollo	El autor expone sus ideas y las razones en las que se apoyan.
Conclusión	Destaca lo más importante de lo expuesto en el texto.

Este género es **subjetivo**: en él, el autor puede recurrir a registros más variados que en los géneros informativos (coloquialismos, cultismos...) y servirse de recursos como la ironía o la sátira.

5. Lee el siguiente texto y contesta a las preguntas.

¿Humanos o marionetas?

Cada día, cuando me despierto siento que no soy dueño de mí mismo. Siento que un ejército de manipuladores maneja nuestra voluntad a su antojo con sofisticadas técnicas psicológicas dirigidas a nuestro indefenso y maleable cerebro primitivo. Así, a diario observamos inconscientes que comemos, vestimos o compramos lo que la insistente publicidad nos indica con sutileza. Viajamos a los destinos que las compañías aéreas quieren. Votamos a los políticos por sus palabras y mensajes adornados de oratoria. Nos ilusionamos con falsas promesas que adormecen nuestra parte crítica y nos dejan pacíficos y vulnerables.

Y, así, nos atacan por todos los flancos con una infinidad de manejos, manipulaciones, controles, influencias y falsas promesas que nos convierten, sin saberlo, en auténticas marionetas y poco a poco nos van haciendo olvidar que realmente somos humanos.

JOAQUÍN FERNÁNDEZ SÁNCHEZ: "¿Humanos o marionetas?", *El País*

a) ¿Cuál es el tema del texto? ¿El autor está informando o emitiendo una opinión? ¿Cómo lo sabes?

b) ¿Utiliza el humor en el texto? Justifica tu respuesta.

c) Señala la introducción, el desarrollo y la conclusión. ¿Sigue la estructura propia de los géneros de opinión?

Los textos en los medios de comunicación

6. Fíjate en la carta al director de la actividad 5. ¿Qué lenguaje predomina, el objetivo o el subjetivo? ¿Por qué crees que es así?

7. Escribe un texto de opinión sobre una noticia de actualidad o un acontecimiento que te interese. Para ello, sigue estos pasos.

   Paso 1. Infórmate y escoge una noticia o un acontecimiento destacado y analiza los datos más básicos: qué ha sucedido, cuándo, dónde...

   Paso 2. Reflexiona sobre qué opinas del suceso y qué sentimientos te ha provocado.

   Paso 3. Redacta el texto ordenando lo sucedido y tus ideas. Recuerda que debes dar tu opinión de manera respetuosa.

Los principales géneros periodísticos de opinión son los siguientes:

- **Editorial.** Es un texto sin firma que expone la opinión del periódico sobre un tema de actualidad. Suele marcar la línea de pensamiento del medio.
- **Carta al director.** Es un escrito que los lectores envían a un periódico para expresar su opinión sobre una noticia, un tema de actualidad o un artículo publicado en ese medio.
- **Artículo de opinión.** Es un texto periodístico en el que el autor, normalmente un periodista, emite valoraciones y opiniones sobre un tema concreto.
- **Columna.** Se trata de una variante del artículo de opinión, que consiste en un comentario personal sobre un asunto de actualidad que aparece siempre en el mismo lugar del periódico y que suele ocupar un espacio fijo.
- **Entrevista.** Es un diálogo entre un entrevistador y un entrevistado en el que se realizan una serie de preguntas. Su objetivo es conocer cómo es la persona, sus opiniones, su trabajo, su carácter o anécdotas de su vida.

---

8. Observa la escena y escribe una presentación que sirva de introducción para conocer a la persona entrevistada y el tema del que se va a hablar.

   - ¿Cómo transcribirías la entrevista para publicarla en una revista? ¿Cómo diferenciarías las preguntas de las respuestas?

9. ¿Crees que solo se deberían hacer entrevistas a personas conocidas, expertas en un ámbito de conocimiento, etc., o que cualquier persona tiene algo interesante que contar? Justifica tu respuesta en el cuaderno.

10. Por grupos, buscad ejemplos de artículos que se correspondan con los géneros de opinión y comparadlos. ¿Qué diferencias veis entre ellos? Intentad clasificarlos en los cinco principales géneros de opinión.

Los géneros mixtos

Los géneros mixtos son aquellos que combinan información y opinión. El periodista informa **acerca de un acontecimiento de interés,** pero se permite hacerlo de una **manera más subjetiva**.

Los principales géneros periodísticos mixtos son los siguientes:

- **Crónica.** Es una noticia más amplia y comentada por el autor, que incluye valoraciones e interpretaciones de los hechos que cuenta. Tiene una triple intención: informar, formar opinión y entretener.
- **Crítica.** Informa y ofrece una valoración sobre temas relacionados con el mundo de la cultura y los espectáculos. Su intención es informar, opinar y entretener.

11. Lee la siguiente crónica y busca ejemplos donde se muestre el lenguaje subjetivo y valorativo que utiliza el autor para dar su opinión.

Djokovic derrotó a Federer y accedió a la final del Abierto de Australia

Carlos R. Galindo

Novak Djokovic, vigente campeón del Abierto de Australia, primer Grand Slam de la temporada, frustró este jueves una desesperada remontada de Roger Federer, para derrotar al suizo por 6-1, 6-2, 3-6 y 6-3 y acceder a la quinta final consecutiva de Grand Slam. "Nole" fue campeón el pasado año de Wimbledon y de los Abiertos de Australia y Estados Unidos y subcampeón de Roland Garros, torneo que todavía se le resiste.

El partido tuvo dos caras claramente diferenciadas. A tenor de lo visto en las dos primeras mangas, todos los aficionados daban por descontado que el serbio propinaría al suizo una humillación sin precedentes. 6-1 y 6-2 en apenas un visto y no visto (una hora escasa). Lo que ocurría en la Rod Laver Arena parecía un espectáculo de otro mundo. "Nole", tocado por un manto celestial, jugaba como los ángeles y le salía absolutamente todo. El suizo, en cambio, se encontraba perdido, sin concentración... Parecía resignado a su suerte. Una triste suerte con visos de derrota; demasiado para él, uno de los grandes iconos del tenis mundial.

12. Busca en la prensa la crítica de la última película o espectáculo que hayas visto, o del último libro que hayas leído, y responde a las preguntas.

    a) ¿Qué opinión expresa el autor? ¿En qué aspectos coincides con su valoración y en cuáles no?

    b) Ahora, escribe tú otra crítica teniendo en cuenta el lenguaje propio de este género y su intención.

La publicidad en los medios de comunicación

13. Observa la siguiente imagen y realiza las actividades.

   a) Explica cuál es la intención del cartel.
   b) ¿Qué elemento complementa al texto escrito?
   c) ¿Dónde crees que podrías encontrarte este cartel?

> El texto publicitario está destinado a **influir en el comportamiento del receptor** para que se convierta en consumidor o adopte cierta actitud o conducta. Según su finalidad, se distinguen tres clases de publicidad:
> - **Comercial.** Busca que el receptor consuma un producto.
> - **Institucional.** Informa, difunde asuntos de interés social y fomenta determinadas conductas en el ciudadano.
> - **Propagandística.** Influye en el receptor sobre una determinada ideología.
>
> Las características generales de los textos publicitarios son la **creatividad** y la **brevedad** para conseguir persuadir al receptor.

14. Vuelve a observar el cartel de la actividad 13. ¿A qué clase de publicidad pertenece según su finalidad?

15. Escucha el anuncio que encontrarás en www.e-sm.net/snglcl4eso05_02 y contesta a las preguntas.
   a) ¿Qué se anuncia? ¿Quién es el anunciante?
   b) ¿Cómo crees que se capta la atención del oyente?
   c) ¿Hay alguna oración en el anuncio que llame tu atención?
   d) ¿En qué medio de comunicación podría aparecer?

El mensaje publicitario suele constar de tres elementos:

Eslogan	Texto que se asocia al producto.
Cuerpo del anuncio	Información más relevante sobre el producto.
Parte icónica	Imágenes, logotipos y variaciones tipográficas.

Estos elementos se combinan de forma diferente según el soporte que se utilice para transmitir el mensaje. Los soportes en los que aparece el texto publicitario son:

- **Publicidad impresa.** Emplea la imagen fija y el lenguaje verbal. Puede aparecer en prensa, folletos, vallas publicitarias, etc. En la publicidad impresa la imagen gráfica es el elemento más importante.
- **Publicidad en la radio.** Se sirve del lenguaje verbal y de recursos auditivos como la música y los efectos sonoros. Los anuncios radiofónicos suelen iniciarse de manera llamativa y en este tipo de publicidad es muy importante la repetición. El mensaje publicitario recibe el nombre de *cuña*.
- **Publicidad en la televisión.** Usa el lenguaje oral y escrito, imágenes en movimiento y recursos auditivos. La música es fundamental y puede estar compuesta expresamente para un anuncio. La publicidad audiovisual suele ser breve, con una duración de unos treinta segundos.
- **Publicidad en internet.** Aprovecha las características de la publicidad en los demás medios de comunicación. En unos casos emplea la imagen fija (por ejemplo, un cartel en una página web) o la imagen en movimiento (por ejemplo, anuncios audiovisuales en redes sociales).

16. Fíjate de nuevo en el cartel de la actividad 13 y transfórmalo en una cuña publicitaria para la radio. ¿Qué elementos añadirías y cuáles eliminarías? Justifica tu respuesta.

17. Observa el mensaje publicitario televisivo que encontrarás en el enlace www.e-sm.net/snglcl4eso05_03 y realiza las actividades.

    a) Completa la tabla siguiente en tu cuaderno.

¿Qué se anuncia?	
¿Qué características quiere destacar?	
¿Qué mecanismos usa para ser creativo?	

    b) Fíjate en los siguientes recursos expresivos y explica cuáles se usan en el anuncio y de qué manera.

        sonidos ambientales   imagen fija
        lenguaje oral   música
        imagen en movimiento   lenguaje escrito

18. Busca un anuncio en internet y responde a las preguntas en tu cuaderno.

    a) ¿Qué se anuncia?

    b) ¿Qué códigos de comunicación usa?

    c) ¿Tiene un eslogan? ¿Cuál es?

    d) ¿Hay elementos visuales? ¿De qué tipo son?

    e) ¿A qué clase de publicidad pertenece según su finalidad?

COMUNICACIÓN **123**

La oración compuesta

1. Lee la viñeta e indica si las oraciones tienen un solo verbo o más de uno.

Según su complejidad sintáctica, las oraciones se clasifican en:
- **Oraciones simples.** Tienen **un solo verbo**, y por tanto, un único predicado: *Los teléfonos móviles de hoy **son** miniordenadores*.
- **Oraciones compuestas.** Constan de **dos o más formas verbales**, es decir, de dos o más predicados: *Laura **come** un helado mientras **espera** a Juan*.

El núcleo del predicado puede ser una forma simple, una forma compuesta, una perífrasis verbal o una locución verbal.

2. Clasifica las siguientes oraciones según sean simples o compuestas. Después, señala cuál es el núcleo de cada predicado.

a) Los asistentes al espectáculo disfrutaron mucho con las actuaciones.

b) Prefiero que me llames mañana.

c) Nos avisaron y recogimos el coche.

Las oraciones compuestas pueden unirse entre sí de forma directa o por medio de **nexos**.

Marta preparó la comida **y** su hermano lavó los platos.
   V/N   V/N
   O₁   Nexo   O₂

3. Clasifica las oraciones de este texto en simples y compuestas.

> Mario me mira por dentro. Hay gente que mira hacia dentro por los ojos. Me gusta la gente que mira hacia dentro. A veces los dejo ver. Mario es cejijunto pero me gusta que me mire con sus cejas puente hacia arriba. Me hace sentir más bella. Mario sigue abrazado a Teresa; es su amiga. Mario me mira y sonríe.
>
> CONCHA MAYO: *Secretos y recursos de la creatividad*, Salvat

4. Indica en tu cuaderno si las oraciones compuestas de la actividad anterior están unidas mediante un nexo y di cuál es.

Las oraciones coordinadas y las subordinadas

Las oraciones compuestas se clasifican en coordinadas y subordinadas según la **relación** que se establece entre las oraciones que las componen:

Oraciones coordinadas		
\multicolumn{3}{l}{Se unen **sin** que haya **relación** de **dependencia sintáctica** entre ellas. Se encuentran en el mismo nivel sintáctico. Pueden unirse con o sin nexos.}
Con nexos	Las oraciones se unen mediante conjunciones.	*Carlos estudia **y** Darío ve la televisión.*
Sin nexos	En la escritura las oraciones están separadas por un signo de puntuación. Esta relación sintáctica se llama yuxtaposición.	*Carlos estudia, Darío ve la televisión.*

Oraciones subordinadas		
\multicolumn{3}{l}{**Dependen sintácticamente** de otra oración, llamada principal, o de alguno de los elementos de la misma. Pueden ir o no encabezadas con nexos.}
Con nexos	La oración subordinada está introducida por una conjunción, una preposición, un relativo o un interrogativo.	*No sabía **si** vendría mañana.* → conjunción *El jersey **que** compré era barato.* → pronombre relativo
Sin nexos	La oración subordinada no lleva nexo y tiene como núcleo del predicado una forma no personal (infinitivo, gerundio o participio) o el verbo en forma personal de una oración interrogativa directa.	*¿Sabes **hablar** en ese idioma?* → infinitivo *Me preguntó: ¿cuándo **vienes**?* → interrogativa directa

5. Marca las distintas oraciones que forman estas oraciones compuestas, indica cuál es su nexo y explica si son coordinadas o subordinadas.

a) Tenía hambre y me compré un bocadillo.

b) Pinta este dibujo como prefieras.

c) Espero que puedas arreglar mi ordenador.

6. Señala si los siguientes refranes están compuestos por oraciones coordinadas o subordinadas.

a) Cuando el río suena, agua lleva.

b) La palabra es plata y el silencio es oro.

c) Piensa el ladrón que todos son de su condición.

7. Observa estas oraciones. ¿Expresan la misma idea? ¿Existe una relación de dependencia sintáctica entre ellas? Justifica tu respuesta y clasifícalas en tu cuaderno.

Noa
La llamé por teléfono; no me lo cogió.

Julián
¿La llamaste y no te lo cogió?

GRAMÁTICA 125

La oración coordinada

Las oraciones coordinadas copulativas

8. Transforma las siguientes oraciones simples en oraciones compuestas coordinadas. ¿Cuál es el nexo que has añadido para hacerlo?

a) Son las seis. Diego llega tarde.

b) No quiero ir al cine. No quiero ir al teatro.

Según el significado de los nexos que vinculan las oraciones coordinadas, estas pueden ser copulativas, disyuntivas y adversativas.

Las oraciones coordinadas copulativas indican la **suma** de los significados de las oraciones que forman la compuesta.

$$\underline{Laura\ estudió\ Ingeniería}_{O_1} \quad \underline{\textbf{y}}_{Nexo} \quad \underline{su\ hermano\ cursó\ Historia.}_{O_2}$$

A menudo suele omitirse el verbo de la segunda oración coordinada cuando esta tiene una estructura sintáctica paralela a la de la primera oración y se repite el verbo. En estos casos, se añade una coma que sustituye al verbo.

$$\underline{Tú\ te\ vas\ hoy}_{O_1} \quad \underline{y}_{Nexo} \quad \underline{yo,\ mañana.}_{O_2}$$

Los **nexos** copulativos que se utilizan pueden ser de dos tipos:

- **Simples**. Son los nexos copulativos *y* (*e*), *ni*: *Terminará el trabajo **e** irá allí.*
- **Discontinuos**. Los nexos discontinuos más habituales son *tanto... como*, *tanto... cuanto*: *Este libro es **tanto** divertido **como** es conmovedor.*

---

9. Señala los nexos copulativos de estas oraciones e indica de qué clase son.

a) Viajaremos al norte en verano e invitaré a mis amigos.

b) Mis amigos están preparados y yo estoy sin vestir.

c) Ni iré a la bolera ni al cine.

Las oraciones coordinadas disyuntivas

Las oraciones coordinadas disyuntivas indican **posibilidad de elección o exclusión** entre los significados de las oraciones contenidas dentro de la oración compuesta:

$$\underline{¿Te\ quedarás\ aquí\ más\ días}_{O_1} \quad \underline{\textbf{o}}_{Nexo} \quad \underline{volverás\ a\ casa?}_{O_2}$$

El principal nexo disyuntivo es la conjunción *o* (*u*). También indican alternancia los nexos disyuntivos discontinuos como *o bien... o bien*, *ya... ya*, *sea... sea*. A veces pueden aparecer repetidos y el verbo de la segunda oración puede omitirse si es el mismo.

$$\underline{\textbf{Bien}}_{Nexo} \quad \underline{ríe\ a\ carcajadas,}_{O_1} \quad \underline{\textbf{bien}}_{Nexo} \quad \underline{llora\ desconsoladamente.}_{O_2}$$

---

10. ¿Aporta el mismo significado el nexo en estos dos ejemplos? ¿Por qué?

> Come fruta o toma un yogur.

> Padece alopecia o pérdida del cabello.

11. Completa estas oraciones con un nexo disyuntivo.

    a) ●●● come, ●●● deja comer.
    b) Mis amigos, ●●● llegan muy pronto, ●●● muy tarde.
    c) ¿Quieres ver una película ●●● hacemos otra cosa?
    d) Díselo ya ●●● se enfadará.

Las oraciones coordinadas adversativas

> Las oraciones coordinadas adversativas expresan **restricción o exclusión** entre los significados de las oraciones que forman la oración compuesta.
>
> Los nexos más utilizados son las conjunciones *pero*, *sino* y la locución conjuntiva *sino que*.
>
> Lo intenté **pero** no salió bien.
> O₁ — Nexo — O₁

12. Convierte estas oraciones en coordinadas adversativas. Emplea el nexo que convenga en cada caso.

    a) No he comido pescado. He comido verdura.
    b) Hemos jugado muy bien. Hemos perdido el partido.
    c) No he ido nunca a Praga. Me encantaría ir.

13. Observa los siguientes nexos y escribe en tu cuaderno una oración coordinada con cada uno de ellos. ¿Qué clase de coordinada es cada una?

    o   sino   ni   sea... sea   e   pero

14. Analiza sintácticamente estas oraciones coordinadas en tu cuaderno.

    EJEMPLO: *Disfruta del viaje y vuelve pronto.*
    Det/Act Sust/N
    Prep/Enl GN/Térm   Adv/N
    V/N   GPrep/CRég   V/N   GAdv/CCT
    O₁   Nx   O₂

    a) La obra de teatro resultó un éxito y asistió mucha gente.
    b) Ni se lo conté todo ni le dije la verdad.
    c) Irá al cumpleaños, pero no volverá tarde a casa.

15. Fíjate en la ilustración y describe la escena empleando oraciones coordinadas copulativas, disyuntivas y adversativas con nexos diferentes.

La impropiedad léxica

A veces usamos con demasiada frecuencia palabras que tienen muchas acepciones, como *hacer* o *decir*, pero resulta más apropiado emplear sinónimos más precisos según el contexto. De esta manera conseguiremos que nuestros textos sean más ricos y variados.

1. Escribe dos sinónimos y un antónimo de cada una de estas palabras.

   a) ahorrar
   b) creer
   c) acierto
   d) profundo
   e) crítica
   f) pobre
   g) valioso
   h) tapar

2. Explica si los sinónimos de la actividad anterior son totales o parciales. Escribe una oración con cada uno en la que se refleje esa relación.

   >> Los sinónimos totales se pueden sustituir en todos los contextos, mientras que los parciales, solo son intercambiables en algunos contextos.

3. ¿En qué ocasiones se utilizan estos verbos? Asocia cada uno con su uso correcto.

recalcar	comentar	manifestar	precisar
enfatizar	admitir	indicar	reconocer	declarar
asegurar	subrayar	puntualizar	aseverar

   a) Como sinónimos neutros de *decir*.
   b) Para hacer hincapié o énfasis en algo.
   c) Para indicar convicción en lo que se dice.
   d) Para añadir una interpretación o aclaración de algo que se ha señalado anteriormente.
   e) Para manifestar adhesión a la opinión de otro.

4. Escribe una oración para ejemplificar cada uno de los usos anteriores.

5. Busca el significado de estas parejas de palabras que a menudo se emplean como sinónimas y explica qué diferencias hay entre ellas. ¿Significan realmente lo mismo?

   inmemorable/inolvidable   veterano/longevo
   verdadero/verosímil   inmiscuirse/involucrarse

6. Copia estas oraciones en tu cuaderno sustituyendo la palabra *cosa* por la que consideres más apropiada en cada caso.

   a) Siempre cuenta las cosas tal y como han ocurrido.
   b) Me encanta este libro, tiene cosas muy interesantes y divertidas.
   c) Hay cosas del tema que no entiendo. Tengo que preguntarle a la profesora.
   d) Encima de mi mesa tengo una cosa muy bonita.

7. ¿Qué otras palabras crees que usamos demasiado? Pon ejemplos concretos y aporta alternativas para evitar estas imprecisiones.

8. Lee los siguientes titulares y redáctalos sustituyendo las palabras destacadas por otras con el mismo significado.

   a) La sociedad pasa página tras la Cumbre del Clima. (*El País*)
   b) El invierno se prevé con temperaturas superiores a las normales para esa época del año. (*El Mundo*)
   c) La Unión Europea refuerza la protección de datos en internet. (*El Mundo*)
   d) Demostrada la eficacia de un nuevo fármaco para el tratamiento del cáncer de mama. (*ABC*)

9. Observa la imagen y rescribe de tres maneras diferentes las palabras que pronuncia el personaje.

   PRACTICA Repasa con un dictado interactivo.

Mi primo me ha dicho que ponga este cartel aquí.

NORMA Y USO 129

Las onomatopeyas y las interjecciones

Francisco Ibáñez: *Mortadelo y Filemón*

1. Fíjate en la viñeta que aparece al margen y contesta a las preguntas.

   a) ¿Qué representan las expresiones *ang* y *trrrrrring*? ¿Por qué crees que aparecen escritas con mayúsculas?

   b) ¿Para qué se usa la expresión *¡Rayos!*? ¿Funciona igual que las dos expresiones anteriores?

   > Las onomatopeyas son expresiones que se utilizan para **imitar el sonido** de una cosa o de una acción en el lenguaje escrito.
   >
   > Suelen aparecer entre signos de exclamación y pueden escribirse con mayúsculas, sobre todo en los cómics para expresar un sonido muy ruidoso. En ocasiones se pueden producir alargamientos de secuencias (*¡Plafff!*, *¡Beee!*).
   >
   > También se pueden formar onomatopeyas por repetición. Estas pueden escribirse como una única palabra sin superar las tres sílabas (*blablablá*), o separadas por comas (*ja, ja, ja*).

2. Escribe una onomatopeya para representar cada uno de estos sonidos.

   gente hablando · un timbre · el sonido de las campanas · un trueno · una gota que cae de un grifo · el sonido de la lluvia · los aplausos · un brindis · el rugido de un león

   • Por parejas, comprobad si las onomatopeyas que habéis escrito coinciden. ¿Hay alguna que sea diferente?

3. Las onomatopeyas no son siempre iguales, sino que varían dependiendo del idioma en que nos comuniquemos. Observa cómo se escriben los sonidos de algunos animales en www.e-sm.net/snglcl4eso05_04 y contesta a las preguntas.

   a) ¿Cómo crees que suenan las onomatopeyas que aparecen en otros idiomas? Entre todos, intentad leer varias de ellas.

   b) ¿Cuál crees que es el motivo por el que las onomatopeyas se escriben y se leen de manera diferente en cada lengua? En grupos, debatid sobre este hecho y escribid vuestras hipótesis. Después, contrastadlas y ponedlas en común con el resto de la clase.

   > Las interjecciones son palabras que **expresan sentimientos y emociones**, o que se emplean para llamar la atención del interlocutor. Suelen ser enunciados exclamativos. Pueden reflejar sentimientos como sorpresa (*¡Ahhh!*, *¡Increíble!*), dolor (*¡Ay!*), ánimo (*¡Vamos!*), etc. También sirven como fórmulas de saludo (*¡Hola!*, *¡Hasta luego!*).

4. Imagina tres situaciones en las que podrías usar cada una de estas interjecciones y anótalas en tu cuaderno.

   a) ¡Oh!   c) ¡Adelante!   e) ¡Basta!
   b) ¡Eh!   d) ¡Bah!   f) ¡Lástima!

5. Lee de nuevo la viñeta de la actividad 1 e indica si las expresiones que aparecen son onomatopeyas o interjecciones. Justifica tu respuesta.

Las bases de un concurso

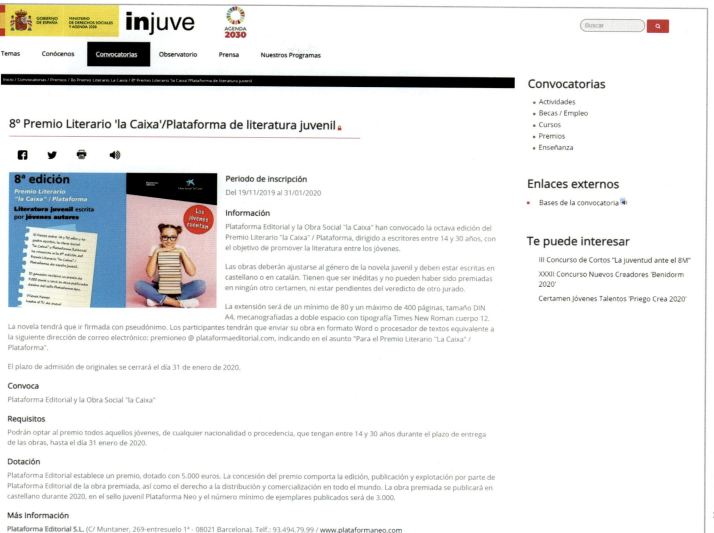

1. ¿Dónde puedes encontrar este texto?
2. ¿De qué trata? Resume su contenido en una oración.
3. Observa la estructura del texto y señala las partes en las que se divide y la función que desempeña cada una de ellas.
4. Analiza y describe qué recursos se han utilizado para que a los jóvenes les resulte atractiva la convocatoria del concurso (colores, tipografías, lenguaje, eslogan...).
5. Identifica en qué parte del texto puedes ampliar la información.
6. Explica qué harías para difundir esta misma información a otras personas a las que pienses que pueda interesarles.
7. Indica un sinónimo de las siguientes palabras que podrías emplear sin alterar el significado que tienen en el texto.

   pseudónimo   inéditas   promover

8. Imagina que debes organizar la información sobre el concurso del texto, para que se pueda leer de un vistazo. ¿Cómo lo harías? Inventa una propuesta en la que incluyas un título y los apartados que sugieres.

Contrapublicidad

1. Observa el siguiente texto y contesta a las preguntas.

Ayuda en Acción

   a) ¿Qué mensaje transmite?
   b) ¿Qué intención crees que tiene este cartel publicitario?

2. Busca un anuncio sobre un producto y compáralo con este cartel.

   a) ¿Cuál es el eslogan de cada anuncio? ¿Qué diferencias encuentras entre los mensajes que transmite cada uno?
   b) Observa la tipografía, los colores y las imágenes de cada uno. ¿Qué efecto crees que causan en el espectador? ¿Qué emociones pretenden mostrar?

3. La contrapublicidad consiste en invertir los significados de los mensajes comerciales para crear conciencia en el receptor. En parejas, realizad las siguientes actividades.

   a) Investigad en internet y buscad ejemplos de anuncios contrapublicitarios. Fijaos en qué mensaje transmiten y qué colores e imágenes aparecen.
   b) Elegid un tema: alimentación, moda, transporte... Buscad un anuncio sobre ello y utilizadlo para crear otro contrapublicitario, alterando su eslogan o sus elementos visuales.

4. Compartid vuestro trabajo con el resto de los compañeros y para finalizar, votad entre todos cuál es el anuncio contrapublicitario que más os haya gustado: por la creatividad y el ingenio demostrado a la hora de transformarlo, por la agudeza del mensaje, etc.

ACTIVIDADES FINALES

1. **Fíjate en el anuncio que aparece al margen y contesta a las preguntas.**
   a) ¿Cuál es la intención y el objetivo del anuncio?
   b) ¿A qué clase de publicidad pertenece: comercial, institucional o propagandística? ¿Por qué?
   c) A partir del tema, escribe una oración coordinada del tipo que prefieras e indica cuál es el nexo.

2. **Organiza tus ideas.** Completa en tu cuaderno este mapa mental sobre la publicidad.

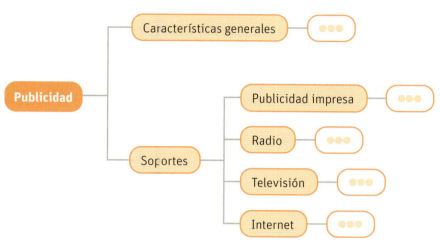

3. **Convierte en tu cuaderno las siguientes oraciones en coordinadas. Después, señala qué nexos has añadido.**
   a) Eva y yo nos encontramos en el cine por casualidad. No íbamos a ver la misma película.
   b) Raúl se encuentra mal. No puede ir al viaje.
   c) Laura ha estudiado muchos años de interpretación. Ahora está pensando en dedicarse al canto.
   d) Llegó el invierno. Hace calor para esta época del año.
   e) Sergio es muy responsable. Le gusta tener todo bajo control.

4. **Lee el siguiente texto y realiza las actividades en tu cuaderno.**

   > EL PAÍS, jueves 16 de enero de 2020   7
   >   NOTICIAS
   >
   > ## El algoritmo desafía al instinto en la toma de decisiones editoriales
   >
   > Los grandes grupos empiezan a apoyarse en el análisis del 'big data' para identificar la personalidad de sus lectores y qué títulos quieren para acotar el margen comercial de error.

   a) ¿A qué género periodístico crees que pertenece este texto? ¿Por qué?
   b) Busca en el titular y el subtítulo todas las formas verbales y clasifica las oraciones según sean simples o compuestas.
   c) Fíjate en la entradilla. ¿Qué tipo de oración coordinada es? ¿Aparece un nexo? ¿Cuál es?

ACTIVIDADES FINALES

5. Clasifica estas oraciones coordinadas según el significado de sus nexos.

a) No solo no vino Sergio, sino que no avisó a nadie.

b) Nadia descubrió su fiesta sorpresa; no obstante, tenemos aún un as en la manga.

c) La pelota rebotó hasta el primer piso y luego bajó a toda velocidad.

d) Íbamos a jugar a las cartas, pero Pablo no quería.

e) O pelas las patatas o cortas los pimientos.

6. Analiza sintácticamente las oraciones de la actividad anterior.

7. Completa este texto añadiendo los nexos que consideres adecuados.

> Ha habido un nuevo caso de avistamiento de "extrañas luces flotantes". Este avistamiento tiene en vilo a la población de Nueva Villa. La base en la Tierra ha recibido ya cuatro informes este mes. Nadie se lo explica. Cada dos tardes, a eso de las tres, unas pequeñas bolas de luz azulada sobrevuelan el asentamiento. Después se marchan. No parecen amenazantes. Los colonos no pueden acercarse. Las luces se alejan asustadas. Esperan instrucciones.

8. Sustituye todos los verbos de las siguientes oraciones por el sinónimo más apropiado.

a) Pon el cuadro en su lugar correspondiente.

b) ¿Hacemos el trabajo de clase juntos?

c) ¡Ojalá no tuviera que marcharme mañana!

d) En la reunión del martes se dijeron asuntos cruciales para la empresa.

e) La palabra *camión* tiene tilde en la *o*.

9. Clasifica estas onomatopeyas en tu cuaderno en una tabla como esta y explica qué significan. Recuerda que algunas de ellas pueden tener más de un significado.

| ¡crash! | ¡achís! | ¡buaaa! | ¡auuu! | ¡paf! | ¡pop! | cof, cof |
| ¡muak! | ñam, ñam | zzzzzzzz | ¡brrrum, brrrum! | | | croac |

Voces humanas	Ruidos artificiales	Sonidos humanos	Sonidos de animales
●●●	●●●	●●●	●●●

10. Completa estos enunciados con una interjección del tipo que se indica.

a) ●●● (*Sorpresa*) ¡No sabía que veníais!

b) ●●● (*Dolor*) Creo que me he roto algo.

c) ●●● (*Miedo*) ¡No saltes así de repente!

d) ●●● (*Alegría*) ¡Tenemos entradas para el concierto!

e) ●●● (*Desprecio*) No le des vueltas, no merece la pena.

11. Escribe una breve historia en la que incluyas los enunciados de la actividad anterior. Una vez hecha, revísala y sustituye por sinónimos aquellas palabras que se repitan.

VALORA LO APRENDIDO Autoevaluación.

SOY COMPETENTE — RECETAS GRÁFICAS

Laura Valero

Comprensión lectora

1. Describe qué función cumple la parte superior del cartel de la receta, formada por un gráfico y sus textos explicativos.

2. Comenta qué datos aporta cada franja del gráfico sobre la palabra que lo acompaña.

3. Fíjate de nuevo en las franjas del gráfico. ¿Crees que se trata de un plato equilibrado? Justifica tu respuesta.

Reflexiona sobre la lengua

4. Observa estas palabras del texto y clasifícalas según su categoría gramatical.

    antes   remojo   cuando
    machacamos   nuevo   para

5. Explica en tu cuaderno si se trata o no de un texto expositivo y justifica tu respuesta.

6. Convierte el cartel en la campaña publicitaria de un restaurante. ¿Qué elementos añadirías?

Escribe

7. Imagina que debes crear contenido para la sección de nutrición de la página del Ministerio de Sanidad, Consumo y Bienestar Social y elabora un texto argumentativo sobre la fabada asturiana.

   - Investiga sobre el valor nutricional de los alimentos que forman parte de la fabada.
   - Piensa en cuál es la proporción adecuada de cada alimento y explica por qué.
   - Reflexiona sobre cuál debe ser el consumo mensual apropiado para esta comida calórica.

6 CONEXIONES

En esta unidad aprenderás...

- Los textos científicos y tecnológicos. Los textos académicos
- Las oraciones subordinadas sustantivas
- Los errores de concordancia
- Los cambios en el significado de las palabras

Observa

1. Observa la fotografía y responde.
   a) ¿Qué lugar aparece en la imagen?
   b) ¿Qué profesionales trabajan en él? ¿A qué crees que se dedican?
   c) ¿Cómo puede influir en nuestra vida cotidiana lo que se hace en este lugar?
   d) ¿Cómo crees que comunican y difunden sus avances y hallazgos?

ESCUCHA el audio

2. Escucha este audio y responde a las preguntas.
   a) ¿Qué desarrollo tiene actualmente la ciencia?
   b) ¿Qué ámbitos se investigan?
   c) ¿De qué manera se aprovecha el conocimiento científico?
   d) ¿Cómo se comunica el conocimiento científico y tecnológico?

Habla

3. ¿Crees que es necesario que se realice una inversión en ciencia? ¿Por qué?

4. ¿Qué beneficios aporta el avance científico a nuestra vida? Pon ejemplos.

Primera Ley

>> Los ingenieros Donovan y MacFarlane son expertos en robótica y saben que todos los robots están programados para cumplir tres leyes, la primera de las cuales dice: "Un robot no hará daño a un ser humano o, por inacción, permitirá que un ser humano sufra daño". Pero la tecnología ha evolucionado tanto que no siempre es fácil cumplir esa ley.

Mike Donovan contempló su jarra de cerveza vacía, aburrido, y decidió que ya llevaba demasiado tiempo escuchando. Dijo en voz alta:

—Ya que estamos hablando de robots fuera de lo común, yo conocí a uno que había desobedecido la Primera Ley.

5 Como esto era completamente imposible, todo el mundo dejó de hablar y se giró para mirar a Donovan.

Donovan maldijo su bocaza de inmediato y cambió de tema.

—Ayer oí una buena —dijo, como si tal cosa— sobre...

MacFarlane, en la silla junto a Donovan, preguntó:

10 —¿Te refieres a que conociste a un robot que había hecho daño a un ser humano?

Eso era lo que significaba desobedecer la Primera Ley.

—En cierto modo. Decía que oí una sobre...

—Cuéntanoslo —le ordenó MacFarlane. Algunos de los otros aporrearon la mesa con sus jarras de cerveza.

15 Donovan hizo de tripas corazón.

—Sucedió en Titán hace más o menos diez años —dijo, pensando rápidamente—. Sí, fue en el 25. Acabábamos de recibir un cargamento de tres robots último modelo, especialmente diseñados para Titán. Eran los primeros modelos MA. Los llamamos Emma Uno, Dos y Tres. —Chasqueó los dedos para pedir otra cerveza y
20 se quedó mirando fijamente al camarero—. Veamos, ¿qué ocurrió a continuación?

MacFarlane dijo:

—Llevo media vida en robótica, Mike. Es la primera vez que oigo el código de serie MA.

—Eso es porque sacaron los MA de las líneas de montaje inmediatamente después... de lo que voy a contaros. ¿No te acuerdas?

25 —Pues no.

Donovan se apresuró a continuar.

—Pusimos los robots a trabajar sin perder tiempo. Veréis, hasta entonces la Base había quedado totalmente inservible durante la estación de las tormentas, que dura el ochenta por ciento de la revolución de Titán alrededor de Saturno. Durante
30 las tremendas nevadas, uno no podía encontrar la Base aunque la tuviera a tan solo cien metros de distancia. Las brújulas no sirven de nada, puesto que Titán carece de campo magnético.

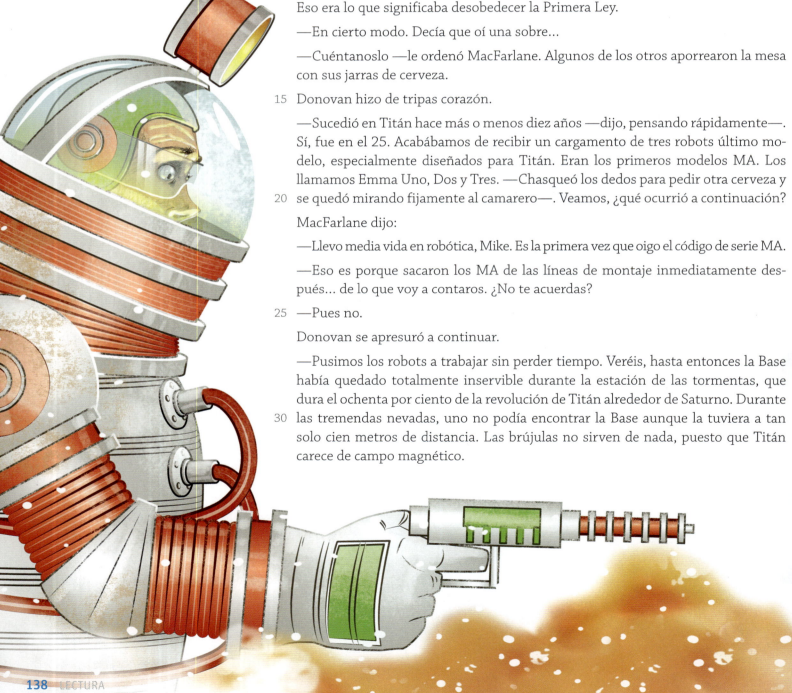

» La ventaja de estos robots MA, sin embargo, era que estaban equipados con vibro-detectores de nueva generación, por lo que podían encontrar la ruta más corta hasta la Base a través de cualquier cosa, lo que significaba que las excavaciones podrían realizarse a lo largo de toda la revolución. Y no digas nada, Mac. Los vibrodetectores también fueron retirados del mercado, por eso no has oído hablar de ellos. —Donovan carraspeó—. Secreto militar, entiéndelo.

Continuó:

—Los robots funcionaron bien durante la primera estación de tormentas, pero al comienzo de la estación tranquila, Emma Dos empezó a comportarse de forma extraña. No dejaba de extraviarse por las esquinas y debajo de los bultos, y había que engatusarla para que saliera. Al final se alejó de la Base para no regresar. Decidimos que debía de haber un fallo de fabricación y nos apañamos con los otros dos. Aun así, eso significaba que estábamos faltos de personal, robótico al menos, así que cuando hacia el final de la estación tranquila alguien tuvo que viajar a Kornsk, me ofrecí voluntario para arriesgarme a realizar el trayecto sin ningún robot. Parecía seguro; no se preveían tormentas hasta dentro de dos días y volvería tras veinte horas en el exterior.

» Había emprendido el camino de regreso... Me encontraba a unos quince kilómetros de la Base... cuando empezó a soplar el viento y a condensarse en el aire. Aterricé el aerococche inmediatamente antes de que el viento pudiera aplastarlo, encaré la dirección de la Base y empecé a correr. Podía cubrir la distancia sin problemas gracias a la baja gravedad, ¿pero podría hacerlo en línea recta? Esa era la cuestión. Mi suministro de aire era amplio y las bobinas caloríficas de mi traje, satisfactorias, pero quince kilómetros en una tormenta de Titán se hacen eternos.

»Entonces, cuando las cortinas de nieve ya lo habían convertido todo en un crepúsculo oscuro y viscoso, incluso con Saturno apagado y el Sol reducido a un puntito pálido, frené en seco y me recliné contra el viento. Había un pequeño objeto oscuro justo enfrente de mí. Casi no podía distinguirlo, pero sabía lo que era. Se trataba de una cría de las tormentas, el único ser vivo capaz de resistir una tormenta de Titán, y la criatura más feroz que haya existido jamás. Sabía que mi traje espacial no me protegería si se abalanzaba sobre mí, y con la mala iluminación tendría que confiar en un tiro a quemarropa o no atreverme a disparar. Si fallaba, estaba perdido.

>> **Isaac Asimov**

De origen ruso, Asimov (1920-1992) emigró a Estados Unidos con su familia siendo niño y se convirtió en uno de los autores de ciencia ficción más prolíficos e influyentes. También escribió numerosas obras de divulgación científica e histórica.

Algunas de sus historias, como *Yo, robot* o *El hombre bicentenario*, han sido adaptadas al cine.

65 » Retrocedí lentamente y la sombra me siguió. Acortó la distancia y yo ya estaba levantando mi desintegrador, con una plegaria, cuando de repente se cernió sobre mí una sombra más grande que me hizo gritar de alivio. Era Emma Dos, el robot MA perdido. No me paré a preguntarme qué le habría pasado ni a preocuparme por qué habría desaparecido. Únicamente chillé:

70 »—Emma, bonita, acaba con esa cría de las tormentas y llévame de regreso a la Base.

» Se me quedó mirando como si no me hubiera oído y respondió:

»—Amo, no dispare. No dispare.

» Se abalanzó sobre aquella cría de las tormentas a toda velocidad.

75 »—¡Acaba con ese condenado bicho, Emma! —exclamé. Llegó hasta la cría, la levantó en volandas... y siguió corriendo. Grité hasta desgañitarme, pero no regresó. Me abandonó a mi suerte en medio de la tormenta.

Donovan hizo una pausa dramática.

—Ya conocéis la Primera Ley, por supuesto: ¡un robot no debe dañar a ningún ser
80 humano ni, por inacción, permitir que un ser humano sufra daño! Pues bien, Emma Dos sencillamente se largó corriendo con aquella cría de las tormentas y me dejó al borde de la muerte. Rompió la Primera Ley. [...]

—¿Y cuál era la explicación? —quiso saber MacFarlane.

Donovan lo miró con gesto serio.

85 —Es cierto que yo era un humano en peligro de muerte, Mac, pero para el robot había algo que tenía más prioridad que yo, más incluso que la Primera Ley. No olvidéis que estos robots pertenecían a la serie MA, y que este robot MA en particular llevaba tiempo buscando escondrijos antes de su desaparición. Era como si esperara que ocurriese algo especial... e íntimo. Al parecer, así fue.

90 Donovan miró al techo reverentemente y concluyó, con voz temblorosa:

—Aquella cría de las tormentas no era tal. Le pusimos el nombre de Emma Junior cuando Emma Dos apareció con ella. Emma Dos la había protegido de mi pistola. ¿Qué es la Primera Ley comparada con los lazos sagrados del amor de madre?

Isaac Asimov: *El robot completo*, Alamut

1. Completa esta oración, que explica de qué trata el texto, utilizando las siguientes palabras.

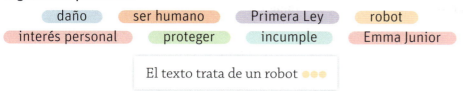

El texto trata de un robot ●●●

2. ¿Qué idea principal pretende transmitir el autor de este texto?
   A. El rápido avance de la ciencia y la tecnología supone un grave peligro para el ser humano.
   B. La evolución de la inteligencia artificial puede llegar a límites que el ser humano ni imagina.
   C. En un futuro próximo, las máquinas remplazarán el trabajo humano.

3. Mike Donovan cree ver, en mitad de la tempestad, una cría de las tormentas, una criatura muy feroz y el único ser vivo capaz de sobrevivir a una tormenta de Titán. Pero ¿qué es en realidad lo que él ve?

4. Para obtener un resumen del texto, escribe en tu cuaderno una oración para cada viñeta y numéralas según el orden de la historia.

5. Observa la siguiente frase hecha que aparece en el texto. ¿De qué otra manera podrías decir lo mismo? Escoge la opción más adecuada.

Donovan hizo de tripas corazón.

A. Donovan se negó rotundamente.
B. Donovan aceptó de buen grado.
C. Donovan se resignó y sacó fuerzas.
D. Donovan no escuchó la petición.

Relaciono palabras

6. Vuelve a leer este fragmento y responde a las preguntas.

> —Es cierto que yo era un humano en peligro de muerte, Mac, pero para el robot había algo que tenía más prioridad que yo, más incluso que la Primera Ley. No olvidéis que estos robots pertenecían a la serie MA, y que este robot MA en particular llevaba tiempo buscando escondrijos antes de su desaparición. Era como si esperara que ocurriese algo especial... e íntimo. Al parecer, así fue.

a) ¿A qué se refiere con la expresión *así fue*?

A. A que Emma Dos llevaba tiempo buscando escondrijos.

B. A la desaparición de Emma Dos.

C. A que a Emma Dos le ocurrió algo especial e íntimo.

b) ¿Qué crees que ocurrió?

Relaciono significados

7. La biografía de Isaac Asimov indica que escribió obras de divulgación científica e histórica. A partir de la definición de *divulgar*, explica qué caracteriza a estas obras.

divulgar. v. Publicar, dar a conocer o poner al alcance de mucha gente.

Me fijo en la forma

8. En el fragmento del texto aparecen comillas de cierre (») al inicio de algunos párrafos. ¿Qué utilidad crees que tienen esas comillas?

A. Indicar las intervenciones de los diferentes personajes de la historia.

B. Añadir incisos para proporcionar al lector aclaraciones sobre la historia.

C. Continuar con la narración de la historia que Mike Donovan está relatando al resto de personajes.

9. Imagina que este texto es llevado al cine. ¿Cómo crees que se representaría para que el espectador pueda diferenciar las dos narraciones que aparecen en la historia?

10. Este texto pertenece al género de la ciencia ficción. ¿Puedes deducir qué características son propias de este género? Selecciónalas y escribe un ejemplo de cada una extraído del propio texto.

A. Los personajes son ficticios.

B. La historia sucede en una época presente o futura.

C. Los personajes son dioses o héroes fantásticos.

D. La acción se desarrolla en la Tierra o en lugares inexplorados.

E. Se narran hechos históricos.

F. La historia se basa en supuestos logros científicos o técnicos alcanzados por la humanidad.

G. Da posibles explicaciones a cuestiones naturales o religiosas.

Pienso en lo que dice el texto

11. Teniendo en cuenta que los robots se crearon con la finalidad de servir a los humanos, ¿cuáles podrían ser las otras dos leyes que deberían cumplir los androides?

PRACTICA Sigue trabajando la comprensión lectora con otro texto.

142 COMPRENSIÓN LECTORA

12. Imagina que eres ingeniero y quieres crear un robot. ¿Con qué objetivo lo harías? Sigue los siguientes pasos.

Paso 1. Indica cuáles serán las utilidades de tu robot. A continuación tienes algunas ideas de robots funcionales. Puedes escoger alguno de estos o inventar tú otro diferente.

Paso 2. Una vez que hayas decidido para qué sirve el robot, haz una lista con todas sus capacidades.

Paso 3. Imagina qué forma tendrá y describe brevemente todas sus partes, indicando cuál es su función y de qué material están hechas.

13. En el texto de Asimov los robots tienen una máxima, conocida como Primera Ley, que consiste en proteger a los humanos por encima de cualquier cosa. Ahora que ya has diseñado tu propio robot, piensa cuál sería la norma fundamental a la que no podría oponerse y que constituiría su Primera Ley. Justifica tu respuesta.

14. Algunas personas piensan que en el futuro muchos de los trabajos que desempeñamos los humanos serán realizados por máquinas. ¿Qué opinas sobre esto? Dividíos en dos grupos, uno a favor y otro en contra de esta afirmación, y organizad un debate en clase.

- Primero, pensad argumentos para defender vuestras opiniones. A continuación tenéis algunas ideas:

A favor
- Ya hay muchos trabajos que han desaparecido porque existen máquinas capaces de hacerlos.
- La inteligencia artificial avanza muy rápidamente y los robots cada vez son capaces de hacer más cosas.

En contra
- Los humanos tenemos que seguir trabajando para vivir.
- Por mucho que avance la tecnología, hay trabajos que no pueden ser realizados por un robot, sobre todo los relacionados con la educación.

- También debéis pensar en posibles réplicas para responder a los argumentos del otro equipo. ¿A qué conclusión habéis llegado?

15. En el relato que has leído, Emma Dos se enfrenta a un dilema moral: salvar al humano o salvar a Emma Junior, y, por tanto, desobedecer la Primera Ley. ¿Crees que la decisión que toma es propia de un robot o de un ser humano? Comentad vuestra opinión de forma oral entre todos.

Los textos científicos y tecnológicos

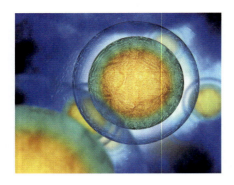

1. Lee el siguiente texto y contesta a las preguntas.

> **La célula**
>
> Los seres humanos somos solo una parte de la gran diversidad de organismos que habitan el planeta Tierra. A pesar de las diferencias que nos separan, hay un hecho importante que compartimos con el resto de los seres vivos: estamos formados por células.
>
> La célula es la unidad básica con la que están constituidos todos los seres vivos. Es, además, la mínima unidad capaz de realizar todas las funciones que caracterizan a un ser vivo.
>
> El tamaño de las células varía entre 5 y 120 micrómetros, lo que las hace invisibles a nuestros ojos. Para poder observarlas se utilizan los microscopios, que aumentan el tamaño de las imágenes. Con los microscopios ópticos se consiguen unos 1500 aumentos, y con los microscopios electrónicos se alcanzan los 106 aumentos. […]
>
> Tu organismo está compuesto por decenas de billones de células que están en continua renovación. Por ejemplo, de la parte más externa de tu piel se desprenden continuamente miles y miles de células ya muertas.
>
> 3.º ESO Biología y Geología, Proyecto Savia, SM

a) ¿Cuál es el tema del texto?
b) ¿Qué estructura tiene? Inventa un título para cada apartado.
c) Di a qué tipo de personas va dirigido el texto y especifica qué clase de conocimientos previos deberían tener para comprenderlo.
d) ¿Qué lenguaje se utiliza en el texto? ¿Es accesible para el público general?
e) Localiza algunos términos empleados en el fragmento que no pertenezcan al registro estándar.

Los textos científicos y tecnológicos son textos **expositivos** que sirven para explicar de **forma objetiva** la **información científica y tecnológica**, es decir, la que se extrae de investigaciones y experimentos. Su principal objetivo es **difundir conocimiento**.

La ciencia es el conjunto de conocimientos obtenidos mediante la observación y el razonamiento y de los cuales se deducen principios y leyes. La tecnología permite la aplicación práctica del conocimiento científico. Los textos de uno y otro ámbito tienen muchas características en común.

El **emisor** de este tipo de textos siempre es **especialista en la materia**, pero el receptor, en cambio, no necesariamente lo es. Por eso, la complejidad de este tipo de textos se gradúa en función de la intención del emisor y de los conocimientos sobre el tema que tenga el receptor:

- **Textos especializados.** Están escritos pensando en un receptor con conocimientos científicos y tecnológicos amplios y que es especialista en la materia sobre la que trata el texto.
- **Textos divulgativos.** Están destinados al público en general, es decir, a los lectores no especializados en la materia.

2. Explica en tu cuaderno por qué los textos científicos son expositivos.

3. Lee estos textos y responde a las preguntas en tu cuaderno.

①

https://www.investigacionyciencia.es

Los superconductores son materiales en los que los electrones fluyen sin resistencia. Y aunque la mayoría de ellos presenta un solo "carril", un trabajo reciente ha descubierto un compuesto capaz de transportar la corriente eléctrica en ambos sentidos a la vez.

El material, conocido como b-Bi_2Pd, consta de una fina lámina cristalina de bismuto y paladio. Cuando se le da la forma de un anillo, muestra la exótica propiedad de hacer circular la corriente en el sentido de las agujas del reloj y al contrario al mismo tiempo.

JIM DALEY: "Bucle cuántico" en *Investigación y ciencia*

②

REVISTA   ABRIL

Nuestro ADN es el manual de instrucciones de nuestro cuerpo. Es como un libro hecho de una sola palabra con un alfabeto de cuatro letras (ATGC) que se repiten de maneras diferentes, en combinaciones de esos cuatro elementos tomados de tres en tres (lo que llamamos código genético).

Una de las peculiaridades de ese ADN es la poca variación que presenta en una misma especie. Por ejemplo, el de todos los seres humanos que vivimos en el planeta se parece muchísimo. Es decir, si comparásemos letra a letra en el mismo orden los "alfabetos" de dos perfectos desconocidos, ambos se parecerían en un 99 %.

ANA M.ª ROJAS: "Lo que nos cuenta de ti el ADN", en *SEBBM*

a) ¿Cuál es el tema de cada fragmento? ¿Te ha resultado complicado entender los textos? ¿Por qué?

b) ¿Cuál de los dos dirías que es especializado y cuál divulgativo? ¿Por qué?

Características lingüísticas de los textos científicos y tecnológicos

Los textos científicos y tecnológicos comparten muchas características lingüísticas. Algunas de ellas son las siguientes:

- **Léxico denotativo.** Buscan la claridad en la exposición, evitan los dobles sentidos, la polisemia o el empleo de recursos expresivos.
- **Terminología técnica.** Se usan términos específicos de la materia que se está tratando y que, habitualmente, solo conocen los especialistas. También abundan los cultismos, los neologismos y las abreviaturas.
- **Verbos en presente.** Estos tiempos verbales permiten presentar la información como una verdad absoluta y general.
- **Modalidad oracional enunciativa.** Por su carácter objetivo, en estos textos predomina esta modalidad. Las modalidades subjetivas pueden aparecer puntualmente en los textos divulgativos.
- **Abundancia de conectores.** Establecen las relaciones lógicas entre las ideas.

Además, utilizan **imágenes y esquemas** que complementan la información.

Los textos científicos y tecnológicos

4. Lee el texto y responde a las preguntas.

> Varios factores explican la extrema aridez del Atacama, en cuyo núcleo hiperárido llueven, en el mejor de los casos, 2 L por m^2 al año.
>
> Por un lado, el aire húmedo de los valles amazónicos situados al este del desierto choca con la cordillera de los Andes (cuya altura supera allí los 6000 m) y descarga toda la lluvia en la vertiente oriental; por tanto, cuando llega a la vertiente occidental (donde se sitúa el desierto) apenas contiene humedad. Es lo que se conoce como "sombra de lluvia" o efecto Föhn.
>
> Por otra parte, las aguas frías de la corriente de Humboldt, que ascienden desde el polo sur en dirección al ecuador y bañan las costas de Chile, presentan una escasa evaporación en esta zona. Las pocas nubes (más bien neblinas) que se forman frente al Atacama son detenidas por la cordillera de la Costa (cuya altura varía entre unos 1000 y 3000 m, aproximadamente), que bordea el desierto en la parte occidental. Finalmente, las grandes masas de aire húmedo de las regiones ecuatoriales, tras descargar sobre los extensos bosques lluviosos de esta zona, suben en la atmósfera para volver a descender, ya sin agua, justo en la latitud en la que se ubica el desierto.
>
> Todos esos factores constituyen la ecuación perfecta que condena a esta región a ser la más seca del planeta.
>
> A. Azúa, C. González: "Buscando vida en el Atacama", en Investigación y ciencia

a) ¿Crees que es un texto científico? Justifica tu respuesta.

b) Busca las características lingüísticas propias de este tipo de textos. Pon ejemplos extraídos del fragmento.

c) Observa estas fotografías. ¿Con cuál acompañarías el texto? ¿Por qué?

d) Fíjate en los párrafos que forman el texto y explica qué información aporta cada uno de ellos.

Estrutura de los textos científicos y tecnológicos

Los textos científicos y tecnológicos se ajustan a la **estructura** de los textos expositivos, es decir, se organizan en tres partes:
- **Presentación** del tema.
- **Desarrollo** detallado de los distintos aspectos del tema. Puede haber también subapartados.
- **Conclusión o síntesis**, que expone las ideas principales del tema tratado.

5. Vuelve a leer el texto de la actividad 4 y comprueba si sigue la estructura propia de los textos científicos y tecnológicos.

Los textos académicos

6. Fíjate en este esquema y responde a las preguntas.

Las propiedades textuales		
Adecuación	**Coherencia**	**Cohesión**
Propiedad por la cual un texto se adapta a las circunstancias de la situación comunicativa, a la intención del emisor y al receptor.	Propiedad que permite entender el texto como una unidad global de sentido, en la que se distinguen un tema central y el orden de las ideas.	Propiedad del texto por la cual los distintos elementos lingüísticos que lo integran están conectados entre sí por medio de diferentes recursos.

a) ¿Dónde crees que podrías encontrar un texto como este? Escoge la opción más adecuada y justifica tu respuesta.

   A. En un periódico.

   B. En un libro de texto.

   C. En una revista de ciencia.

b) ¿Qué tipo de texto es: argumentativo, expositivo, de opinión...? ¿Por qué?

En el ámbito de la educación y la investigación se producen una gran cantidad de textos, tanto orales como escritos, resúmenes, exámenes, exposiciones orales, esquemas, etc. Estos textos reciben el nombre de textos académicos.

Los textos académicos son los que se desarrollan en el ámbito académico y científico y su objetivo principal es **comunicar una enseñanza**.

La mayoría de los textos académicos presentan una **tipología expositiva**, ya que su finalidad es explicar conceptos para que sean comprendidos. No obstante, también incluyen, aunque de forma secundaria, otras tipologías textuales como la argumentativa, la instructiva y la descriptiva.

Además, utilizan un alto grado de **formalidad** y pretenden ser **objetivos** y **universales**.

7. Lee el texto y responde a las preguntas en tu cuaderno.

La articulación de los sonidos del lenguaje

Cuando el aire que sale por la faringe encuentra el velo del paladar levantado, de manera que toque a la cara posterior de la faringe, la salida del aire se produce por la boca, y el sonido resultante es *bucal*. Si el velo del paladar está caído, deja una abertura por la cual se dirige el aire a las fosas nasales y sale por las ventanas de la nariz; en este caso, el sonido es nasal. [...]

El lugar de la cavidad bucal donde se produce el contacto o estrechamiento necesario para articular un sonido se llama punto de articulación. Intervienen en la articulación órganos fijos o pasivos (dientes, alvéolos, paladar) y órganos movibles o activos (maxilar inferior, labios, lengua, velo del paladar).

S. Gili Gaya: *Elementos de fonética general*, Gredos

a) ¿Crees que es un texto académico? ¿Por qué?

b) ¿Qué tipología o tipologías textuales identificas en él?

Los textos académicos

Características lingüísticas de los textos académicos

Los textos académicos suelen tener unas características lingüísticas enfocadas a transmitir conocimientos de manera objetiva. Algunas de ellas son:

- **Modalidad oracional enunciativa.** El uso de esta modalidad propicia la objetividad del texto.
- **Ausencia de marcas del emisor.** Se utilizan, normalmente, la tercera persona, las construcciones impersonales, el plural inclusivo, el plural de modestia y la oración pasiva.
- **Presente.** Se suele emplear este tiempo verbal con valor atemporal.
- **Recursos para facilitar la comprensión.** Se intenta posibilitar la comprensión mediante aposiciones, reformulaciones, aclaraciones, ejemplos...

8. Lee el siguiente texto y responde a las preguntas en tu cuaderno.

¿Qué son los volcanes?

Un volcán es una montaña o cerro que tiene una apertura por la cual pueden escapar materiales gaseosos, líquidos o sólidos desde el interior de la Tierra. Un volcán es una fisura de la corteza terrestre sobre la cual se acumula un cono de materia fundida y sólida que es lanzada a través de la chimenea desde el interior de la Tierra. En la cima de este cono hay una formación cóncava llamada cráter. Cuando se produce actividad en un volcán, se dice que el volcán está en erupción. [...]

Estructura

Las partes de un volcán son: la cámara magmática, la chimenea, él cráter y el cono volcánico.

https://www.ecoexploratorio.org

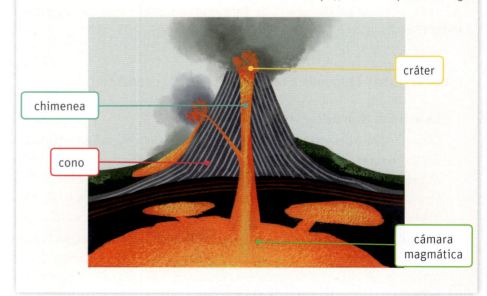

a) ¿Qué características lingüísticas propias de este tipo de texto localizas? Pon ejemplos.

b) ¿Qué función crees que tiene la imagen?

c) ¿Te resulta fácil comprender el texto? Justifica tu respuesta.

Estructura de los textos académicos

Los textos académicos suelen seguir esta estructura:

- **Introducción.** Se especifican los objetivos del texto, se presenta el tema y se avanzan los aspectos más relevantes del mismo.
- **Desarrollo.** Se trata el tema de manera extensa. La información aparece ordenada según las necesidades del tipo de tema del que se trate: de manera jerárquica, cronológica, ejemplificadora...
- **Conclusión.** Se sintetizan los aspectos más relevantes en forma de resumen.

9. Vuelve a leer el texto de la actividad 8 y escribe otro texto que sirva como introducción previa al desarrollo del tema.

10. Dividíos en varios grupos y redactad un breve texto académico sobre un tema de vuestro interés.

> Para elaborar textos académicos, se debe dividir la tarea en tres fases:
>
> 1. **Preparación y documentación:** investigar y seleccionar el tema del que tratará el texto.
> 2. **Redacción:** elaborar el trabajo teniendo en cuenta la estructura de los textos académicos.
> 3. **Revisión:** repasar el texto una vez terminado para comprobar que la información es clara y está bien escrita.

Podéis seguir estos pasos para realizar el texto adecuadamente.

Paso 1. Escoged entre todos la idea principal sobre la que escribiréis vuestro trabajo. Podéis aprovechar para preparar algún tema de otra asignatura que tengáis que estudiar para un examen próximo.

Paso 2. Buscad y seleccionad la información necesaria para la elaboración del trabajo. Podéis acudir a páginas web oficiales, enciclopedias, revistas digitales o en papel, libros epecializados... También podéis encontrar información que os resulte interesante en entrevistas, programas de televisión o museos. Dividíos la tarea para que la búsqueda sea más rápida.

Paso 3. Realizad un esquema con la información que habéis recopilado, incluyendo las fuentes que habéis consultado.

Paso 4. Redactad el texto ordenando la información. También debéis añadir una portada con el título de tu trabajo, el índice con los apartados del trabajo y la bibliografía con las fuentes de las que has obtenido la información.

Paso 5. Por último, revisad el texto entre todos. Fijaos en que la información sea correcta, comprensible y no tenga errores ortográficos.

11. Observa la siguiente cita bibliográfica y contesta a las preguntas.

> GOMBRICH, ERNEST H.: *Breve historia del mundo*, Ediciones Península, 1999

a) ¿Por qué es necesario incluir esta información en un trabajo académico?

b) ¿Cuándo se publicó esta obra? ¿Piensas que es importante conocer ese dato a la hora de utilizar la obra como fuente para escribir un texto académico? Justifica tu respuesta.

COMUNICACIÓN **149**

Las oraciones subordinadas sustantivas

1. Observa las oraciones destacadas en esta conversación. ¿Tendrían sentido si aparecieran solas? ¿Por qué lo crees?

Te agradezco que me ayudes.

Quiero saber si puedo hacer algo más.

Las oraciones subordinadas reciben este nombre porque **dependen sintáctica y semánticamente**, o bien de otra oración denominada principal, o bien de algún elemento de la **oración principal**.

Según la función que desempeñen dentro de la oración principal, se agrupan en subordinadas sustantivas, subordinadas de relativo y otras subordinadas.

Me preocupa **que tarde**.
O Sub Sust/Suj

Salían de ahí las hormigas **que vimos ayer**.
O Sub Rel/CN

¿Vemos una película **mientras llegan**?
O Sub Temp/CCT

Las oraciones **subordinadas sustantivas** son las que desempeñan las funciones sintácticas propias de un grupo nominal.

Es bueno   que conozcas otros lugares.
GV/Pred   O Sub Sust/Suj

Preguntó   si conocía otros lugares.
V/N   O Sub Sust/CD
           GV/Pred

---

2. Indica cuáles de las oraciones destacadas son subordinadas sustantivas.

   A. Es importante que me llames.
   B. Las gafas que se compró están sobre la mesa.
   C. Se alegró de recibir noticias tuyas.
   D. Las invitamos a cenar, pero no pudieron venir.
   E. ¿Sabes dónde está Mario?

3. Escribe en tu cuaderno estas oraciones y subraya las subordinadas sustantivas que aparecen.

   a) Me preocupa que tarde tanto.
   b) No olvides que mañana es viernes.
   c) No sé si vendrá a la fiesta.
   d) Es mejor que Macarena regrese ya a casa.

4. Sustituye las subordinadas sustantivas de la actividad anterior por un grupo nominal.

Los nexos más habituales que introducen las oraciones subordinadas sustantivas son los siguientes:

- La **conjunción** *que* (precedida o no de preposición). Aparece en todas las oraciones con verbo en forma personal, excepto en las interrogativas indirectas: *Me encanta **que estés contento***.
- La **conjunción** *si*. Introduce oraciones interrogativas indirectas totales: *No sé **si estás contento***.
- Los **determinantes y pronombres interrogativos** *qué*, *cuál/-es*, *quién/-es* y los **adverbios interrogativos** *cómo*, *cuándo*, *cuánto* y *dónde*. Introducen interrogativas o exclamativas indirectas parciales. Estos nexos siempre desempeñan una función dentro de la subordinada: *No recuerdo **qué me dijo**. No recuerdo **cuándo me lo dijo***.
- Cuando el verbo está en infinitivo, las oraciones subordinadas suelen aparecer sin ningún nexo: ***Levantarse temprano** tiene sus ventajas. ¿Te apetece **ir al teatro hoy**?*

5. Señala las oraciones subordinadas sustantivas. Después, indica cuál es el nexo que las introduce y su categoría gramatical. ¿Hay alguna oración en la que no aparezca un nexo?

A. Todos sabían cómo se había producido el accidente.

B. ¿Te dijo dónde estaban las llaves?

C. Explicar las cosas aclara las ideas.

D. Prefiero que vengas hoy.

E. La restauradora preguntó quién era el autor del cuadro

F. Preguntaron qué había para comer.

G. Me alegro de que hayas aprobado el examen.

6. Completa los siguientes enunciados con oraciones subordinadas sustantivas. ¿Qué nexos has empleado?

a) Es evidente ●●●.

b) A Mónica le encanta ●●●.

c) ¿Ya han averiguado ●●●?

d) ●●● fue la solución.

e) Aún no sabemos ●●●.

f) Lamento ●●●.

7. Escribe en tu cuaderno dos oraciones subordinadas sustantivas con nexos distintos para cada una de las siguientes escenas. Después, analízalas sintácticamente.

Las oraciones subordinadas sustantivas

Funciones de las oraciones subordinadas sustantivas

8. Explica por qué la oración marcada es una subordinada sustantiva. ¿Qué función realiza dentro de la oración principal?

¿Sabes qué ha pasado aquí?

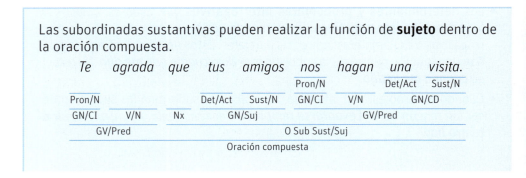

9. Indica cuáles de estas oraciones subordinadas sustantivas tienen función de sujeto.

A. Es probable que ya hayan llegado todos.

B. No me gusta que habléis mal de nadie.

C. Me da miedo que practiques deportes de riesgo.

D. ¿Quieres subir a esa torre?

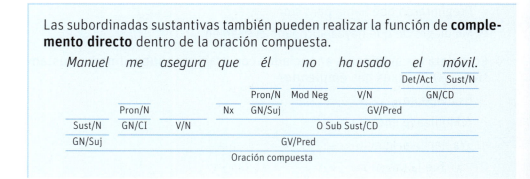

10. Observa este diálogo y responde a las preguntas siguientes.

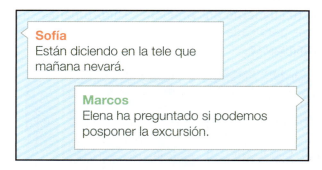

Sofía: Están diciendo en la tele que mañana nevará.

Marcos: Elena ha preguntado si podemos posponer la excursión.

a) ¿Qué nexos introducen las oraciones subordinadas?

b) Explica la función de las subordinadas sustantivas en las oraciones.

11. Sustituye las oraciones subordinadas sustantivas destacadas por un pronombre. Después, di cuáles de ellas realizan la función de sujeto y de complemento directo.

a) No olvides que tienes hora para el dentista.

b) Espero que me llames esta tarde.

c) Prefiero que me llames más tarde.

d) Que llegues tarde no me parece bien.

Las subordinadas sustantivas pueden realizar la función de **término de la preposición**. A su vez, el grupo preposicional del que forma parte el término de la preposición puede desempeñar estas funciones dentro de la oración:

Complemento indirecto	Atribuyó el problema **a que el motor era viejo**.
Complemento de régimen	Sus amigos se alegraron **de que se recuperara**.
Complemento del nombre	Tengo la certeza **de que saldrá bien**.
Complemento de un adjetivo	No estoy seguro **de cuándo llegó**.
Complemento de un adverbio	Volvimos antes **de que lloviera**.

Observa el análisis sintáctico de esta oración subordinada sustantiva con función de término de una preposición.

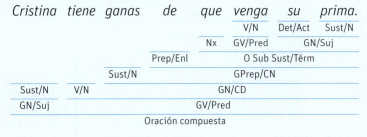

12. Señala las oraciones subordinadas sustantivas que aparecen y explica qué función desempeñan.

a) No me acuerdo de quién lo hizo.

b) Insistió mucho en que no llegáramos tarde.

c) Sigo teniendo la esperanza de que vuelva a pasar el autobús.

d) Aún estamos lejos de que el problema esté resuelto.

13. ¿Qué función desempeñan las oraciones subordinadas sustantivas en este diálogo?

> —¿Creéis que saldrá todo bien?
> —Estoy seguro de que saldrá perfectamente.
> —Yo confío en que no haya problemas.
> —Yo creo que estaremos bien.

14. Analiza sintácticamente estas oraciones.

a) Me conformo con que me llames esta semana.

b) El entrenador está cansado de que los jugadores no se esfuercen.

Los errores de concordancia

La concordancia entre los sustantivos y los adjetivos y los determinantes que los acompañan, o entre los verbos y sus sujetos, en ocasiones plantea dificultades. A continuación podrás ver algunos de los casos más frecuentes.

Periódico de la mañana — 18 de marzo de 2020

CARTAS A LA DIRECTORA

Las cartas a la directora son claves y nos ayudan a conectar con nuestros lectores. Puedes mandarnos tu punto de vista o aportación al debate. No podemos publicarlas todas, pero intentamos seleccionar lo mejor.

Envía tu carta

La ciencia es de todos

Berta Flores (Cádiz)

Me dirijo a usted en relación con el artículo que publicó en su periódico el pasado 13 de marzo con el título de *Intrusismo en la ciencia*. En este artículo, la periodista Manuela Fuentes denunciaba la constante aparición de libros de divulgación científica que, con el pretexto de hacer accesibles ciertos conocimientos al público en general, falsean el método y la manera en los que la ciencia se plantea los problemas.

Yo soy científica y en algo le doy la razón. En un mundo conectado, como en el que vivimos hoy día, la ida y venida de información es algo que hay que cuidar, porque es fácil que se tomen como científicas hipótesis y afirmaciones que no lo son.

Sin embargo, precisamente creo que esa es una de las aportaciones que la ciencia puede hacer en la sociedad actual aprovechando la popularidad de estas publicaciones pseudocientíficas: fomentar el cuestionamiento y el pensamiento crítico.

Siempre ha habido personas que han demostrado interés por la ciencia y la divulgación científica y, aunque hay que admitir que la ciencia tiene un lenguaje y una metodología propios que hay que defender, también creo que es necesario hacerla accesible a la sociedad.

La gente ya no ve a los científicos como bichos raros. Afortunadamente, eso quedó en el pasado, en aquellas películas que mostraban al investigador como una solitaria alma en su laboratorio vestido con una bata blanca, el pelo alborotado y gafas gruesas en la punta de la nariz. No creo que ninguno de mis compañeros dé ni desee dar esa imagen, sino todo lo contrario. Es positivo motivar a las personas para que se hagan preguntas y traten de hallar respuestas. Gracias por su atención.

- Los adjetivos que acompañan a sustantivos comunes en cuanto al género deben concordar con el género del ser al que designan, ya que se marca con la concordancia.

- El verbo *haber* en uso impersonal debe aparecer en tercera persona del singular.

- Si el núcleo del sujeto es un sustantivo colectivo en singular, el verbo debe ir en singular.

- Si los sustantivos coordinados que forman el sujeto se consideran una unidad, entonces el verbo aparece en singular.

- Si un adjetivo se refiere a más de un sustantivo de género diferente, debe concordar con ellos en masculino plural.

- Los sustantivos femeninos singulares que empiezan por *a* tónica recuperan el artículo en femenino cuando se intercala un adjetivo o el sustantivo va en plural.

1. Completa las siguientes oraciones en tu cuaderno añadiendo un adjetivo que concuerde con el grupo nominal destacado.

    a) Para hacer el sofrito de acompañamiento, rehoga el ajo y la cebolla ••• en el aceite.

    b) ¿Te gustan mi agenda y mi bolígrafo •••? Me los acabo de comprar.

2. Indica cuáles de los siguientes sustantivos son comunes en cuanto al género. Después, escribe una oración en la que añadas un determinante y un adjetivo que concuerde con ellos.

    A. persona   C. personaje   E. iguana   G. lince
    B. ballena   D. psiquiatra   F. ciclista H. gorila

3. En la siguiente oración, ¿por qué el sustantivo y el adjetivo señalados van en femenino si se refieren a personas de sexo masculino?

    Las víctimas, dos chicos de 17 años, fueron entrevistadas en un magnífico reportaje.

4. Copia estas oraciones eligiendo la opción correcta.

    a) (Ha habido/han habido) ••• muchos problemas para poner de acuerdo a los vecinos de este bloque.

    b) En la reunión ••• (había/habían) personas a las que no había visto antes.

5. Observa las siguientes imágenes. Descríbelas utilizando sustantivos colectivos y añadiendo adjetivos que concuerden con ellos.

6. Completa estas oraciones en tu cuaderno escogiendo la opción correcta. Después, justifica tu elección en cada caso.

    a) Todos ••• (somos/sois) responsables de (nuestras/vuestras) ••• decisiones.

    b) Los seres humanos ••• (somos/son) libres.

    c) Los ciudadanos ••• (tenemos/tienen) el deber de respetar las normas.

7. Copia estos grupos de palabras en tu cuaderno y escribe el artículo indeterminado que corresponda.

    a) ••• astuta águila   b) ••• aula repleta   c) ••• área extensa

8. Completa en tu cuaderno las siguientes oraciones.

    a) La compraventa de estos artículos •••.

    b) Un gran desorden y confusión •••.

    c) La indispensable vigilancia y control •••.

    • Explica a cuál de los casos estudiados corresponden los ejemplos anteriores.

PRACTICA Repasa con un dictado interactivo.

Los cambios en el significado de las palabras

1. Observa esta escena. ¿Qué es lo que ha entendido el paciente? ¿Por qué crees que ha confundido las palabras de la doctora?

El significado de muchas palabras ha evolucionado con el tiempo. Un ejemplo de ello es lo que ha sucedido en la conversación de la actividad anterior. Algunas causas de estos cambios de significado son:

Causas lingüísticas	Cuando una palabra acompaña siempre a otra, acaba adoptando el significado de esta.	Un café **cortado**, por favor. Un **cortado**, por favor.
Causas históricas	Los cambios en la sociedad provocan el cambio de significado de algunas palabras.	Tiene el **virus** de la gripe. Mi ordenador tiene un **virus**.
Causas sociales	En determinadas épocas, o para ciertos grupos sociales, algunas palabras o expresiones se consideran de mal gusto: se conocen como **palabras tabú**. Suelen ser sustituidas por otras denominadas **eufemismos**.	Ingresó en la **cárcel**. Ingresó en el **centro penitenciario**.
Causas psicológicas	El cambio de significado se produce al aplicar a las personas cualidades que relacionamos con animales, plantas u objetos.	Es una mesa de **madera de roble** resistente. Juan está **hecho un roble**.

2. Explica el cambio de significado de las palabras destacadas.
   a) Tenía mucha hambre, pero solo me comí un plato.
   b) Realizó un espectáculo para personas de la tercera edad.
   c) Necesito un ratón nuevo para el ordenador.
   d) Se comportó como un caballero.
   e) La asociación ha creado una exposición de arte para invidentes.
   f) Es un lince en los negocios.

3. Busca estas palabras en el diccionario e indica cuál es la causa por la que sus significados han evolucionado.

   navegar   arroba   móvil   ventana

La exposición

7.7. Ética y robótica

Autómata. Posible Luis Renaur 1890. Dado mágico

¿Quién asume la responsabilidad de una máquina cuando esta produce efectos indeseados? ¿Llegará el día en que los robots desarrollen otras máquinas y seamos incapaces de comprender su funcionamiento o manera de pensar? ¿Podemos perder el control sobre los robots? Para poder dar respuesta a estas preguntas, debemos anticiparnos al futuro y comenzar a marcar los límites. Ya en el año 1942 Isaac Asimov enunció tres leyes fundamentales que la robótica debería seguir:

1. Un robot no hará daño a un ser humano o, por inacción, permitirá que un ser humano sufra daño.

2. Un robot debe obedecer las órdenes dadas por los seres humanos excepto si estas órdenes entrasen en conflicto con la 1ª ley.

3. Un robot debe proteger su propia existencia en la medida en que esta protección no entre en conflicto con la 1ª o la 2ª ley.

Más tarde, Asimov se dio cuenta de que era necesario añadir una cuarta ley que fuese la primera de todas:

0. Un robot no puede hacer daño a la Humanidad o, por inacción, permitir que la Humanidad sufra daño.

Nosotros, Robots, Fundación Telefónica

1. ¿Cuál es la finalidad del texto?

2. ¿Qué puede representar la fotografía que acompaña al texto? ¿Qué información aporta?

3. ¿Qué reflexión llevó a Asimov a crear una Cuarta Ley? ¿Crees que era necesaria? ¿Por qué?

4. En parejas, vais a indagar acerca de los robots siguiendo estos pasos.

   Paso 1. Investigad cuál es el origen de la palabra *robot* y escribid un resumen en vuestro cuaderno.

   Paso 2. Buscad información y analizad la diferencia entre una máquina, una máquina automática y un robot. Luego, cread una definición de *robot*.

   Paso 3. Poned ejemplos de tipos de robots, según la actividad que desarrollan, que se utilizan hoy día.

   Paso 4. Reflexionad sobre si es imprescindible que nos protejamos de los robots y que controlemos su crecimiento y por qué. Podéis buscar en internet ejemplos muy interesantes relacionados con los coches autónomos o que funcionan sin conductor.

   Paso 5. Podéis añadir algún ejemplo del cine o la literatura relacionados con esta temática y la visión que ofrecen sobre ella.

5. Organizad la información que habéis reunido y preparad una exposición oral. Finalmente, realizad la exposición ante vuestros compañeros.

Consultas lingüísticas

1. Observa el siguiente texto y contesta a las preguntas.

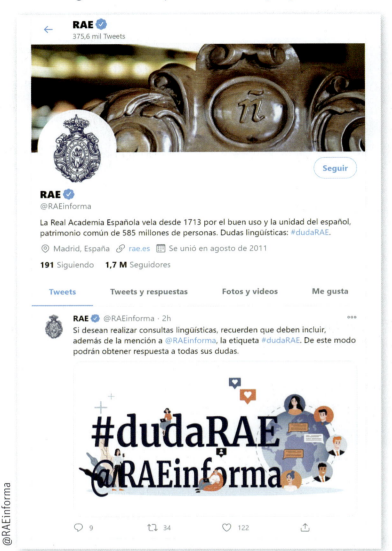

   a) ¿Dónde podrías encontrar este texto? ¿En qué te has fijado para saberlo?

   b) ¿De qué trata? Explica qué información aporta este texto sobre la actividad que realiza la RAE y el servicio que ofrece.

2. ¿Cómo están organizados los distintos contenidos? Identifica las partes del texto y describe la función de cada una de ellas.

3. Indica las cantidades siguientes.

   a) Número de personas que reciben notificaciones sobre los tuits de la RAE.

   b) Número de usuarios a los que les ha interesado el último tuit de la RAE.

4. Localiza un hipervínculo en el texto.

5. Debido al desarrollo de la tecnología, hoy usamos nuevas palabras y nos surgen dudas sobre si su uso es correcto. Escribe un tuit imaginario a la RAE para realizar una consulta sobre alguna palabra que te genere dudas. ¿Qué tienes que incluir en tu tuit para que la RAE te conteste?

6. Investiga qué es Enclave RAE y escribe un breve resumen donde expliques los contenidos que ofrece y su finalidad. Luego, expresa tu opinión sobre estas iniciativas y el cuidado de nuestro idioma.

ACTIVIDADES FINALES

1. Completa estas definiciones sobre la concordancia en tu cuaderno y añade un ejemplo de cada caso.

    a) Si un hablante se considera incluido en un sujeto de tercera persona en plural, el verbo debe aparecer en •••.

    b) Los adjetivos que acompañan a sustantivos comunes en cuanto al género deben concordar •••, pues el género se marca con •••.

    c) Si el núcleo del sujeto es un sustantivo colectivo en singular, el verbo debe aparecer en •••.

    d) Si un adjetivo se refiere a más de un sustantivo de género diferente, debe concordar con ellos en •••.

2. **Organiza tus ideas.** Completa en tu cuaderno este mapa mental sobre las oraciones subordinadas sustantivas.

3. Señala los grupos nominales de las siguientes oraciones y explica la concordancia entre sus componentes.

    a) El conocido ciclista concedió anteayer una entrevista muy interesante.

    b) Vimos el espectáculo de "Los adorables gorilas blancos".

    c) La orquesta tocó mi canción favorita.

    d) He visto una preciosa águila sobrevolar aquel bosque.

4. Lee el siguiente texto y contesta a las preguntas en tu cuaderno.

    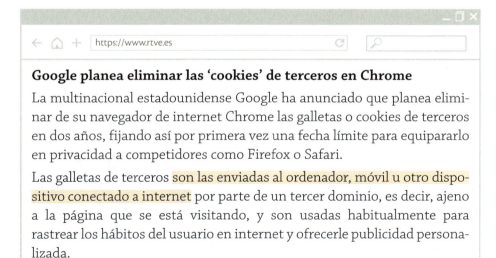

    Google planea eliminar las 'cookies' de terceros en Chrome

    La multinacional estadounidense Google ha anunciado que planea eliminar de su navegador de internet Chrome las galletas o cookies de terceros en dos años, fijando así por primera vez una fecha límite para equipararlo en privacidad a competidores como Firefox o Safari.

    Las galletas de terceros son las enviadas al ordenador, móvil u otro dispositivo conectado a internet por parte de un tercer dominio, es decir, ajeno a la página que se está visitando, y son usadas habitualmente para rastrear los hábitos del usuario en internet y ofrecerle publicidad personalizada.

    a) Busca en el texto palabras que puedan funcionar como nexos entre oraciones. Después, clasifícalos según sean coordinantes o subordinantes.

    b) Escribe una entradilla para esta noticia donde utilices una oración subordinada sustantiva.

    c) Describe la causa del cambio de significado de la palabra *galletas* que aparece en el texto.

    d) Observa la oración descatada en el texto y explica la concordancia de la palabra *conectado*.

ACTIVIDADES FINALES

5. Lee el siguiente texto y realiza las actividades en tu cuaderno.

De pez de agua salada a pez de agua dulce en apenas 50 años

El 27 de marzo de 1964, un terremoto de 9,2 grados en la escala de Richter —el segundo más fuerte de la historia— devastó el sudeste de Alaska. Una de sus víctimas fue el entonces pez de agua salada espinoso o espinocho (*Gasterosteus aculeatus*), atrapado en pequeños lagos o estanques formados como consecuencia del temblor en las islas del Prince William Sound (estrecho del Príncipe Guillermo) y el golfo de Alaska.

Y, como han descubierto científicos de las universidades de Oregón y Alaska, el cuerpo del pez espinoso inició entonces una carrera evolutiva desesperada para adaptarse a su nuevo hábitat de agua dulce. Con éxito: en solo cinco décadas, esta especie acuática experimentó cambios notables en la forma de su cuerpo, los ojos, la pigmentación, el tamaño de las espinas, la cobertura corporal y, por supuesto, su genoma.

a) ¿Se trata de un texto académico? ¿Por qué?
b) Indica qué estructura sigue el texto.
c) Señala todos los ejemplos de léxico denotativo y técnico del texto. ¿Por qué se utiliza este tipo de lenguaje?
d) Explica qué otros rasgos lingüísticos propios de los textos científicos se reflejan en el fragmento.
e) ¿Con qué imagen (gráfico, ilustración, fotografía…) acompañarías el texto?

6. Construye oraciones que contengan una subordinada sustantiva con las características que se piden en cada caso.

- con pronombre interrogativo
- de sujeto
- de CD
- de término de la preposición
- con infinitivo

7. Indica la causa del cambio de significado en estas palabras. Busca información si lo necesitas.

8. Analiza sintácticamente estas oraciones.

a) Al final descubrieron quién había escondido los libros.
b) Le molestó que llegaras tarde a la cita.
c) Te agradecería que sacaras la basura.
d) Te han preguntado si quieres chocolate en el helado.

 **VALORA LO APRENDIDO** Autoevaluación.

160 REPASO

SOY COMPETENTE APLICACIONES PARA LA VIDA

Family Team / http://www.playjugo.com

Comprensión lectora

1. Fíjate en estas imágenes que pertenecen a la aplicación *Family Team*. ¿En qué crees que consiste?
   A. Es un videojuego de simulación para varios participantes que deben representar el rol de los miembros de una familia e interaccionar entre ellos.
   B. Es un programa de gestión de tareas para asegurar que todos los miembros de una familia se involucren en la organización y limpieza de la casa.
   C. Es un directorio de tutoriales para aprender de forma fácil y divertida cómo hacer bien las tareas necesarias para mantener una casa cuidada y limpia.
   D. Es un repositorio de ideas sobre decoración.

2. En la primera pantalla aparecen diferentes tareas. ¿Crees que hay más de las que se ven? ¿Qué elementos te ayudan a saber si es así?

3. ¿En cuántas partes se divide la segunda pantalla?

4. Explica para qué sirven los iconos que aparecen en la parte superior de cada pantalla.

Reflexión sobre la lengua

5. ¿Qué relación existe entre las imágenes que aparecen en pantalla y el texto que las acompaña?

6. ¿Qué categorías gramaticales predominan en el texto? ¿Cuáles faltan? Explica por qué es así.

   adverbios   adjetivos   conjunciones
   determinantes   pronombres
   verbos   sustantivos   preposiciones

7. ¿A cuál de los siguientes ámbitos crees que pertenecen estos textos? Razona tu respuesta.
   A. Personal   C. Académico   E. Social
   B. Laboral   D. Científico   F. Tecnológico

8. ¿Por qué crees que no aparecen signos de puntuación en el texto?

Expresión escrita

9. Redacta un texto donde expliques cómo se utiliza esta aplicación.

En esta unidad aprenderás...

- Los textos literarios. El diario. La carta
- Las oraciones subordinadas de relativo
- Usos incorrectos de los adverbios y del gerundio
- Las abreviaciones

Observa

1. Observa la fotografía y responde.

a) ¿Qué elementos propios del mobiliario urbano solemos ver por la calle?
b) ¿Qué es el elemento rojo que aparece en la foto? ¿Sabes para qué se utiliza?
c) ¿Qué se debe hacer para que una carta llegue a su destino?
d) ¿Has usado alguna vez este medio de comunicación? ¿Cuándo?

ESCUCHA el audio

2. Escucha este texto y contesta a las preguntas.

a) ¿Cómo ha de ser el uso de la lengua en los medios de comunicación de masas o en los textos de divulgación?
b) ¿Qué tipos de textos son propios del ámbito personal?
c) ¿Cómo debemos expresarnos en una carta?
d) ¿Tiene destinatario un diario personal?

Habla

3. Imagina que no existiera internet y estuvieras esperando una carta de un amigo para contarte algo emocionante. ¿Cómo crees que sería la experiencia?

Carta desde París

>> Silvia, una estudiante de instituto, es descubierta un día por un director de cine, André, que le propone hacer una película en Francia. No se lo piensa dos veces y decide aprovechar la oportunidad. Se va sola a vivir a París, dejando atrás familia y amigos. Una vez instalada, escribe a sus amigas, Laura e Irene, explicando cómo le va en su nueva vida.

París, 17 de octubre

Queridas las dos:

¿Por dónde puedo empezar? Desde hace diez días vivo metida en una especie de torbellino que me coge por la mañana, me lleva todo el día de aquí para allá y me deja por la noche, cuando me tumbo en la cama, tan descolocada y tan aturdida que casi me cuesta recordar quién soy y dónde estoy. Parece que hace un siglo que dejé Getafe. Parece que esto fuera una alucinación de la que de un momento a otro tuviera que despertar. Pero no, me repito una y otra vez: soy yo, Silvia, y estoy aquí, en París. [...]

Aquí las avenidas, los parques, los edificios, todo resulta apabullante y señorial. Hay palacios por todos lados, aparte del famoso Louvre, tan descomunal, que necesitas varios días para verlo. Hay edificios con la cúpula de oro, como uno que llaman *de los Inválidos*, no me preguntéis por qué. Y bajando a diez minutos de donde vivo puedo ver la Torre Eiffel, el Arco del Triunfo, el obelisco... Una pasada, de verdad. [...]

Por la mañana temprano [...] salgo para ir a trabajar en la preparación del rodaje [...]. Las estoy pasando un poco canutas con el francés. Doy cuatro horas al día, todas las tardes: una auténtica paliza. Cuando termino lo mezclo todo, y tengo la sensación de que la profesora, que se llama Odile [...], empieza a estar bastante desesperada con la alumna que le ha tocado en suerte. [...]

¿Qué más os puedo contar? Bueno, por ejemplo que uno de los lugares que me resultan más interesantes es el metro. [...] Te impresiona la cantidad de gente de todas las razas y colores que ves, haciendo todo tipo de cosas, desde tocar el violín hasta venderte llaveros de la *Gioconda* (el famoso cuadro de Leonardo da Vinci, que está en el museo del Louvre, siempre al otro lado de unos dos mil turistas japoneses). [...]

Durante el resto del día no estoy sola ni un solo momento. Aparte de las clases de francés [...], están los ratos (largos) que me paso con toda la gente de la película. El director, el que me vio en la playa, se llama André y un apellido impronunciable

30 que por lo que he podido saber no es francés, sino polaco. Es un tipo encantador, siempre pendiente de que esté cómoda y de que tenga todo lo que me hace falta. Si digo que tengo sed, agarra a una secretaria y le dice que me traiga agua, y la secretaria sale corriendo como si tuviera que apagar un fuego. [...]

El trabajo, por ahora, consiste en que nos sentemos todos juntos con el guion y lo
35 repasemos una y otra vez, tratando de darle a cada secuencia el tono exacto que André tiene en la cabeza. Como saben que de momento yo me apaño regular con el francés, me han hecho una traducción al español para mí sola. Ellos leen sus papeles en francés y yo el mío en español. Dice André que así comprendo bien lo que habla y lo que siente mi personaje y soy capaz de interiorizarlo más, que según
40 él es el objetivo principal de este trabajo previo. Cuando rodemos tendré que hablar en francés, como los demás, y aunque a mí me aterroriza el mal acento que tengo, André dice que no me preocupe. Mi personaje no es una francesa, sino una española, precisamente, y no le importa que se le note al hablar que es extranjera. Es más, quiere que se le note. [...]

45 Los actores con los que voy a trabajar también son muy serios. Todos son franceses, menos una, que es española y hace de mi madre en la película. Se llama Sara y no es una actriz muy conocida. [...] Para ser la única compatriota, tampoco os creáis que me trata con mucha amabilidad. El primer día unas sonrisas forzadas, sí, pero desde entonces no me ha prestado la menor atención. [...]

50 De los franceses, nueve o diez en total, hay tres que son los que tienen más intervención en la historia. Por un lado está Chantal. [...] Tiene cuarenta y tres años, una cara preciosa y un aire muy dulce. Pero es una estirada y una envidiosa de narices, con la que apenas cruzo los buenos días y las líneas del diálogo que nos corresponden. [...] Otro actor importante es Michel, que interpreta al chico. Es el tío
55 más guapo que he visto en mi vida, y también uno de los más imbéciles. Se mira en todos los espejos junto a los que pasa, y de vez en cuando se te queda observando fijamente como esperando a que te desmayes. [...]

Entre los actores secundarios hay sobre todo una, Valérie, que interpreta a la madre de la otra chica y que nos hace un poco de madre a todos los actores jóvenes.

>> Lorenzo Silva

Este autor (Madrid, 1966) no ha parado de escribir desde que empezó a dedicarse a ello allá por los años ochenta del siglo pasado.

Ha escrito cientos de relatos, ensayos, algunos guiones de cine y más de sesenta libros. Además de escribir, también tuvo tiempo para sacarse la carrera de Derecho y ejercer como abogado.

60 [...] Y por último [...] está Ariane, que es mi compañera y la otra actriz principal. Interpreta a la chica que es mi amiga y a la vez mi rival por el amor del chico en la película. [...] La conocí el mismo día que llegué. Ella ya estaba instalada en el apartamento, así que fue la que me lo enseñó [...]. Desde entonces hemos congeniado bastante rápido, más de lo que esperaba a primera vista. Es una persona un poco

65 especial y nunca terminas de saber lo que está pensando, pero, no me preguntéis cómo, me he ido acostumbrando a su carácter. Incluso a lo destructiva que suele ser en sus observaciones. [...] Por ejemplo, sobre el mismo París. [...] Cuando se me ocurrió decir que era una ciudad fascinante, me respondió:

—Sí. Lástima que esté lleno de parisinos.

70 Otro asunto sobre el que los comentarios de Ariane resultan temibles es el cine: [...]

—Sí, el cine es estupendo. Ganas mucha pasta, viajas con los gastos pagados y todo el mundo te hace la pelota. Mientras les interesas y para lo que les interesa. Cuando no, te pegan la patada y a buscar a otra niña mona. Son todos una pandilla

75 de hijos de perra obsesionados por el éxito. [...]

En fin, creo que esta carta ya se me ha alargado bastante, y tampoco quiero aburriros. Son más de las doce de la noche y mañana tengo que madrugar. Por la ventana de mi cuarto, donde os escribo, veo al fondo la iglesia de la Madeleine. [...] Está bañada de luz. [...] La luz bajo la que os echo de menos y me despido con todo el

80 cariño que es vuestro.

Lorenzo Silva: *La lluvia de París*, Anaya

1. ¿Qué quiere transmitir Silvia en esta carta?

   A. Su sentimiento de confusión ante una ciudad tan inmensa y variopinta como París.

   B. Su asombro ante la experiencia de vivir en París y tener un nuevo trabajo.

   C. Su relación desigual con los actores y el director de la película que están rodando en París.

   ● Localizo el tema

2. Silvia quiere contar a sus amigas la experiencia que está viviendo en París. Ordena los hechos como aparecen narrados en la historia.

   • Nombra otras cosas de París que le llaman la atención.
   • Se detiene a hablar de su relación con Ariane.
   • Saluda a sus amigas y les dice que tiene tanto que contar que no sabe por dónde empezar. Se siente aturdida.
   • Describe cómo es la ciudad y enumera algunos de sus lugares y monumentos más emblemáticos.
   • Relata un día cualquiera con los miembros del reparto y nos cuenta cómo son algunos de los actores principales y secundarios.

   ● Reconozco la estructura

3. Relaciona estas imágenes con los lugares que nombra Silvia en su carta y localiza el intruso.

   ● Busco información

4. En la carta, Silvia menciona que está ensayando para el rodaje de una película. En el equipo con el que trabaja hay personas de varias nacionalidades. ¿De cuáles? Rellena la tabla en tu cuaderno.

Nombre	Nacionalidad
●●●	●●●

5. ¿Cómo es su compañera de piso, según lo que nos cuenta Silvia?

   A. Es muy antipática.

   B. Tiene un carácter especial.

   C. Es muy educada e intenta no ofender a nadie.

COMPRENSIÓN LECTORA   167

Relaciono significados

6. A Silvia todo le parece "apabullante y señorial". Lee qué significan estas palabras e intenta expresar de otro modo lo que dice.

> **apabullante**
> **1.** adj. Que apabulla o intimida por su fuerza o por su superioridad: *una derrota apabullante*.

> **señorial**
> **1.** adj. Del señorío o relacionado con él: *tierra señorial*.
> **2.** adj. Noble o majestuoso.

7. Cuando escribimos una carta en la que hablamos de sentimientos y experiencias, dejamos ver gran parte de lo que somos. ¿Qué adjetivos utilizarías para describir a Silvia? Comentadlos en voz alta.

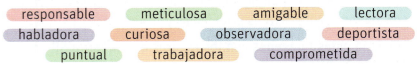

responsable   meticulosa   amigable   lectora
habladora   curiosa   observadora   deportista
puntual   trabajadora   comprometida

Relaciono palabras

8. Observa cómo el autor del texto describe a las personas. Nos habla primero de sus cualidades y después introduce un aspecto negativo, empleando la conjunción *pero* (a veces implícita). O, al contrario, nos habla de un aspecto negativo y, después, añade un *pero* para convertir en positivo lo negativo. Completa y aporta dos ejemplos más.

> Aspecto positivo + , **pero** → invalida lo positivo
> Aspecto negativo + , **pero** → añade algo positivo

a) El primer día, unas sonrisas forzadas, sí, pero...
b) Chantal tiene una sonrisa preciosa, pero...
c) Michel es el tío más guapo que he visto en mi vida, pero...

Pienso en lo que dice el texto

9. André, el director de la película, quiere que Silvia aprenda francés y mientras tanto le facilita una traducción del guion con este argumento.

> Dice André que así comprendo bien lo que habla y lo que siente mi personaje y soy capaz de interiorizarlo más, que según él es el objetivo principal de este trabajo previo.

- ¿Te parece relevante ese argumento? Da una razón y pon ejemplos que apoyen tu opinión.

10. A Silvia le preocupa su acento, pero el director no opina lo mismo. ¿Qué piensa él? ¿Crees que es importante el acento para poder comunicarse con los demás? Pon ejemplos que avalen tu opinión. Comentadlo en clase.

11. Si recibieras la carta de Silvia, ¿crees que tendrías suficiente información sobre cómo es la ciudad y su día a día? ¿Te gustaría saber algo más? ¿Qué preguntas le harías si tuvieras que responder a su carta? Coméntalo con un compañero.

PRACTICA Sigue trabajando la comprensión lectora con otro texto.

12. Imagina que has obtenido una beca para terminar tus estudios en otro país y aprender su idioma. Escribe una carta a un familiar o a un amigo sobre tu experiencia. Para ello, contesta a las siguientes preguntas. Recuerda incluir el encabezamiento y la despedida en tu carta.

- ¿En qué país estás estudiando? Debe ser un lugar donde su lengua oficial no sea el español.
- ¿Dónde vives: en casa de una familia de acogida, en una residencia de estudiantes...? ¿Qué tal te resulta la experiencia de vivir lejos de casa?
- ¿Cómo son tus compañeros y la gente de tu entorno? ¿Cómo es la convivencia con personas con costumbres diferentes a las tuyas?
- ¿Qué experiencias nuevas estás viviendo?
- ¿Recomendarías esta aventura a tu familiar o amigo?

13. La tecnología ha aportado a la sociedad nuevas formas de comunicación, como la videoconferencia, que permite hablar y ver a la otra persona a pesar de la distancia. Contestad a estas preguntas entre todos y debatid sobre las diferentes maneras que tenemos para comunicarnos.

a) ¿Conocéis a alguna persona que viva en el extranjero? ¿A través de qué medio soléis hablar con esa persona: llamada telefónica, carta, correo electrónico, videollamada, mensajes por redes sociales...?

b) ¿Qué método creéis que es mejor para comunicaros con alguien que vive fuera de vuestro país? ¿Por qué?

c) ¿Cuál es el medio de comunicación que soléis usar entre vosotros? ¿Por qué os resulta más cómodo que otros?

14. La postal es otra forma de comunicación que, aunque hoy día no se utiliza demasiado, se ha convertido en un símbolo del recuerdo de viajes y experiencias pasadas. Observa la siguiente postal y escribe una narración breve siguiendo estos pasos.

Paso 1. Recopila la información sobre cuándo se envió la postal, desde qué lugar, a quién va dirigida y dónde vive esa persona.

Paso 2. Piensa en el motivo por el que se envió esta postal e imagina lo que pudo suceder antes de que se escribiera.

Paso 3. Ten en cuenta la estructura de introducción, nudo y desenlace propia de la narración.

Querida amiga:

¡Feliz Navidad! Quedé triste por tu partida.

Ayer me senté en aquella plaza que te pareció tan bonita y escribí esta postal.

La Habana está muy animada, con ese ambiente festivo que tanto te gusta.

También he pensado en lo que me pediste. Te enviaré tres. Llegarán pronto al puerto.

Abrazos

Martina Rodríguez

C/ Serenata, 11

San José, Costa Rica

Los textos literarios

1. Lee atentamente el siguiente texto y realiza las actividades que encontrarás a continuación.

El magnolio

Se entraba a la calle por un arco. Era estrecha, tanto que quien iba por en medio de ella, al extender a los lados sus brazos, podía tocar ambos muros. Luego, tras una cancela, iba sesgada a perderse en el dédalo de otras callejas y plazoletas que componían aquel barrio antiguo. Al fondo de la calle solo había una puertecilla siempre cerrada, y parecía como si la única salida fuera por encima de las casas, hacia el cielo de un ardiente azul.

En un recodo de la calle estaba el balcón, al que se podía trepar, sin esfuerzo casi, desde el suelo; y al lado suyo, sobre las tapias del jardín, brotaba cubriéndolo todo con sus ramas el inmenso magnolio. Entre las hojas brillantes y agudas se posaban, en primavera, con ese sutil misterio de lo virgen, los copos nevados de sus flores.

Aquel magnolio fue siempre para mí algo más que una hermosa realidad: en él se cifraba la imagen de la vida. Aunque a veces la deseara de otro modo, más libre, más en la corriente de los seres y de las cosas, yo sabía que era precisamente aquel apartado vivir del árbol, aquel florecer sin testigos, quienes daban a la hermosura tan alta calidad. Su propio ardor lo consumía, y brotaban en la soledad unas puras flores, como sacrificio inaceptado ante el altar de un dios.

LUIS CERNUDA: *Ocnos*, Grupo Pandora

a) ¿Cuál es el tema del texto? ¿Es un texto narrativo? ¿En qué te has fijado para saberlo?

b) Vuelve a leer los dos primeros párrafos. ¿Qué se describe en cada uno? ¿Qué impresión provoca en el autor lo descrito?

c) Resume con tus palabras la reflexión sobre las cosas bellas que expone el poeta en el tercer párrafo.

La **literatura** es un arte que se construye mediante el lenguaje para impactar y crear diferentes sensaciones. La originalidad y el carácter artístico de los textos literarios se consiguen gracias a los **recursos literarios**, unos usos especiales de la lengua que producen determinados efectos en el receptor.

Los textos literarios pueden escribirse en verso o en prosa.

• El **verso** es una unidad sujeta a medida con un determinado número de sílabas y dotada de ritmo.

• La **prosa** es una unidad de texto que no está sujeta a las reglas del verso.

---

2. Lee de nuevo el texto de la actividad 1 y explica si crees que se exagera la belleza del magnolio en el fragmento. ¿Sabes cuál es el nombre de este recurso literario?

170 COMUNICACIÓN

3. Sigue el ejemplo del fragmento de la actividad 1 y redacta un texto literario para resaltar las sensaciones que te produce tu lugar favorito.

4. Fíjate en esta conversación. ¿Aparece algún recurso literario?

Los recursos literarios son formas de jugar con las palabras que transforman el lenguaje cotidiano en lenguaje artístico.

Estos son algunos de los recursos literarios más comunes:

Tipos	Recursos literarios	Ejemplos
Recursos fónicos	**Aliteración:** repetición de un sonido.	Bajo e**l** a**l**a **l**eve de**l l**eve abanico. RUBÉN DARÍO
Recursos gramaticales	**Anáfora:** repetición de una o más palabras al principio de uno o más versos.	**¿Qué es la vida?** Un frenesí. **¿Qué es la vida?** Una ilusión. CALDERÓN DE LA BARCA
	Polisíndeton: repetición de conjunciones para dar un ritmo lento.	El tiempo lame **y** roe **y** pule **y** mancha **y** muerde. GLORIA FUERTES
	Hipérbaton: ruptura del orden lógico de una oración.	A Dafne ya los brazos le crecían. GARCILASO DE LA VEGA
Recursos semánticos	**Antítesis:** enfrentamiento de actitudes, acciones o conceptos contrarios.	**Tan corto** fue su **amor** y **tan largo** mi **olvido**. PABLO NERUDA
	Hipérbole: exageración con fines expresivos.	Érase un hombre a una nariz pegado. FRANCISCO DE QUEVEDO
	Metáfora: identificación de dos términos que tienen alguna semejanza.	Todas las **casas** son **ojos** que resplandecen y acechan. MIGUEL HERNÁNDEZ
	Paradoja: expresión aparentemente contradictoria que invita a la reflexión.	El ojo que ves no es / ojo porque tú lo veas; / es ojo porque te ve. ANTONIO MACHADO
	Personificación: atribución de características humanas a objetos y animales.	Estrellas hay que saben mi cuidado y se han regalado con mi pena. FRANCISCO DE LA TORRE

Los textos literarios

5. Lee este poema y contesta a las preguntas en tu cuaderno.

> El sol entra en mi vida por la ventana abierta,
> de modo que el rosal se ilumina de flores;
> y las rosas de oro, en la casa desierta,
> cantan no sé qué angélicas sonatinas de amores.
>
> La tristeza romántica del poniente de oro
> va resbalando sobre el río vespertino…
> Yo, al acordarme de ella, me desespero y lloro
> una rosa y un oro, lo alegre y lo divino.
>
> JUAN RAMÓN JIMÉNEZ: *Elegías lamentables*,
> Facediciones

a) ¿Por qué se trata de un texto literario? ¿Está escrito en verso o en prosa? Justifica tu respuesta.

b) ¿Cuál es el tema que trata el poema? ¿Qué efecto produce la entrada de la luz del sol?

c) Explica el significado metafórico de la palabra *oro*.

d) Busca una personificación en el texto.

6. Lee estos versos y explica las aliteraciones que encuentres.

1
> Como un náufrago atroz trago trozos de mar.
> BLAS DE OTERO

2
> El ruido con que rueda la ronca tempestad.
> JOSÉ ZORRILLA

Las obras literarias se clasifican en tres géneros fundamentales:

- El género **lírico**, donde aparece un "yo poético" que expresa sus sentimientos y emociones. Suele escribirse en verso.
- El género **narrativo**, en el que un narrador cuenta unos acontecimientos. En algunos textos hay más de un narrador. El narrador puede ser de dos tipos:
  - **Interno.** Cuando el narrador participa en los hechos y los cuenta en primera persona.
  - **Externo.** Si el narrador no participa en los hechos.
- El género **dramático** aparecen unos personajes que representan unos acontecimientos ante unos espectadores.

7. Vuelve a leer el texto de la página 164 y contesta a las preguntas.

a) ¿A qué género pertenece el fragmento? ¿Por qué?

b) ¿Qué tipo de narrador cuenta los hechos?

El diario

8. Lee este texto y contesta a las preguntas.

> 26 de marzo, sábado
>
> Nos repartieron en taxis cada dos parejas para recorrer la ciudad de Santos. La Anita y yo fuimos con los Iquito. [...] Nos llevaron a ver una playa que se pierde de vista. Al taxista no se le entendía ni jota, pero le dije que la tal playa era más larga que un día sin pan. [...] Luego nos llevó a ver un parque y un zoo. La Anita empezó con que se le revolvía el cuerpo de ver a aquellos animales y a un gicho que sacaba el veneno a las culebras como si nada, pero yo me cabreé y la dije que aguantase un poco porque nos iba a hacer a todos la santísima. Luego subimos al Morro de Santa Therezina y la ciudad desde allí parecía talmente una tarjeta postal, con el mar tan azul y luego lo verde del campo. El taxista caminaba muy agudo y le dije que ojo, y él, que en Brasil, el que no va deprisa no llega, y yo que otros, por correr, van más despacio y que más de uno por ganar dos minutos acabó con sus huesos en el camposanto.
>
> MIGUEL DELIBES: *Diario de un emigrante*, Destino

a) ¿Qué día suceden los hechos? Enumera las actividades que llevan a cabo.

b) ¿En qué persona está escrito el texto?

Un **diario personal** es un cuaderno en el que una persona anota y comenta los **hechos destacados** que le han sucedido y las **reflexiones** que esos hechos le suscitan.

Normalmente los diarios **no tienen un destinatario**, quien los escribe lo hace para sí mismo. Dado su **carácter personal**, no se supeditan a pautas de ningún tipo. Lo habitual es iniciar cada entrada con la fecha del día en el que se está escribiendo y separar los distintos temas mediante puntos y aparte.

---

9. Lee estos dos textos e indica cuál es un diario personal y cuál no lo es. Justifica tu respuesta.

① 4 de mayo

Querida Carmen:

Me alegró mucho recibir noticias tuyas. Hace tiempo que quería escribirte y justamente hoy nos ha pasado una cosa sorprendente y me he acordado de ti.

② 4 de mayo

Esta semana hemos visitado varias escuelas y universidades. Aún no tengo claro qué camino escoger, pero estas visitas me están ayudando a ver todas las posibilidades que tengo. Creo que podré decidirme pronto.

10. Escribe un diario en el que cuentes un día o una semana interesante en tu vida y las reflexiones que has obtenido de ello.

11. Lee de nuevo el texto de la actividad 8 y reflexiona sobre las diferencias entre una narración escrita en forma de diario o un diario espontáneo.

COMUNICACIÓN **173**

La carta

12. Lee este texto e indica en tu cuaderno a quién va dirigido, quién lo escribe y desde dónde.

> Lisboa, 28 de agosto de 1850
>
> Querida madre mía:
>
> Salí de Cádiz el 25 y después de una navegación felicísima durante la cual no he hecho más que comer cuatro veces al día y dormir el resto, llegué a esta famosa ciudad, que se extiende sobre la orilla izquierda del Tajo, y está en declive a la falda de varias montañas coronadas de palacios y jardines. Hermosa posición, pero no tanto como la de Nápoles. Las plazas y calles de la ciudad nueva, construida por el marqués de Pombal, después del terremoto en el que falleció el célebre doctor Pangloss, son magníficas, y en particular, las ruas *Augusta*, *d'ouro* y *da prata*, y las plazas *do Rocio* y *do Paço*, donde están todas las oficinas y una elegante estatua ecuestre, colosal.
>
> [...]
>
> Estoy instalado en una hospedería, donde me tratan muy bien y nada caro. Los primeros gastos que he hecho aquí son enormes: un par de guantes que me han costado 480 reis, y un sombrero, 2880. Las mujeres aquí se visten de un modo bestial. Llevan capas como las de los hombres y un pañuelo blanco en la cabeza, tan puntiagudo y almidonado, que dan ganas de reír al verlas.
>
> [...]
>
> Créame su amante hijo.
>
> Juan
>
> JUAN VALERA: *Correspondencia I*, Biblioteca Virtual Miguel de Cervantes

La **carta** es un texto del ámbito personal que nos permite comunicarnos con otras personas. En algunos casos, escribimos **cartas personales** a amigos y familiares para informarles de nuestras experiencias. En otros, se trata de **cartas formales** para realizar gestiones.

Los **correos electrónicos** son cartas en formato digital, que se envían y se reciben a través de internet.

13. Observa el vídeo que encontrarás en www.e-sm.net/snglcl4eso07_01. Después, contesta a las preguntas en tu cuaderno.

a) La carta de la que se habla ¿es personal o formal? Justifica tu respuesta.

b) ¿Qué se cuenta en la carta?

c) ¿Cómo crees que se habría puesto en contacto Cristóbal Colón si se tratara de un hecho actual?

14. Explica en tu cuaderno qué datos debes conocer para poder enviar una carta o un correo electrónico correctamente.

Estructura de la carta

En una carta o en un correo electrónico, el autor se expresa libremente, con un lenguaje coloquial. En cambio, en los relacionados con asuntos profesionales y comerciales lo habitual es usar un tono formal.

Las cartas y los correos electrónicos comparten una **estructura** similar:

- **Encabezamiento** con la fecha y el lugar desde el que se escribe. En el caso del correo electrónico, esta información ya viene incorporada.
- **Saludo** a la persona a la que va dirigido.
- **Cuerpo** en el que se expone la información que queremos transmitir al destinatario. Se distribuye en distintos párrafos por temas.
- **Despedida** de la persona a la que se ha escrito.
- **Firma** del autor de la carta o del correo electrónico.

15. Lee esta carta y contesta a las preguntas en tu cuaderno.

> Madrid, 20 de julio de 2020
>
> Estimado cliente:
>
> Nos ponemos en contacto con usted en relación con su seguro para informarle de que la compañía La Alegría de Vivir, Compañía de Seguros, con quien tiene contratada su póliza, ha modificado su denominación por la de La Bella Vida, Compañía de Seguros y trasladado su sede social a la plaza de Colón n.º 1 (28046) de Madrid. Además, aprovechamos la presente comunicación para indicarle que el tipo de seguro que tiene contratado dejará de comercializarse a finales del año 2021.
>
> Queremos recordarle que estos cambios no afectan en modo alguno a los productos que tiene contratados con nosotros, ya que mantendrán las mismas condiciones y coberturas hasta la fecha de finalización de su actual contrato.
>
> Tal y como hemos hecho hasta ahora, seguiremos trabajando activamente en nuestro negocio, ofreciéndole nuevos servicios y productos de seguros adecuados a sus necesidades.
>
> Aprovecho para agradecerle su confianza en nuestra compañía.
>
> Reciba un cordial saludo.
>
> Verónica Orallo
> Directora General.
> La Bella Vida, Compañía de Seguros

a) ¿Quién envía la carta? ¿Qué cargo tiene? ¿Cuándo y dónde la ha escrito?

b) ¿Va dirigida a una persona concreta o a un colectivo? ¿Qué fórmula de despedida usa?

16. Escribe una carta o un correo electrónico para cada una de las siguientes situaciones usando el registro y la estructura adecuados.

A un amigo, contándole tus vacaciones.

A una empresa, solicitando la devolución de un pedido.

17. Redacta un correo electrónico a una empresa de jardinería solicitando un puesto de trabajo para los meses de verano. Ten en cuenta el lenguaje que debes utilizar para este texto y la estructura que debes seguir.

Las oraciones subordinadas de relativo

1. Lee el texto y responde a las preguntas que hay a continuación.

> Un señor que no había matado a nadie fue condenado por homicidio; se suponía que había matado por razones de interés a un socio de negocios cuya conducta privada no pretendía explicar ni comentar.
>
> GIORGIO MANGANELLI: *Centuria*, Anagrama

a) Fíjate en las oraciones destacadas. ¿Son coordinadas o subordinadas? ¿A qué sustantivo complementa cada una?

b) ¿Qué nexos introducen estas oraciones?

Las oraciones subordinadas de relativo son las que están **encabezadas por un pronombre relativo**, **un determinante relativo o un adverbio relativo**.

Estas oraciones complementan a un **antecedente** que puede aparecer explícito o no en la oración principal:

$$\underbrace{La\ película}_{\text{Antec}}\quad\underbrace{que\ hemos\ visto}_{\text{O Sub Rel/CN}}\ es\ muy\ entretenida.$$

Los nexos relativos cumplen **tres funciones**:

• **Introducen** la oración subordinada.

• Desempeñan una **función sintáctica** dentro de la oración subordinada.

• Tienen un **valor anafórico** respecto del antecedente.

En la oración *La película que hemos visto es muy entretenida*, el relativo *que* introduce la subordinada *que hemos visto* y desempeña en ella la función de complemento directo, ya que sustituye en la subordinada al sustantivo *película*, que figura como antecedente en la oración principal.

---

2. Lee estas oraciones y clasifícalas según sean subordinadas sustantivas o subordinadas de relativo.

a) Me sorprende que no hayas aprobado el examen.

b) La casa que vimos está en venta.

c) Es necesario que te impliques más.

d) Me dijo que no llegaría a tiempo.

e) Es un evento que ha organizado María.

Los nexos que pueden introducir subordinadas de relativo son los pronombres relativos, los determinantes relativos y los adverbios relativos:

• **Pronombres relativos.** Estos son *que, el que, la que, lo que, los que, las que, quien, quienes, el cual, la cual, lo cual, los cuales, las cuales, cuanto, cuanta, cuantos* y *cuantas*.

• **Determinantes relativos.** Estos relativos son *cuyo, cuya, cuyos, cuyas, cuanto, cuanta, cuantos* y *cuantas*. Desempeñan la función de actualizadores de un sustantivo con el que concuerdan en género y número.

• **Adverbios relativos.** Estos relativos son *donde, adonde, cuando, como* y *cuanto*. Siempre funcionan como complementos circunstanciales dentro de la oración subordinada.

3. Localiza el nexo de estas oraciones e indica si es un pronombre, un determinante o un adverbio relativo.

a) Las herramientas que necesitas están en el armario.

b) Este es el parque donde juegan los niños.

c) Te recomiendo este libro cuyo final te sorprenderá.

d) Quienes estamos interesados hemos venido.

Clases de oraciones subordinadas de relativo

4. Fíjate en los siguientes mensajes y responde a las preguntas.

a) Explica por qué son oraciones subordinadas de relativo.

b) Observa el primer cartel. ¿Quién puede asistir a la conferencia?

c) Fíjate en el segundo. ¿Cuál es el antecedente de la oración subordinada?

Existen dos clases de oraciones subordinadas de relativo según esté presente o no el antecedente en la oración principal:

- **Con antecedente expreso.** El relativo se refiere a un elemento sintáctico que aparece en la oración principal. La oración subordinada desempeña la función de **complemento o modificador del nombre**.

    La llave **que nos encontramos** *está en conserjería*.
    Antec   O Sub Rel/CN

- **Sin antecedente expreso.** El relativo se refiere a un elemento que no aparece en la oración principal. En este caso, la subordinada se asimila a un grupo nominal y desempeña las funciones de este.

    Las subordinadas sin antecedente pueden ser de dos tipos según el nexo que las introduzca:

    – **Relativas libres.** Los nexos subordinantes son *quien, quienes, cuanto, cuanta, cuantos, cuantas, donde, como, cuando* y *cuanto*.

    Quien ríe el último *ríe mejor*.
    O Sub Rel/Suj

    – **Relativas semilibres.** Van introducidas por el pronombre *que* precedido de un artículo determinado.

    Tú eres **el que conoce sus gustos**.
    O Sub Rel/Atr

GRAMÁTICA 177

Las oraciones subordinadas de relativo

5. Clasifica las subordinadas de relativo de estas oraciones según esté presente o no el antecedente.

   a) Estuvimos donde nos recomendaste.
   b) He traído la mochila que me regalaste ayer.
   c) El que llegue primero se comerá las croquetas.
   d) Es la que canta en el coro del colegio.
   e) La serie que te dije ya tiene segunda temporada.
   f) Quien quiera puede venir.

6. Vuelve a leer las oraciones de la actividad anterior y clasifícalas en tu cuaderno en una tabla como la siguiente.

Relativas sin antecedente expreso	
Relativas libres	**Relativas semilibres**
●●●	●●●

7. Observa las siguientes oraciones y explica qué significa cada una.

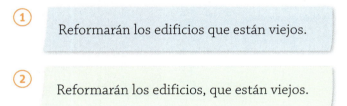

① Reformarán los edificios que están viejos.

② Reformarán los edificios, que están viejos.

   - ¿Por qué tienen un significado diferente si están formadas por las mismas palabras? ¿Qué elementos marcan esa diferencia de significado?

> Según el **modo en el que modifican al antecedente**, se pueden distinguir dos tipos de subordinadas de relativo:
> - **Especificativas.** Delimitan el significado del antecedente al que describen. Estas oraciones no van entre comas. Si se suprimen, el significado del antecedente se ve alterado.
> - **Explicativas.** Añaden cierta **información** a la expresada por el grupo nominal al que se refieren, pero esta **no es indispensable** para identificarlo. Aparecen entre signos de puntuación (comas, rayas o paréntesis).

8. Indica si las siguientes oraciones subordinadas de relativo son especificativas o explicativas. Después, justifica tu respuesta.

   a) La habitación, que era muy oscura, me daba miedo.
   b) Mis amigos, que son estupendos, han colaborado con esta iniciativa.
   c) Los alumnos que tenían fiesta fueron al concierto.
   d) No me gustan las personas que gritan mucho.
   e) Los coches, que estaban mal aparcados, han sido retirados.
   f) Las chicas, que eran amigas, se sentaron juntas.

9. Observa de nuevo los carteles de la actividad 4 y señala en tu cuaderno si las oraciones subordinadas de relativo que aparecen son especificativas o explicativas. Después, justifica tu respuesta.

10. Forma oraciones subordinadas de relativo a partir de las siguientes oraciones simples.

   a) Nos veremos en la tienda. Ayer inauguraron la tienda.

   b) El numero de teléfono era incorrecto. Me diste ese número.

   c) Vino tu amiga. Tu amiga trabajó en el museo.

   d) Prefiero las habitaciones. Las habitaciones tienen mucha luz.

   e) Vi la casa. En la casa vivió Pablo Neruda.

11. Clasifica en tu cuaderno las oraciones que has formado en la actividad anterior según sean especificativas o explicativas y tengan o no antecedente explícito.

12. Explica en tu cuaderno la diferencia entre las siguientes oraciones subordinadas de relativo.

   a) Esta casa tiene tres habitaciones que dan al patio.

   b) Esta casa tiene tres habitaciones, que dan al patio.

13. Lee esta conversación y responde a las preguntas.

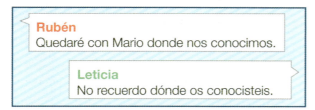

   a) Localiza el nexo de ambas oraciones. ¿Es el mismo?

   b) ¿Las dos oraciones de la conversación son el mismo tipo de subordinadas? Justifica tu respuesta.

14. Fíjate en este análisis sintáctico resuelto y, a continuación, sigue los pasos para analizar las oraciones propuestas en tu cuaderno.

   Ejemplo:

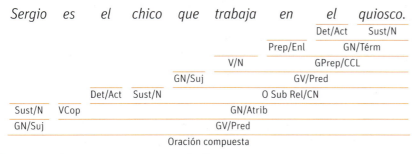

   a) Luisa es la persona que tiene la llave.

   b) El aula, que tiene una pizarra digital, está arriba.

   c) Iremos donde nos digas.

   Paso 1. Localiza el nexo que introduce la oración subordinada.

   Paso 2. Indica cuál es la oración principal y cuál la subordinada. Marca las funciones de los elementos que forman las dos oraciones.

   Paso 3. Señala la función de la oración subordinada dentro de la principal.

   Paso 4. Finalmente, si la oración tiene antecedente expreso, indica si es especificativa o explicativa, y si no tiene un antecedente expreso, si es una relativa libre o semilibre.

Usos incorrectos de los adverbios y del gerundio

A menudo el empleo de los adverbios y del gerundio suele ocasionar numerosas dudas. Gracias a estas normas, podrás conocer cuáles son los usos aceptados para estos dos tipos de palabras.

El uso del gerundio solo es correcto cuando la acción es anterior a la del verbo principal o simultánea; nunca debe utilizarse el gerundio para expresar una acción posterior.

No es correcto el uso del gerundio como complemento de un sustantivo con función de oración adjetiva especificativa, salvo en construcciones del tipo *agua hirviendo*.

*Cogí un estuche conteniendo un collar.

Cogí un estuche que contenía un collar.

En la mayoría de los casos, para evitar ambigüedades el sujeto del gerundio debe coincidir con el sujeto de la oración principal.

No debe usarse la preposición *a* delante de adverbios como *arriba*, *abajo*, *adentro*, *afuera*, etc.

*Lo metimos de fuera a adentro.

Lo metimos de fuera adentro.

No deben usarse los posesivos detrás de adverbios como *enfrente*, *encima*, etc.

*Vive enfrente mía.

Vive enfrente de mí.

Cuando se coordinan adverbios acabados en *-mente*, se recomienda poner el sufijo solo en el último de ellos.

Para: emma@grupo-sm.com

CC:

Asunto: ¡No te lo vas a creer!

Hola, Emma:

¿Qué tal? ¡No te vas a creer lo que me ha pasado esta tarde! Recogiendo mi habitación he encontrado una caja llena de recuerdos de Infantil y Primaria: el collar de las mejores amigas, las fotos del cumpleaños de Manuel, el jabón que fabricamos en la granja-escuela…

Pero lo que más me ha gustado ha sido encontrar un sobre que contenía la carta que me escribiste en 1.º. ¿Te acuerdas?

Carmen nos propuso enviarnos cartas para explicarnos cómo funcionaba el servicio de correos, para qué servía un buzón y, en resumen, cómo se comunicaban antes las personas.

Hizo un sorteo y a ti te tocó escribirme a mí.

He leído la carta de arriba abajo varias veces y me ha emocionado muchísimo. ¡Qué pequeñas éramos! Está llena de dibujos de sirenas y corazones.

Y parece que hoy todo tiene que ver con las cartas, porque al ordenar la estantería he visto el libro de *Drácula* de Bram Stoker. Lo he empezado hace unas horas y el autor construye la trama apoyándose en la correspondencia entre varios personajes. Te lo recomiendo, está fenomenal. Yo lo he tenido delante de mí durante mucho tiempo y nunca me había animado a leerlo.

Tu carta y el libro me han llevado a pensar que ahora cuando queremos comunicarnos con alguien podemos hacerlo fácil e instantáneamente, pero creo que a lo mejor hemos perdido la ilusión de ir corriendo al buzón para comprobar si alguien nos ha escrito. Supongo que cada época tiene su encanto.

Gracias por seguir siendo mi mejor amiga.

Un beso,

Raquel

1. Observa estas oraciones y explica en tu cuaderno a qué normas del adverbio y del gerundio responden.

   a) Eduardo se presentó en la consulta una hora más tarde, pero avisando con anterioridad.

   b) Ante los problemas debemos actuar rápida, eficaz y firmemente.

   c) Revisando las fotografías de la familia encontramos una carta antigua.

   d) Lanzó el balón de dentro afuera del campo de fútbol.

   e) Me senté en una silla detrás de ella.

2. Inventa una oración con cada una de las siguientes expresiones.

   detrás (de)   encima (de)   cerca (de)   enfrente (de)

   a) ¿A qué categoría gramatical pertenecen los núcleos de estas expresiones?

   b) ¿Qué norma del adverbio siguen las oraciones que has escrito?

3. Explica por qué son incorrectos los usos del gerundio de las siguientes oraciones. Después, corrige las oraciones en tu cuaderno.

   a) *Hizo el examen de maravilla aprobando sin problema.

   b) *Me contó una historia sorprendente dejándome alucinado.

   c) *Se busca con urgencia profesor para clases particulares de tenis teniendo dos años de experiencia.

4. Escribe una oración con cada uno de estos adverbios.

   a) fuera/afuera
   b) atrás/detrás
   c) dentro/adentro
   d) abajo/debajo

5. Escribe un texto de unas cinco líneas en tu cuaderno que incluya los siguientes adverbios.

   felizmente   afortunadamente   cerca   sorprendentemente   delante

6. Observa las palabras de la actividad anterior. ¿Cómo debes escribir los adverbios de modo si se coordinan entre sí?

7. Localiza los gerundios que aparecen en la carta de la página anterior e identifica el sujeto.

8. Observa estas imágenes y describe con detalle en tu cuaderno el paisaje que se ve en cada una. No olvides emplear expresiones de ubicación como *cerca*, *lejos*, *arriba*, *abajo*, *dentro*, *fuera*, etc.

PRACTICA Repasa con un dictado interactivo.

Las abreviaciones

1. Observa estas palabras. ¿Sabes qué significa cada una?

ITV   bici   dcha.   ADSL

La abreviación es un procedimiento de **formación de palabras** que consiste en reducir una palabra o expresión compleja mediante la **supresión de determinadas letras o sílabas**. Hay cuatro clases de abreviaciones:

- **Siglas.** Son palabras formadas por las **iniciales** de cada una de las palabras que forman parte de una expresión compleja: *ONG* (**O**rganización **N**o **G**ubernamental). Las siglas pueden leerse deletreadas (*ITV*), silabeadas (*AMPA*) o de forma mixta, combinando el deletreo con la lectura silábica (*CD-ROM*).

- **Acrónimos.** Son **siglas** que **se pronuncian como una palabra** (*OTAN*). Es muy frecuente que los acrónimos se incorporen al léxico común y se escriban con letras minúsculas (*ovni*), salvo cuando se trata de nombres propios (*Unicef*).

- **Acortamientos.** Son palabras creadas por la **eliminación de las sílabas finales** de una palabra (*corto → cortometraje*), aunque también hay casos por supresión de sílabas iniciales. Son frecuentes en el registro informal.

- **Abreviaturas.** Son **reducciones gráficas** de una palabra o de un grupo de palabras que se forman eliminando algunas de sus letras o sílabas (*art. → atículo*; *plza. → plaza*). Siempre **terminan en punto** y, en casos concretos, en una letra voladita (*n.ª → número*) o en una barra (*c/ → calle*). También puede haber varias formas de abreviatura para una misma palabra (*tel., teléf., tfno. → teléfono*), y cuando lleva tilde, esta se conserva en la abreviatura si en ella está la vocal acentuada (*pág. → página*).

>> También son acrónimos las palabras compuestas formadas por la combinación de elementos de dos o más palabras. Estos se denominan **compuestos acronímicos**: *docudrama → documental + drama*.

2. Observa las siguientes abreviaciones y explica en tu cuaderno a qué palabra representan.

etc.   s/n   Ilmo.   Ud.

art.   fig.   cód.

- ¿Por qué algunas de ellas empiezan con mayúscula?

3. Fíjate de nuevo en las abreviaciones de la actividad anterior y explica en tu cuaderno a qué clase pertenecen y por qué.

4. Escribe las palabras que forman las siguientes siglas. ¿Cómo se leen? ¿Por qué algunas palabras se escriben con minúscula?

a) Unesco   c) TIC   e) CSIC   g) pyme

b) OMS   d) DGT   f) OCU   h) RNE

5. Observa de nuevo las palabras de la actividad 4 e indica cuáles de ellas son acrónimos.

6. Busca tres titulares de prensa que contengan siglas. ¿Por qué crees que es tan frecuente su uso en estos textos?

7. Observa las siguientes abreviaciones y redacta una oración en tu cuaderno con cada una de ellas.

ilu   porfa   pelu   finde

a) ¿Qué clase de abreviaciones son? ¿Cómo se han formado?

b) ¿Suelen utilizarse en el lenguaje formal o en el informal? ¿Por qué?

c) ¿Alguna de ellas aparece recogida en el diccionario? ¿Cuál?

Los sellos

1. ¿Qué ves en las imágenes anteriores?

2. Explica qué partes tienen en común todas las imágenes.

3. ¿Para qué sirven? ¿Los has usado alguna vez? ¿Dónde crees que podrías comprarlos?

4. En el sello número 1, aparece escrito *2 ptas*. ¿Sabes qué significa? ¿Hasta qué año crees que pudo venderse este sello? Justifica tu respuesta.

5. ¿Qué representan los aros de colores que aparecen en el sello número 6?

6. Indica el país al que pertenece cada uno de los sellos.

7. Cada sello aborda una temática distinta. ¿Qué representa el sello número 3? ¿Piensas que es importante conocer a este personaje?

8. ¿Crees que es una manera de que cada país difunda su cultura? Si tuvieras que crear un sello, ¿qué pondrías para destacar la cultura española?

9. La filatelia es la afición de coleccionar y estudiar los sellos de correos. ¿Por qué crees que hay personas que los coleccionan?

10. ¿Alguna vez has coleccionado algún objeto? ¿Cuál?

Escritura a mano

1. Observa el siguiente texto y contesta a las preguntas.

a) Indica cuál es el argumento principal que aporta el texto para defender la escritura a mano.

b) ¿Las imágenes ayudan a entender el texto? ¿Por qué lo crees?

2. En parejas, conversad sobre los siguientes aspectos y después realizad las actividades.

a) ¿Estáis de acuerdo con los argumentos que ofrece la infografía? ¿Cuál os parece más convincente? ¿Por qué?

b) ¿Qué otros argumentos añadiríais? Reflexionad sobre estos puntos.

- ¿Se memoriza mejor lo que se escribe a mano?
- ¿Escribir a mano nos obliga a estar más atentos y a concentrarnos en lo que escribimos?
- ¿Se desarrolla más el pensamiento crítico, al permitir profundizar más en los contenidos que se escriben?

3. La escritura a mano, además, dice mucho de nosotros y de nuestro estado de ánimo. Compruébalo realizando la siguiente actividad.

Paso 1. Reúne todo el material que hayas escrito a mano al final de un día cualquiera: los apuntes, una nota, una página de tu diario o de tu agenda, etc., y observa tu letra en todo el material.

Paso 2. Analiza si es igual en todos los casos. Recuerda cómo te sentías cuando la escribiste: ¿estabas nervioso, tenías prisa, estabas contento, estabas enfadado, estabas cansado?

Paso 3. Reflexiona sobre ello y redacta tus propias conclusiones.

ACTIVIDADES FINALES

1. Explica en tu cuaderno las diferencias sintácticas entre los siguientes pares de oraciones.

   a) Tengo los deberes que mandaron ayer.
   Tengo los que mandaron ayer.

   b) Los platos, que tienen el borde azul, son para guardar.
   Los platos que tienen el borde azul son para guardar.

   c) Le enseñé que tenía que seguir las instrucciones.
   Le enseñé las instrucciones que tenía que seguir.

2. Lee esta conversación y responde a las actividades en tu cuaderno.

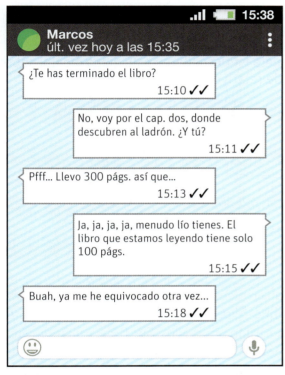

   a) ¿Cuál es el significado de las abreviaciones del texto? ¿De qué clase son?

   b) Señala las oraciones subordinadas de relativo y rodea su antecedente. Después, indica cuál es la función del relativo dentro de su oración.

3. Señala si las siguientes afirmaciones son verdaderas o falsas y corrige las falsas en tu cuaderno.

   A. Los enunciados *Vive encima mío* y *Vive encima de mí* no son correctos.

   B. Los adverbios que comienzan con *a-* no pueden ir precedidos de la preposición *a*.

   C. El gerundio se emplea para expresar una acción posterior a la indicada por el verbo principal.

   D. El gerundio debe utilizarse para expresar una acción futura.

4. Forma la abreviatura de las palabras destacadas.

   > Los Juegos Olímpicos modernos se inspiraron en los del siglo VIII antes de Cristo. Los primeros juegos modernos se celebraron en Atenas (Grecia) en 1896, gracias a que el Comité Olímpico Internacional se había fundado dos años antes.

ACTIVIDADES FINALES

5. Analiza sintácticamente estas oraciones.

a) Hice el examen con el bolígrafo que me prestó Diego.

b) Quien mucho abarca, poco aprieta.

c) El fotógrafo que admiro realizará una exposición pronto.

d) Las dos chicas que corrían por el andén alcanzaron el tren.

6. Lee este texto y observa el uso de los gerundios. Indica si están bien utilizados y añade tres líneas en las que emplees un gerundio más.

> Sonó el timbre y, como si un imán nos atrajera, corrimos hacia la salida. Allí nos encontramos a las chicas charlando sobre cómo había ido el día. Me despedí y me fui hacia el autobús pensando en lo ocurrido en clase.

7. Organiza tus ideas. Completa en tu cuaderno este mapa mental sobre las oraciones subordinadas de relativo.

8. Lee el texto y contesta a las preguntas en tu cuaderno.

> Querida Nora:
>
> Ayer abrí la carpeta. Estaba repleta de informes confidenciales, entre los que se repetían las palabras "Operación Skeksis". Todo era cierto. Los directores, que han huido, están implicados. Sus firmas aparecen en todos los informes. Debemos hacer pública toda la información.
>
> Tan pronto como leas esta carta, destrúyela y no me llames ni me envíes ningún correo electrónico. Yo me pondré en contacto contigo. Cuídate, Nora, cuídate mucho.
>
> Ángela

a) Busca una oración subordinada de relativo en el texto. ¿Cuál es su antecedente? ¿Qué clase de subordinada de relativo es?

b) Señala las características y la estructura de la carta que aparecen en este texto. ¿Qué elementos faltan?

VALORA LO APRENDIDO Autoevaluación.

LECTURAS RECOMENDADAS

Mi vida es un poema. Un libro de poesía actual, que toca todos los temas propios de la adolescencia: amor, desamor, amistad, decepción, desasosiego…

DESCUBRE Y LEE Profundiza en tu lectura con las fichas de actividades.

SOY COMPETENTE LA VERDADERA AMISTAD

¿Es posible abusar de algo bueno?

A pesar del hecho de que *philia* —'amistad' o 'amor'— forma parte de la auténtica esencia de la palabra "filosofía", la amistad no siempre ha sido una cuestión crucial para los filósofos de la tradición occidental. Sin embargo, el antiguo filósofo griego Aristóteles sí se explayó sobre la amistad; con mucha frecuencia, su perspectiva permanece de telón de fondo cuando otros, como Cicerón, Montaigne o C. S. Lewis, abordan la materia. Admitiendo el papel crucial que los amigos desempeñan en nuestra vida, Aristóteles ofrece una descripción detallada de lo que distingue a unas amistades de otras, con la mira de determinar qué amistades son las mejores. Según lo concibe Aristóteles, cada amistad se clasifica en una de estas tres categorías:

• Amistades de placer.

• Amistades de utilidad.

• Las amistades más elevadas, unidas por elementos como la virtud o un sentido compartido del bien.

Mientras que las amistades de placer se forman mediante el disfrute mutuo de alguna actividad, las amisades de utilidad se materializan cuando dos personas se benefician mutuamente. Los amigos que disfrutan jugando al baloncesto juntos, viendo películas de terror e intercambiando tebeos se inscribirían en una amistad de clase placentera. Los colegas que se llevan bien en la oficina y mantienen una relación empresarial productiva, pero que rara vez se encuentran en otros entornos, serían amigos en sentido utilitario. Para Aristóteles, las amistades de placer y utilidad son pasajeras, es decir, que se forman fácilmente pero también se disuelven con bastante facilidad; y de este modo, la mayoría de nuestras amistades equivalen a un largo desfile con constantes entradas y salidas. Las exigencias de la vida adulta hacen que los amigos de placer sean más frecuentes entre los jóvenes y las amistades de utilidad vayan aumentando a medida que cumplimos años.

Si bien las amistades de placer y utilidad tienen su lugar, Aristóteles insiste en que la verdadera amistad debe implicar algo más que el mero disfrute o el beneficio mutuo.

https://www.nuevarevista.net

Comprensión lectora

1. ¿Qué filósofo griego escribió sobre la amistad? ¿Qué tipos de amistad distingue?

Elabora un esquema en tu cuaderno sobre los tipos de amistad, en el que incluyas la definición de cada uno y un ejemplo.

2. ¿De qué otra forma podrías decir estas expresiones del texto?

a) "Aristóteles se explayó sobre la amistad".

b) "Según lo concibe Aristóteles, ...".

3. ¿Qué conectores podrían unir estas oraciones?

> Las amistades de placer y utilidad son pasajeras, ●●● se forman fácilmente, pero también se disuelven con bastante facilidad.

A. aunque

B. es decir

C. no obstante

D. ya que

Reflexión sobre la lengua

4. ¿Qué modalidad textual predomina en el fragmento: la exposición o la argumentación? ¿Qué características tiene?

5. Analiza sintácticamente esta oración.

> Las amistades de placer y utilidad son pasajeras.

6. Describe el uso de los dos puntos que aparecen en el texto.

7. Elige seis adverbios que se utilicen en el texto y explica su clase y a qué palabras modifican.

Expresión escrita

8. ¿Cómo es tu grupo de amigos? ¿Qué significa para ti la amistad? Redacta en tu cuaderno un texto argumentativo donde expliques tu opinión.

• ¿Cuál es la tesis de tu argumentación?

8 DOCUMENTOS FORMALES

En esta unidad aprenderás...

- Los textos del ámbito administrativo
- Otras oraciones subordinadas (I)
- Los símbolos alfabetizables y los no alfabetizables
- Las palabras tabú y los eufemismos

Observa

1. Observa la fotografía y contesta a las preguntas.

   a) ¿Qué está haciendo la persona que aparece en la imagen?

   b) ¿Has tenido que rellenar alguna vez un formulario? ¿Para qué tipo de activicades lo has hecho?

   c) ¿Se produce algún proceso comunicativo en la imagen? ¿De qué tipo es?

ESCUCHA el audio

2. Escucha este audio y responde a las preguntas.

   a) ¿Qué debe proporcionar el Estado a los ciudadanos?

   b) ¿Qué es la Administración?

   c) ¿Cómo nos comunicamos con ella?

   d) ¿Qué registro se debe usar en instancias y formularios?

Habla

3. ¿Has presentado alguna vez algún tipo de documentación administrativa? ¿De qué documentación se trataba? ¿Te resultó complicado?

Vuelva usted mañana

>> En este artículo, Mariano José de Larra denuncia la falta de agilidad de la Administración y de los trámites burocráticos que existía en la España del siglo XIX, donde siempre aparecían nuevos impedimentos para atrasar las soluciones y todo eran problemas para quien quería rapidez.

genealogista. Persona que investiga el origen de los apellidos y de las familias.

Sans-délai. En francés, 'sin espera'.

Un extranjero se presentó en mi casa, provisto de competentes cartas de recomendación para mí. Traía asuntos complicados de familia, reclamaciones futuras, y aun proyectos concebidos en París para invertir aquí.

Me aseguró que pensaba permanecer aquí muy poco tiempo, sobre todo si no encontraba pronto objeto seguro en el que invertir su capital.

—Mirad —le dije—, monsieur Sans-délai —que así se llamaba—; vos venís decidido a pasar quince días, y a arreglar vuestros asuntos.

—Ciertamente —me contestó—. Quince días, y es mucho. Mañana por la mañana buscamos un **genealogista** para mis asuntos de familia; por la tarde revuelve sus libros, busca mis ascendientes, y por la noche ya sé quién soy. En cuanto a mis reclamaciones, pasado mañana las presento con los datos que aquel me dé, al tercer día se juzga el caso y soy dueño de lo mío. En cuanto a mis negocios, en los que pienso invertir mi dinero, al cuarto día ya habré presentado mis proposiciones. En el sexto, séptimo y octavo, veo lo que hay que ver en Madrid; descanso el noveno; el décimo tomo mi asiento en la diligencia, si no me conviene estar más tiempo aquí, y me vuelvo a mi casa; aún me sobran de los quince cinco días.

Al llegar aquí monsieur **Sans-délai** traté de reprimir una carcajada que me andaba retozando ya hacía rato en el cuerpo.

—Permitidme, monsieur Sans-délai —le dije entre socarrón y formal—, permitidme que os convide a comer para el día en que llevéis quince meses de estancia en Madrid.

—¿Os burláis?

—No por cierto. Sabed que no estáis en vuestro país activo y trabajador. Os aseguro que, en los quince días con que contáis, no habréis podido hablar siquiera a una sola de las personas que necesitáis.

Comprendí que no estaba el señor de Sans-délai muy dispuesto a dejarse convencer, y callé, bien seguro de que no tardarían mucho los hechos en hablar por mí.

Amaneció el día siguiente, y salimos a buscar un genealogista y el buen señor, aturdido de ver nuestra precipitación, declaró francamente que necesitaba tomarse algún tiempo; nos dijo que volviésemos después de unos días. Me sonreí y nos marchamos. Pasaron tres días; fuimos.

—Vuelva usted mañana —nos respondió la criada—, porque el señor no se ha levantado todavía.

—Vuelva usted mañana —nos dijo al siguiente día—, porque el amo acaba de salir.

—Vuelva usted mañana —nos respondió al otro—, porque el amo está durmiendo la siesta.

A los quince días ya estuvo; pero mi amigo le había pedido información del apellido Díez, y él había entendido Díaz, y no servía. Esperando nuevas pruebas, nada dije a mi amigo, desesperado ya de dar jamás con sus abuelos.

Es claro que faltando este principio no tuvieron lugar las reclamaciones.

Para las proposiciones que acerca de varios establecimientos y empresas utilísimas pensaba hacer, había sido preciso buscar un traductor; por los mismos pasos que el genealogista nos hizo pasar el traductor; de mañana en mañana nos llevó hasta el fin del mes.

—¿Qué os parece de esta tierra, monsieur Sans-délai? —le dije.

—Me parece que son hombres singulares...

—Pues así son todos. No comerán por no llevar la comida a la boca.

A los cuatro días volvimos a saber el éxito de nuestra pretensión.

—Vuelva usted mañana —nos dijo el portero.

"Grande causa le habrá detenido", dije yo entre mí. Busqué ocasión de echar una ojeada por el agujero de una cerradura. Su señoría estaba echando un cigarrito al brasero, y con un ejemplar del periódico abierto entre manos.

—Es imposible verle hoy —le dije a mi compañero—; su señoría está en efecto ocupadísimo.

Nos citó el miércoles inmediato, y, ¡qué fatalidad!, el expediente había pasado a informe y, por desgracia, había pasado a otra sección, en la que se quedó durante dos meses. Sin embargo, pasado ese tiempo, nunca llegó a su nuevo destino.

—De aquí ya se envió hace días —decían en una sección.

—Aquí no ha llegado nada —decían en la otra.

—¡Voto va! —dije yo a monsieur Sans-délai, ¿sabéis que nuestro expediente se ha quedado en el aire [...], y que debe de estar ahora posado como una paloma sobre algún tejado de esta activa población?

Hubo que hacer otro. ¡Vuelta a los empeños! ¡Vuelta a la prisa! ¡Qué delirio!

—Es indispensable —dijo el oficial con voz campanuda—, que esas cosas vayan
65 por sus trámites regulares [...].

Por último, después de cerca de medio año de subir y bajar, y estar a la firma o al informe, o a la aprobación o al despacho, o debajo de la mesa, y de volver siempre mañana, salió con una notita al margen que decía:

"A pesar de la justicia y utilidad del plan del exponente, negado".

70 —¡Ah, ah!, monsieur Sans-délai —exclamé riéndome a carcajadas—; este es nuestro negocio.

Pero monsieur Sans-délai se daba a todos los diablos.

—¿Para esto he echado yo mi viaje tan largo? ¿Después de seis meses no habré conseguido sino que me digan en todas partes diariamente: "Vuelva usted mañana", y
75 cuando este dichoso "mañana". llega en fin, nos dicen redondamente que "no"?

—Me marcho —me dijo—. En este país "no hay tiempo". para hacer nada; solo me limitaré a ver lo que haya en la capital de más notable.

Finalmente, después de medio año largo, se volvió mi recomendado a su patria maldiciendo de esta tierra, y dándome la razón que yo ya antes me tenía, y llevan-
80 do al extranjero noticias excelentes de nuestras costumbres; diciendo sobre todo que en seis meses no había podido hacer otra cosa sino "volver siempre mañana", y que a la vuelta de tanto "mañana", eternamente futuro, lo mejor, o más bien lo único que había podido hacer bueno, había sido marcharse.

Mariano José de Larra: Vuelva usted mañana,
Biblioteca Virtual Miguel de Cervantes

>> **Mariano José de Larra**

Este escritor, periodista y político madrileño (1809-1837) es considerado uno de los referentes del Romanticismo literario español. Publicó más de 200 artículos satíricos y críticos bajo distintos pseudónimos.

1. Además de entretener, este texto tiene otra finalidad. ¿Sabes cuál es? Lee estas distintas opciones e indica en tu cuaderno cuál es la correcta y qué te ha hecho decidirte. • Pienso en la finalidad

   A. Informar sobre los trámites administrativos necesarios para abrir un negocio en España en el siglo XIX.
   B. Convencer a los extranjeros de que España es un buen lugar para vivir.
   C. Criticar la ineficacia de las instituciones y la pereza que mostraban los trabajadores de la Administración española en esa época.

2. El título del texto es "Vuelva usted mañana". ¿Por qué lo han titulado así? Explica qué representa y relaciónalo con el tema del texto. • Localizo el tema

3. Completa en tu cuaderno una tabla como la siguiente en la que se compara la planificación que tenía prevista monsieur Sans-délai para realizar sus gestiones en España con el tiempo real que finalmente dedica a cada trámite. • Busco información

Trámite	Tiempo previsto	Tiempo real aproximado
•••	1 día	•••
Reclamar unas posesiones	•••	No lo realiza
Presentar la proposición para invertir su dinero en unos negocios	1 día	•••

   • Además de los trámites anteriores, ¿qué otro trámite no previsto tuvo que realizar monsieur Sans-délai?

4. Este relato tiene la estructura típica de la narración. Escribe una oración que resuma cada una de las tres partes del texto. • Me fijo en la estructura

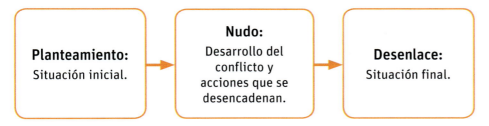

5. Vuelve a leer este fragmento del texto e indica a qué se refieren las palabras destacadas. • Relaciono palabras

   A los quince días ya estuvo; pero mi amigo le había pedido información del apellido Díez, y él había entendido Díaz, y no servía. Esperando nuevas pruebas, nada dije a mi amigo, desesperado ya de dar jamás con sus abuelos.
   Es claro que faltando este principio no tuvieron lugar las reclamaciones.

   A. Se refiere a la información sobre sus orígenes.
   B. Se refiere a los quince días de espera.
   C. Se refiere a la desesperación de monsieur Sans-délai.

   • ¿De qué otra manera se podría expresar la frase "Es claro que faltando este principio no tuvieron lugar las reclamaciones"?

COMPRENSIÓN LECTORA 193

Relaciono significados

6. Fíjate en la expresión destacada de este fragmento e indica en tu cuaderno qué ilustración la representa mejor.

> —¡Ah, ah! Monsieur Sans-délai —exclamé riéndome a carcajadas—; ese es nuestro negocio.
>
> Pero monsieur Sans-délai se daba a todos los diablos.

7. Vuelve a leer esta definición sobre los españoles que hace Larra en la lectura e indica cuáles de los adjetivos siguientes están relacionados con la expresión que utiliza.

> —Pues así son todos. No comerán por no llevar la comida a la boca.

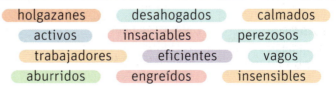

Me fijo en la forma

8. El autor del texto emplea en varias ocasiones la ironía para dar un tono burlón al relato. Busca tres oraciones en las que se haga uso de la ironía y escríbelas en tu cuaderno.

Pienso en lo que dice el texto

9. Explica cómo evoluciona la opinión que tiene monsieur Sans-délai sobre España a lo largo de la historia que has leído. Para hacerlo, utiliza el siguiente esquema.

> **1.** Al comienzo de la historia, ...
> **2.** Después de un mes en España, ...
> **3.** Al finalizar la historia, ...

10. ¿Crees que este relato podría seguir estando vigente en la actualidad? Argumenta si la sociedad española continúa siendo como describe Larra en su historia y compara tu respuesta con la de tu compañero.

PRACTICA Sigue trabajando la comprensión lectora con otro texto.

11. En la lectura, el narrador advierte a monsieur Sans-délai de que las cosas funcionan de manera diferente a la que está acostumbrado en su país. ¿Has vivido alguna experiencia parecida donde te haya sorprendido la forma de hacer las cosas de otra cultura o de otra ciudad? Describe tu experiencia sobre la situación que viviste.

12. En la lectura nadie quiere atender a monsieur Sans-délai porque están ocupados en otros asuntos. ¿Sabes qué significa la palabra *procrastinar*? Lee la definición y responde a las preguntas en tu cuaderno.

> **procrastinar**
> Del. lat. *procrastinare*
> **1.** tr. Diferir, aplazar.

a) Cuando procrastinamos, dejamos para otro momento las tareas más importantes para hacer antes otras cosas que nos resultan más gratificantes, pero que no son tan necesarias. ¿Sueles procrastinar normalmente?

b) ¿Qué tareas sueles aplazar para realizar en otro momento y cuáles no? ¿Cuál es el motivo?

c) Reflexiona sobre la procrastinación a partir de este refrán. ¿Estás de acuerdo con lo que dice? Escribe varios argumentos a favor o en contra para apoyar tu respuesta.

> No dejes para mañana lo que puedas hacer hoy.

d) ¿Qué métodos te resultan más útiles a la hora de organizar tu tiempo: agendas, planificadores, esquemas, pósits...? ¿Por qué?

e) ¿Cómo sueles distribuir tu tiempo entre el trabajo y el ocio? ¿Cuál crees que es el equilibrio perfecto para ti en estos dos ámbitos?

13. Observa esta lista de tareas pendientes e imagina que tienes que hacerlas en una tarde. Escribe en tu cuaderno cómo las organizarías para que te diera tiempo a hacerlo todo. Sigue los pasos que se indican.

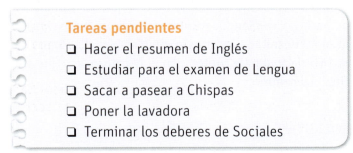

Tareas pendientes
- Hacer el resumen de Inglés
- Estudiar para el examen de Lengua
- Sacar a pasear a Chispas
- Poner la lavadora
- Terminar los deberes de Sociales

Paso 1. Indica el tiempo total del que dispones para realizar todas las tareas.

Paso 2. Teniendo en cuenta el tiempo total, añade a cada tarea las horas o los minutos que puede llevarte hacer cada una. Recuerda que, si hay tareas que dependan de la ayuda de otra persona, necesitarás encajar tu planificación con la suya.

Paso 3. Piensa en cuáles realizarías primero, dependiendo de si prefieres hacer las tareas más largas al principio o dejarlas para el final.

Paso 4. Compara tu planificación con la de tus compañeros. ¿Cuáles parecen más efectivas? ¿Por qué?

Los textos del ámbito administrativo

1. Observa el siguiente mensaje y responde a las preguntas.

a) ¿En qué tipo de página web crees que puede aparecer este mensaje?
b) ¿Qué medios se pueden usar para pedir la beca?
c) Según el mensaje, ¿qué datos se deben tener en cuenta a la hora de presentar la solicitud de la beca?
d) Escribe una petición para solicitar la beca de libros para el próximo curso. ¿Qué lenguaje has utilizado?

> Los **textos administrativos** son un tipo de textos que se usan para la comunicación entre la Administración y la ciudadanía. El **destinatario** de estos textos puede ser un **colectivo** (varios ciudadanos o varios departamentos de una misma institución) o **una persona particular**.
>
> El tipo de **lenguaje** que se usa es **formal** y, algunos de ellos, suelen redactarse en 3.ª persona.
>
> Dos ejemplos de textos administrativos son las **instancias** y los **formularios**.

2. Lee los siguientes fragmentos y clasifícalos en textos del ámbito administrativo o textos de otros ámbitos. ¿Cómo lo has sabido?

① No era una carretera muy transitada. La calzada estaba muy desgastada por el paso de los años y las condiciones climáticas. Estaba llena de baches y crecían los primeros brotes de hierba entre alguna de las grietas. Resultaba incómodo circular por ella, pero merecía la pena recorrerla solo para contemplar el hermoso lago que se encontraba al final del camino.

② SOLICITA:
La devolución del libro *Orgullo y prejuicio* prestado por la Biblioteca Municipal el día 15/01/2021 y cuya devolución estaba prevista para el día 04/02/2021.

③ El solicitante declara que comprende las normas establecidas en las bases del concurso y que cumple con todos los requisitos necesarios para realizar su inscripción.

- ¿Qué diferencias ves entre los textos en cuanto al lenguaje?

La instancia

3. Observa el siguiente texto administrativo. ¿Cuál es el objetivo de la carta? ¿Quién es el destinatario de la misma?

> D. Enrique García, con DNI 732543-R, teléfono 652 28 43, nacido el 30 de octubre de 1996 en la localidad de Villaciudad, con domicilio en C/ Mayor, 25 de dicha localidad.
>
> **EXPONE:** Que según las condiciones anunciadas en el Boletín, reúne los requisitos necesarios para participar en el concurso oposición convocado por este Ayuntamiento para la provisión de plazas para la Biblioteca Municipal.
>
> Por lo cual, según lo anteriormente relatado,
>
> **SOLICITA:** La admisión en las pruebas de selección al concurso oposición para la Biblioteca Municipal de este Ayuntamiento.
>
> En Villaciudad, a 15 de mayo de 2022
>
>
>
> ILMO. SR. ALCALDE DEL AYUNTAMIENTO DE VILLACIUDAD

Una instancia es un escrito usado por los **ciudadanos** para comunicarse con la Administración (del Ayuntamiento, de la comunidad autónoma, del Estado...), con el fin de **solicitar oficialmente un servicio o una prestación** al que tienen derecho legalmente. Tiene un formato predeterminado:

- **Datos del solicitante.** Se indican los datos de la persona que la solicita: nombre y apellidos, documento identificativo (DNI, pasaporte...) fecha y lugar de nacimiento y domicilio.
- **Exposición de los motivos.** Se inicia con la palabra EXPONE, escrita en mayúsculas, y seguida de dos puntos (:). Se citan las razones en las que se apoya la petición, precedidas por la palabra *que*. El apartado termina con la expresión *por lo cual* o *por todo lo anterior*, que enlaza la información con el siguiente apartado.
- **Petición.** Se inicia con la palabra SOLICITA, escrita en mayúsculas, y seguida de dos puntos (:). En esta parte se expresa la petición del solicitante.
- **Despedida.** Incluye el lugar y la fecha de la petición, la firma del solicitante y el cargo al que va dirigida (escrito en mayúsculas).

En algunos casos, se acompaña de documentos que justifiquen la petición.

4. Indica cuáles de estas peticiones deben realizarse a través de una instancia. Justifica tu respuesta.

A. Crear carriles para bicicletas.

B. Instalar rampas para personas con movilidad reducida.

C. Arreglar las tuberías de un edificio.

D. Delimitar más espacios peatonales.

Los textos del ámbito administrativo

5. Ordena esta información en tu cuaderno para crear una instancia.

① SOLICITA:

② Por lo cual, según lo relatado,

③ Que le sea concedido el permiso de tránsito para su vehículo hasta su domicilio.

④ Ilmo. Sr. Alcalde del Ayuntamiento de Corna

⑤ EXPONE:

⑥ Que su calle es peatonal y solo se permite el acceso a vehículos de transporte de mercancías.

Que posee un vehículo particular con el que no puede acceder hasta su domicilio.

6. Relee el texto que has ordenado en la actividad anterior. ¿Qué información falta para que la instancia sea correcta? ¿Por qué es necesaria para que dicho documento sea válido?

> En las **instancias** debemos expresarnos con **corrección**, en un **registro formal**. Se suele usar la **tercera persona** aunque hablemos de nosotros mismos.

7. Observa las siguientes escenas y redacta en tu cuaderno una instancia para cada una en la que solicites un servicio que ayude a corregir estas situaciones. Para hacerlo, puedes seguir estos pasos.

Paso 1. Reflexiona sobre los problemas que refleja cada escena.
Paso 2. Piensa en quién será el destinatario de tu instancia.
Paso 3. Escribe tu instancia teniendo en cuenta la estructura y el lenguaje apropiados para estos tipos de textos.
Paso 4. Revisa que la ortografía de tu escrito sea correcta y que el lenguaje que has utilizado sea el adecuado.

El formulario

8. Observa la siguiente imagen y contesta a las preguntas en tu cuaderno.

SOLICITUD DEL CARNÉ JOVEN EUROPEO

Junta de Castilla y León
Consejería de Familia e Igualdad de Oportunidades
Instituto de la Juventud

eYca

juventud castilla y león

DATOS DEL SOLICITANTE (edad entre 14 y 30 años, ambas inclusive)

Primer Apellido		Segundo Apellido		Nombre	
DNI /NIE/ Pasaporte	Fecha de Nacimiento	○ Hombre ○ Mujer		País de origen	
Domicilio en Castilla y León (donde se enviará el carné, en su caso)				Código Postal	
Localidad			Provincia		
Validez ○1 año ○2 años ○3 años		Teléfono fijo		Teléfono móvil	
Correo electrónico (Obligatorio para obtener el carné joven virtual)		Autorizo a recibir por correo electrónico información sobre promociones y actividades del programa carné joven europeo ○Sí ○No			

Instituto de la Juventud, Junta de Castilla y León

a) ¿Quién es el receptor de este texto?

b) ¿Qué tipo de información se recoge en él?

c) ¿Cuál es el propósito del texto?

Un **formulario** es un impreso con **espacios en blanco** que se han de rellenar siguiendo ciertas indicaciones. A través de los formularios que proporciona la Administración, los ciudadanos aportan la **información necesaria** para efectuar determinados trámites.

El formulario lo crea la Administración y es el "esqueleto" del texto que después ha de ser completado por el ciudadano. El emisor, una vez rellenado el formulario, es el propio ciudadano.

---

9. Observa de nuevo el formulario de la actividad 8. ¿Qué requisitos aparecen para poder solicitar el carné joven europeo?

10. Por grupos, leed el siguiente texto y convertidlo en un formulario en vuestro cuaderno.

> Mi nombre es Lucas Hernández y me gustaría inscribirme durante los próximos seis meses en las clases de Yoga que ofrece este Centro Deportivo Municipal. La clase que quiero solicitar es la que está disponible los lunes y miércoles de 18:00 a 18:50 h.
>
> Les envío una foto para el carné de acceso a las instalaciones. Pueden enviarlo a la dirección Calle Estrecho, 7, Cartagena, 02805 Murcia. También les indico mi número de telefóno como contacto: 963 51 27.

• Comparad vuestro formulario con los del resto de los compañeros. ¿Qué diferencias veis? ¿Creéis que en el texto falta algún dato necesario para el formulario? ¿Cuál?

COMUNICACIÓN **199**

Los textos del ámbito administrativo

11. Identifica las partes de un formulario en la imagen. Después, contesta a las preguntas en tu cuaderno.

Casillas para marcar opciones   Logotipo de la organización
Campo de texto   Tabla para rellenar datos

El Cambiazo ① **Formulario de solicitud**

Datos del solicitante ②

Nombre		DNI/CIF/Pasaporte		
Dirección		N.º	Piso	C. P.
Ciudad	Teléfono	Correo electrónico		

Tipo de servicio

Nueva inscripción ❏   Modificación de datos ❏   ③

Comentarios

④

a) Qué tipo de solicitud podría realizarse a través de un formulario como este? Enumera varios ejemplos.

b) ¿Piensas que el diseño de un formulario es importante? ¿Por qué?

Los formularios son textos **discontinuos**, es decir, no están formados por oraciones completas que se leen de forma lineal, sino que los datos se distribuyen en la página por **bloques** que siguen un **orden secuencial**. Cada bloque suele señalarse con un título.

Deben tener un **diseño adecuado** para que la información aparezca bien organizada y resulte sencillo de completar. Además, deben tener **suficiente espacio** para completar fácilmente la información que se solicita. En ocasiones, el formulario ofrece varias opciones y la persona que lo rellena ha de limitarse a marcar con una X la opción adecuada.

12. Además de la Administración, las empresas también emiten formularios para la prestación de distintos servicios. Reflexiona sobre ellos contestando a las siguientes preguntas.

a) ¿Alguna vez has completado un formulario para algún servicio de una empresa: registro en una red social, participación en un sorteo...? ¿Qué datos te han pedido?

b) ¿Qué supone proporcionar tus datos a una empresa? ¿Por qué crees que siempre hay que aceptar una cláusula sobre la política de privacidad y el tratamiento de datos? ¿Has leído esa cláusula alguna vez?

c) ¿Qué relación crees que hay entre los datos que proporcionas y la publicidad que te aparece al navegar por internet?

13. Observa este formulario y contesta a las preguntas en tu cuaderno.

a) ¿Crees que se trata de un formulario en papel o digital? ¿Cómo lo sabes?

b) ¿Por qué algunos espacios aparecen señalados con un asterisco? ¿Qué crees que puede ocurrir si no rellenas alguno de esos campos?

Los **formularios web** son muy similares a los formularios en papel, pero, como se rellenan en un soporte distinto, presentan algunas diferencias:
- En los formularios web, algunos campos van marcados con un asterisco y deben rellenarse obligatoriamente para que el formulario se pueda enviar.
- Las cajas desplegables permiten elegir entre diversas opciones posibles.
- Los botones de opción sirven para seleccionar una de las opciones dadas.
- En las cajas de texto se puede escribir libremente. Algunos formularios incluyen un límite de caracteres que no debe ser sobrepasado.

Una vez rellenados los datos de un formulario web, estos se envían a un servidor que procesa la información introducida por el usuario.

---

14. Por parejas, pensad qué inconvenientes y qué ventajas os podéis encontrar a la hora de rellenar un formulario en papel y uno digital. Después, completad una tabla como la siguiente en vuestro cuaderno.

Formularios en papel		Formularios digitales	
Ventajas	Inconvenientes	Ventajas	Inconvenientes
•••	Ejemplo: *Caligrafía*	•••	•••

15. Imagina que quieres organizar un club deportivo. Elabora un formulario de inscripción en tu cuaderno. Puedes seguir estas indicaciones.

Paso 1. Piensa en qué datos debe rellenar el socio para inscribirse en los servicios que ofrece el club.

Paso 2. Decide si lo realizarás en formato papel o en formato web y distribuye la información para que resulte clara y ordenada.

Paso 3. Elabora el formulario en tu cuaderno. No olvides indicar los campos que deben completarse de forma obligatoria.

Otras oraciones subordinadas (I)

1. Observa la viñeta y responde a las preguntas.

a) En la oración *En cuanto llegues, llámanos*, ¿qué formas verbales aparecen? ¿Es una oración simple o compuesta?

b) ¿Qué nexo conecta la oración principal con la subordinada en *Llegaré tarde, así que os mandaré un mensaje*?

> Además de las oraciones subordinadas sustantivas y de relativo, hay un grupo de subordinadas que cumplen funciones diversas respecto de la oración principal. En función de la información que aporten, pueden ser de tipos diferentes: temporales, causales, finales, ilativas, consecutivas, concesivas, condicionales y comparativas.

Las oraciones subordinadas temporales

2. Observa el nexo de esta oración subordinada. ¿Qué significado aporta?

   Llama un taxi mientras me cambio.

> Las oraciones subordinadas temporales expresan **una información de tiempo** a través del significado de los nexos que las encabezan.
>
> Estas oraciones desempeñan la **función** de complemento circunstancial de tiempo dentro de la oración principal. Los **nexos** que introducen las subordinadas temporales son la conjunción *mientras* y algunas locuciones conjuntivas como *en cuanto*, *tan pronto como*, *a medida que* o *siempre que*.
>
> *Tan pronto como estéis preparados,* avisadme.
> O Sub Temp/CCT

3. Completa en tu cuaderno estas oraciones con una subordinada temporal. Utiliza un nexo diferente en cada caso.

   a) ●●●, nosotros nos vamos a la playa.

   b) Puedes venir ●●●.

   c) ●●●, descansa un rato.

   d) ●●●, os recogemos.

Las oraciones subordinadas causales

4. Observa este cartel y contesta a las preguntas.

Maratón de cine de terror

Escapa mientras puedas

Proyección: martes 5 de julio a las 18:00 h.
(No olvides comprar pronto tu entrada porque el aforo es limitado).

a) ¿Aparece alguna oración subordinada temporal? ¿Cuál es su nexo?

b) Fíjate en la oración situada al final del cartel. ¿Qué nexo introduce la oración subordinada?

Las oraciones subordinadas causales indican **el motivo** por el que se **produce** lo expresado en la oración principal.

Pueden realizar la **función** de complemento circunstancial de causa si complementan a un verbo, o la de complemento oracional si complementan a otra oración:

Bebí un vaso de agua   *porque tenía mucha sed.*
O Sub Causal/CCCausa

Puesto que no has contestado a mi correo,   he venido a verte.
O Sub Causal/CO

Los **nexos** que introducen estas subordinadas son las conjunciones *porque*, *como* y *pues*, y algunas locuciones conjuntivas como *ya que*, *puesto que*, *a causa de que* o *debido a*. Además, las oraciones subordinadas causales también pueden estar formadas por un verbo en infinitivo precedido de la preposición *por*.

Está muy cansado   *por dormir poco.*
O Sub Causal/CCCausa

---

5. Escribe oraciones subordinadas causales uniendo estos enunciados.

Aprobó el examen.	Hace frío.
No iré de excursión.	Había estudiado mucho.
No te he llamado.	Necesitaba leche.
He ido a comprar.-	No había cobertura.

6. Transforma estas oraciones subordinadas causales sustituyendo el nexo por la construcción *por* + infinitivo. Fíjate en el ejemplo.

EJEMPLO: *Le duele mucho la tripa porque ha comido demasiado en la cena.*
→ *Le duele mucho la tripa por haber comido demasiado en la cena.*

a) Le han premiado porque ha hecho el mejor examen.

b) Puesto que ha estado de pie mucho rato, le duelen las piernas.

c) No ha ido a clase, ya que estaba enfermo.

d) El equipo ha ascendido porque es el mejor de la liga.

GRAMÁTICA   203

Otras oraciones subordinadas (I)

Las oraciones subordinadas finales

7. Observa estos versos y contesta a las preguntas en tu cuaderno.

> Para que los leas con tus ojos grises,
> para que los cantes con tu clara voz,
> para que llenen de emoción tu pecho,
> hice mis versos yo.
>
> GUSTAVO ADOLFO BÉCQUER:
> *Obras Completas*, Aguilar

a) ¿Cuántas oraciones subordinadas aparecen? ¿Qué nexo las introduce?

b) ¿Qué quiere decir el autor en el texto?

Las oraciones subordinadas finales indican la **finalidad** de lo expresado en la oración principal.

Estas oraciones pueden realizar la función de **complemento circunstancial de finalidad** si complementan a un verbo, o la función de **complemento oracional** si complementan a toda la oración:

Os llamaré para que estéis más tranquilos.
                   O Sub Final/CCF

Con el objeto de que no discutáis, podéis hacer juntos el trabajo.
  O Sub Final/CO

Los **nexos** que introducen las subordinadas finales son las locuciones conjuntivas *para que*, *a fin de que* o *con el objeto de que*.

Las oraciones subordinadas finales con el verbo en infinitivo van introducidas por las preposiciones *para* y *a*.

Joaquín se compró una moto para ir a trabajar.
                        O Sub Final/CCF

---

8. Responde a las preguntas incluyendo oraciones subordinadas finales. Utiliza nexos diferentes.

a) ¿Para qué has venido? He venido •••.

b) ¿Para qué fuiste a secretaría? Fui a secretaría •••.

c) ¿Para qué quieres ir a Londres? Quiero ir a Londres •••.

d) ¿Para qué necesitas las fresas? Necesito las fresas •••.

9. Fíjate en las oraciones subordinadas que has creado para la actividad anterior y explica qué función realizan dentro de la oración.

10. Presta atención a la imagen que aparece en el margen izquierdo y escribe tres oraciones subordinadas finales que la representen.

a) Señala qué nexos has empleado en cada oración.

b) Indica qué función cumple cada subordinada en la oración.

11. Observa el siguiente enunciado y señala en tu cuaderno si contiene una oración subordinada final. Explica cómo lo has averiguado.

> Como han superado esta fase, han pasado a la final.

Las oraciones subordinadas ilativas

Las oraciones subordinadas ilativas expresan una **consecuencia** de lo dicho con anterioridad en la oración principal.

Las oraciones subordinadas ilativas constan de dos componentes: el que **indica la causa** (la oración principal) y el que **expresa la consecuencia** (la oración subordinada).

Así, entre las oraciones causales y las ilativas se da una relación inversa:

No tengo dinero, luego no lo haré. → Oración Subordinada Ilativa

No lo haré porque no tengo dinero. → Oración Subordinada Causal

Las oraciones subordinadas ilativas aparecen siempre separadas de la oración principal por una pausa y no pueden anteponerse a aquella. Desempeñan la función de **complemento oracional**.

No me encuentro bien, así que me quedo en casa.
O Sub ilativa/CO

Los **nexos** que introducen estas subordinadas son las conjunciones *luego* y *conque* y locuciones conjuntivas como *así que*, *de modo que*, *de manera que* o *de ahí que*.

---

12. Añade a estas oraciones nexos que introduzcan cada una de las subordinadas ilativas. Utiliza un nexo diferente en cada caso.

a) No me gusta ese jersey, ●●● no lo compraré.

b) Tenía mucho sueño, ●●● me fui a la cama pronto.

c) Faltaban muchos datos, ●●● el problema no tuviera solución.

d) No quieres hacerlo, ●●● no lo hagas.

13. Transforma las siguientes oraciones subordinadas causales en oraciones subordinadas ilativas. ¿Qué cambios has introducido? Fíjate en el ejemplo.

Ejemplo: *El avión no pudo aterrizar a tiempo porque había una niebla espesa.* → *Había una niebla espesa, así que el avión no pudo aterrizar a tiempo.*

a) No fue a entrenar, ya que tenía un esguince.

b) No digas nada más, puesto que no tienes razón.

c) Es feliz debido a que tiene buenos amigos.

14. Completa estas oraciones en tu cuaderno con una subordinada ilativa. Incluye nexos distintos en cada oración.

a) No he hecho la compra, ●●●.

b) Nos falta sal, ●●●.

c) La luz está encendida, ●●●.

d) Es muy tarde, ●●●.

15. Observa estas oraciones y explica en tu cuaderno la diferencia sintáctica y de significado que hay entre ellas.

Pienso, luego existo.

Pienso porque existo.

GRAMÁTICA 205

Los símbolos alfabetizables y los no alfabetizables

Los símbolos son representaciones gráficas invariables de un concepto de carácter científico o técnico que tienen difusión internacional. A diferencia de las abreviaturas, no se escriben con punto. Los símbolos alfabetizables están constituidos por una o más letras.

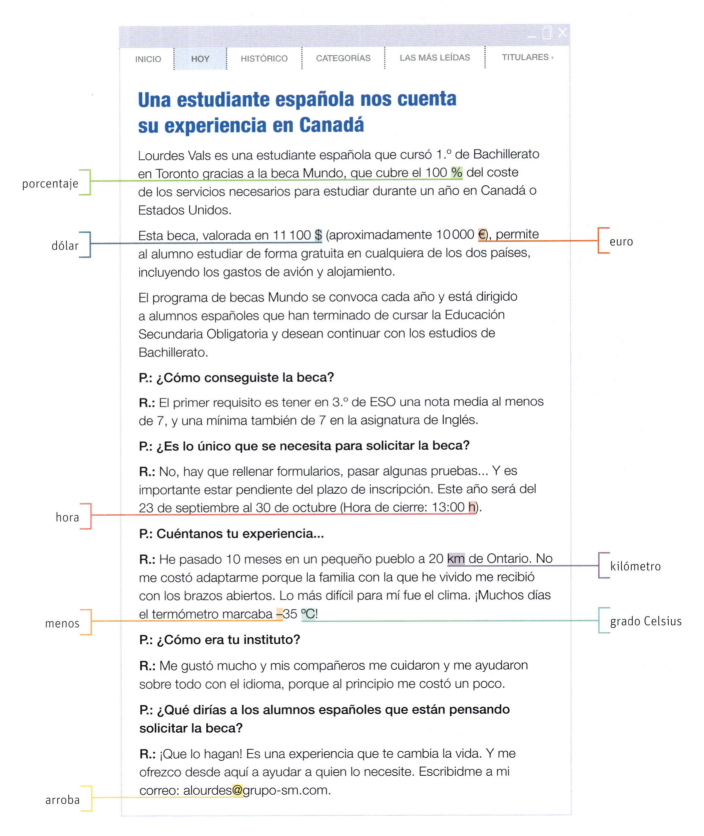

1. Escribe el significado de estos símbolos alfabetizables o no alfabetizables. Si desconoces alguno de ellos, puedes consultar el *Diccionario panhispánico de dudas* en la entrada de "símbolo".

   a) ºF   b) £   c) mL   d) &

2. Observa estos pasos para hacer un bizcocho. Transforma las imágenes en una receta donde indiques las cantidades necesarias de cada ingrediente, la temperatura y el tiempo de cocción. ¿Qué símbolos has utilizado?

3. Copia estas oraciones sustituyendo las palabras por símbolos alfabetizables o no alfabetizables.

   a) Me gustaría ahorrar algo más de 1000 euros para poder viajar muy lejos de aquí.

   b) El incendio que se ha producido al noreste sigue activo y ha arrasado más de 2000 hectáreas.

   c) Aunque tuviéramos una casa de 200 metros cuadrados, seguiría siendo insuficiente para guardar todas las cosas que tenemos.

   d) Dime el número de teléfono del dentista. Quiero cambiar la cita a las 14:00 horas, porque la tenía para dentro de 20 minutos pero no voy a llegar.

4. Elabora un diagrama de Venn en el que compares las características de las abreviaturas y los símbolos. ¿Qué tienen en común?

5. Relaciona en tu cuaderno los siguientes símbolos con su significado.

   - Indica si los símbolos anteriores son alfabetizables o no alfabetizables.

6. ¿Qué otros símbolos conoces? Escribe al menos cinco más que no hayan aparecido en estas páginas y explica su significado y su ámbito de uso.

7. ¿Qué ventajas crees que proporciona el empleo de todos estos símbolos? Ten en cuenta su difusión para responder a la pregunta.

8. Escribe un correo electrónico a un amigo donde aparezcan al menos cuatro símbolos alfabetizables y no alfabetizables.

PRACTICA Repasa con un dictado interactivo.

Las palabras tabú y los eufemismos

1. Lee estos textos y contesta a las preguntas.

   ① La guerra en ese país pobre ha causado muchos muertos entre la población civil. Además, ha contribuido a empeorar la crisis económica en la zona, lo que ha provocado una subida de precio en los alimentos de primera necesidad y un aumento de los despidos en las empresas.

   ② El conflicto bélico en ese país en vías de desarrollo ha causado muchos daños colaterales entre la población civil. Además, ha contribuido a empeorar la crisis económica en la zona, lo que ha provocado una subida de precio en los alimentos de primera necesidad y un aumento de los expedientes de regulación de empleo en las empresas.

   a) ¿De qué tratan estos textos? ¿Lo expresan de la misma manera?
   b) Observa las palabras marcadas en el primer texto. ¿Por qué palabras se han sustituido en el segundo?
   c) ¿Cuál de ellos te parece más adecuado para aparecer en un medio de comunicación? ¿Por qué motivo?

   Las palabras **tabú** son aquellas que se consideran **indebidas**, **malsonantes**, **vulgares** o que reflejan demasiado directamente una realidad desagradable, en algunos contextos.

   Los **eufemismos** son los términos o expresiones que **sustituyen a las palabras tabú** para evitar nombrar la realidad de manera directa. Así, se procura no dañar la sensibilidad de algunas personas o grupos sociales.

2. Busca los eufemismos que se usan en este diálogo y explica en tu cuaderno qué significado tienen.

3. Señala las palabras tabú que aparecen en las siguientes oraciones y sustitúyelas en tu cuaderno por el eufemismo correspondiente.

   a) Organizaron un viaje para ancianos.
   b) Construirán más plazas de aparcamiento para minusválidos este año.
   c) Este edificio es un manicomio abandonado.
   d) Entre esos países ha estallado una guerra.
   e) En esa cárcel hay más de mil presos.

La reclamación

Alicante, 15 de septiembre
Viajes Solair
C/Cantabria, 2
03425 Alicante

Muy señores míos:

Me dirijo a ustedes para informarles de las incidencias que hemos sufrido durante el viaje a Estrómboli que contratamos el pasado mes de agosto un grupo de amigos en su agencia de viajes.

Las condiciones que ustedes nos habían ofrecido eran las siguientes: un hotel de tres estrellas, con piscina y muy buena ubicación (en una pequeña población y a 100 metros de la playa) y un servicio de atención al cliente durante 24 horas para solucionar los problemas que pudieran presentarse.

Desafortunadamente, cuando llegamos a la isla y nos trasladamos al hotel comprobamos que no solo se encontraba a dos kilómetros de la playa, sino que además no tenía piscina. El hotel era muy antiguo y el servicio de limpieza era lamentable. Por si fuera poco, cuando tratamos de contactar con el personal de su compañía para que solucionaran el error no encontramos a nadie.

Por todo ello, reclamamos daños y perjuicios por el incumplimiento de las condiciones que contratamos y los inconvenientes que sufrimos durante el viaje. Adjunto el folleto con los detalles del hotel que habíamos reservado en su agencia y fotografías de las habitaciones donde finalmente nos alojamos.

Quedo a la espera de su respuesta y aprovecho para comunicarles que si no se produce o se retrasa me veré obligado a tomar otras medidas.

Les saluda atentamente,

Javier Losada

1. ¿De qué tipo de texto se trata?
2. Observa su estructura y analiza en qué párrafos se incluyen las siguientes informaciones.
   a) Solicitud
   b) Relato de los hechos
   c) Advertencia de las posibles consecuencias
   d) Argumentos de la reclamación
3. Identifica en cada párrafo las palabras clave que podrías usar para realizar una reclamación tomando la del texto como modelo.
4. Fíjate en el saludo y la despedida de la carta. ¿Qué otras palabras se podrían haber utilizado?
5. Describe el tipo de lenguaje que se ha empleado en el texto.
6. Inventa una situación parecida a la del texto y escribe una reclamación. Por ejemplo, has comprado un ordenador y no tiene las características que se publicitaban, en el viaje de fin de curso no se realizó una excursión que ya estaba programada con anterioridad, etc.

Quejas y peticiones

1. Lee estas palabras y sus definiciones y responde a las siguientes preguntas en tu cuaderno.

a) ¿Cuáles de ellas aluden a la persona que realiza un escrito?

b) ¿Qué palabras se refieren a un tipo de escrito?

c) ¿Qué diferencia existe entre una queja y un recurso? ¿Y entre una sugerencia y una petición?

2. En parejas, conversad sobre estos aspectos y realizad las siguientes actividades.

a) En los tipos de escritos que aparecen en el texto se debe utilizar un lenguaje formal. ¿Por qué creéis que es el adecuado? ¿Qué beneficios se pueden obtener al emplear este tipo de lenguaje?

b) ¿Qué consejos seguiríais para escribir esta clase de textos?

   oraciones largas o cortas   detalles exhaustivos o información breve

c) Ahora vais a redactar un texto formal y debéis utilizar el máximo de palabras que aparecen en el texto en mayúsculas. Para ello, imaginad una situación en la que necesitarais escribirlo y pensad qué estructura debería tener.

ACTIVIDADES FINALES

1. **Organiza tus ideas.** Elabora un esquema en tu cuaderno con las partes de la instancia y los datos que deben aparecer en cada una de ellas.

2. La instancia y el formulario son textos administrativos. Sin embargo, ¿qué diferencias hay entre ellos? Explícalas en tu cuaderno.

3. Sustituye las palabras destacadas de estas oraciones por un símbolo alfabetizable o no alfabetizable, según corresponda.
   a) El elefante asiático pesa alrededor de 5 toneladas.
   b) Cuando viajemos a Nueva York, deberás cambiar los euros por dólares.
   c) Un estudio realizado por la OMS indica que el 80 por ciento de los adolescentes no llega al nivel mínimo de actividad física diaria.
   d) Se acerca una gran borrasca por el noroeste del país.

4. Fíjate en la siguiente imagen. Copia en tu cuaderno los símbolos alfabetizables que aparecen y escribe su significado.

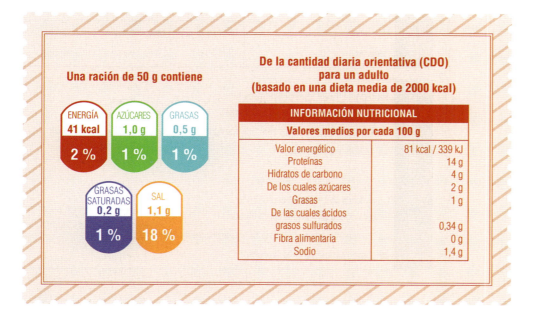

5. Transforma estas oraciones simples en oraciones compuestas que contengan subordinadas de diferentes tipos.
   a) Salimos hacia Cuenca al amanecer.
   b) Por culpa del tiempo, no podremos ir de pícnic al campo.
   c) ¿Quedamos en la parada del autobús?
   d) En otoño otorgarán los premios en mi instituto.

6. Fíjate en el ejemplo y después une en tu cuaderno los siguientes pares de enunciados para formar oraciones subordinadas causales e ilativas. Después, clasifícalas.
   EJEMPLO: A *Marta le encantan las piedras preciosas. Su madre es gemóloga.*
   → *A Marta le encantan las piedras preciosas porque su madre es gemóloga.*
   a) Se conceden varias becas. Los estudios en ese país son caros.
   b) Has ahorrado mucho. Puedes ir a Tailandia este verano.
   c) Su tío se jubila. Blanca continuará con el negocio familiar.
   d) Esa noticia es importante. La han publicado en la primera página.

ACTIVIDADES FINALES

7. Observa los siguientes términos y clasifícalos según se trate de palabras tabú o de eufemismos.

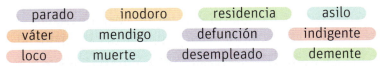

parado · inodoro · residencia · asilo · váter · mendigo · defunción · indigente · loco · muerte · desempleado · demente

- Relaciona cada palabra tabú con su eufemismo correspondiente.

8. Lee el siguiente fragmento de un texto y responde a las preguntas en tu cuaderno.

a) ¿Qué tipo de texto es? ¿Cómo lo sabes?

b) ¿Para qué sirve?

c) ¿Cuántas partes tiene? ¿Cuáles son?

d) ¿Qué clase de certificado solicita Iván?

e) ¿A qué Ayuntamiento tendrá que dirigirse para recoger su certificado?

9. Analiza sintácticamente estas oraciones.

a) Accedimos al teatro tan pronto como abrieron las taquillas.

b) Se han suspendido todas las actividades extraescolares de esta tarde debido a que el gimnasio está inundado.

c) Rodrigo ha hecho unas pulseras de hilo para que nos las pongamos durante el partido.

d) No todos teníamos libro, así que tuvimos que compartirlo.

10. Reflexiona sobre el significado que aportan las oraciones subordinadas causales y las ilativas y explica en qué se diferencian.

 **VALORA LO APRENDIDO** Autoevaluación.

SOY COMPETENTE | SOLICITUDES DE LA VIDA LABORAL

TEXTO 1

Sede Electrónica
Solicitud de informe de vida laboral

El envío de los informes de situación, solicitados a través de este servicio se realizará al domicilio del solicitante existente en las bases de datos de la Tesorería General de la Seguridad Social.

Datos Solicitud
Los campos marcados con (*) son obligatorios.

Datos Personales

Datos del Solicitante

(*) Nombre — Nombre
(*) Primer Apellido — Primer Apellido
Segundo Apellido — Segundo Apellido

(*) Tipo de documento — Seleccionar
(*) Número — Número

(*) Número Seguridad Social — Nº Seguridad Social

Datos telemáticos de Contacto

(*) E-Mail — E-Mail
(*) Confirmar E-Mail — Confirmar E-Mail

(*) **Domicilio**

(*) Tipo de Vía — --Seleccione un valor de la lista-- [Otras vías]
(*) Nombre de la vía — Nombre de la vía
(*) Número — Número

Escalera — Escalera
Piso — Piso
Puerta — Puerta
Bis — No
Bloque — Bloque

(*) Código Postal — C. Postal [Cargar localidades]

https://www.seg-social.es/

Comprensión lectora

1. ¿Para qué sirve este formulario? ¿Quién lo emite?

2. ¿Por qué medio se recibe el informe? ¿Cualquiera puede solicitarlo? ¿Por qué?

3. ¿Por qué crees que el campo de "Segundo Apellido" no está marcado como obligatorio?

4. ¿Para qué crees que sirve el botón de "Otras vías"?

Reflexiona sobre la lengua

5. Según la información que se ofrece en el texto, ¿qué significa telemático?

6. ¿Cuáles son las siglas de *código postal*? ¿Cuáles son las abreviaturas de *número*?

TEXTO 2

Comprensión oral

7. ¿Existe alguna manera de responder al emisor? ¿Ocurriría lo mismo si el mensaje estuviera escrito? ¿Por qué?

8. ¿Para cuáles de estas situaciones marcarías el 2?

A. Para solicitar un justificante por enfermedad.

B. Para ponerme una vacuna.

C. Para cambiar vendajes de una quemadura.

D. Para hacerme una radiografía.

Reflexiona sobre la lengua

9. Analiza la estructura interna de las siguientes palabras. ¿A partir de qué categoría gramatical se han formado?

petición   profesional   especialista

10. Las palabras *médico*, *pediatra*, *enfermero* y *especialista* ¿forman parte de la misma familia léxica? Explícalo en tu cuaderno.

11. Escribe cuatro palabras que compartan algún morfema con *enfermería*. ¿Qué tipo de morfema es?

Escribe

12. Inventa un diálogo en el que pidas una cita con tu médico en la recepción de tu centro de salud y escríbelo en tu cuaderno.

REPASO **213**

9 EXPERIENCIAS

En esta unidad aprenderás...

- Los textos del ámbito laboral
- Otras oraciones subordinadas (II)
- Uso incorrecto de los nexos
- Los cambios de categoría gramatical

Observa

1. Observa la imagen y contesta a las preguntas.
   a) ¿Qué preguntas crees que suelen realizarse en una entrevista de trabajo?
   b) ¿Qué es un *curriculum vitae*? ¿Sabes qué datos se incluyen en él?

ESCUCHA el audio

2. Escucha este audio y responde a las preguntas.
   a) ¿A qué fin se encamina gran parte de nuestra educación?
   b) ¿En qué proceso entramos al acabar nuestra formación?
   c) ¿Qué textos tenemos que usar en este proceso?
   d) ¿Cuál es el último paso antes de ser admitido en una empresa?

Habla

3. ¿Has tenido algún trabajo de verano? ¿De qué manera lo conseguiste?

4. ¿Cómo te prepararías para acudir a una entrevista de trabajo?

¿Quién es Sol?

> Sol ha terminado su educación en Saint-Paul, un prestigioso internado femenino. Hasta ahora, sus experiencias han sido positivas, pero tiene un conocimiento del mundo real muy limitado y los adultos que la rodean no la ayudan a resolver sus dudas. A las inquietudes de la adolescencia, está a punto de sumarse un conflicto mucho más grave que cambiará radicalmente su vida.

A los dieciséis años salió de Saint-Paul, creyéndose el centro del mundo. Pero el mundo resultó distinto a todo lo que ella aprendió a temer o amar. Ojeando su cuaderno escolar, podía evocar nueve años largos y casi inútiles de internado. El cuaderno tenía tapas rojas, y en la primera página había escrito, con letra grande y picuda:

5 **NOMBRE:** *Soledad Roda Oliver*

Nunca la llamó nadie Soledad. Recordaba que este nombre le había parecido ajeno, distante. Siendo muy niña, le sorprendió saber que Sol —tal como la llamaban todos— era como un disfraz, un bello y luminoso fuego que ocultaba aquella palabra oscura: Soledad. Y tenía miedo.

10 El cuaderno continuaba:

INGRESO EN SAINT-PAUL: *dos de octubre de mil novecientos veintisiete*

puerilles. Infantiles.

Y, sin embargo, cabían para ella muchas cosas en estas palabras. Cosas lejanas, confusas y **puerilles**. Terribles y concretas cosas de niña. Voces anchas y lejanía. Aquellas 15 palabras traían a la memoria las hojas de los libros, aún unidas en los cantos. Tenía seis años, y con manos torpes rasgaba el papel mientras mordía la fina cadena que llevaba al cuello, con una medalla redonda, de oro. Era muy tímida, y le daba vergüenza decir en voz alta la lección. Dentro del pupitre había formado, con cuadernos y libros una ciudad maravillosamente complicada. Pero ella nada sabía de las ciuda-
20 des, ni siquiera conocía aquella en que había nacido. Qué difícil de imaginar, entonces, que era posible reducir a escombros parte de una ciudad, en unas horas. [...]

CONCLUYÓ SU EDUCACION EN SAINT-PAUL: *quince de junio de mil novecientos treinta y seis*

Sol, con el cuaderno entre las manos, pensaba en lo que había consistido aquella 25 educación. Ciertamente logró dominar a medias su torpeza de movimientos, sus manos demasiado nerviosas. Sabía escribir correctamente, con letra delgada, pulcra. Recitar, con cierto énfasis, poesías francesas. Dibujar flores y paisajes con corzas y cipreses. Pero continuaba negada al mundo de los números, casi como el primer día de colegio. Sus notas en matemáticas habían sido siempre lamentables.

30 Sin embargo, en historia y geografía consiguió incluso diplomas, prolijamente adornados con cenefas de rosas, y algún lacito del que prendía una medalla de aluminio. Aun así, al cabo de aquellos nueve años seguía sintiéndose insatisfecha, curiosa. En aquel tiempo había muchas cosas que le despertaron interés. Pero raramente llegó a conclusiones que la satisficieran. A veces pensaba que de los pue-

blos de la tierra apenas sacó nada en claro más que las manchas verdes y amarillas de los mapas y las fechas de las batallas. Preguntaba, preguntó mucho, sin lograr la respuesta deseada. No querían responder, o no sabían. Acaso, se dijo, la historia vivía en otra parte, no en la que ella aprendió. Tantas cosas se agitaban dentro de una vasta zona de sombra, desconocida, presentida. Se interrogaba, quería saber qué oscuras razones empujaban a los que deseaban suprimir las fronteras o en quienes vivían del contrabando. En los que morían defendiendo un cuadrado de tierra bajo sus pies, y en los que se sentían extranjeros del mundo. Creía adivinar un anhelo constante en todos los seres de la tierra. Pero no había respuesta a sus preguntas. Ni para el amor, ni para el odio. [...]

ESTATURA: *1,62*

Creció mucho en Saint-Paul. El espejo le ofrecía la imagen de una criatura delgada, ambigua. Largas piernas, cuello alto, talle espigado. El cabello en trenzas le despejaba la frente, blanca y suavemente combada. Alguna vez pensó que su frente era media cúpula, radiante, hermosa. Estaba orgullosa de su frente. No de sus ojos, ni de la expresión de su boca, dura y cerrada, como una pequeña concha. Ni de su cuerpo, un poco desgarbado, indolente y nervioso a un tiempo, dentro de aquel uniforme azul marino, con el cuello blanco, impoluto. Cuando sonreía, sus dientes brillaban como cuentas de cristal. Le gustaba soñar, y llegó un tiempo un poco triste, que dejaba pequeños vacíos en el alma. Se perdían cosas, y las que se ganaban traían más frío. Todos los menudos misterios se desvelaban poco a poco, a su alrededor. Las monjas hablaban mucho, entonces, de los peligros del mundo. Y cada vez que una de aquellas veladas y turbias verdades aparecía Sol experimentaba una delgada decepción. Las otras alumnas de su edad acostumbraban a cuchichear y adoptar aires de suficiencia. Ella permanecía un tanto fría alejada de estos **conciliábulos**. "Tal vez —se decía— todo en la vida es un poco estúpido".

conciliábulos. Reuniones para tratar de algo que se quiere mantener oculto.

>> **Ana María Matute**

Esta escritora barcelonesa (1925-2014) llegó a ser miembro de la Real Academia Española y premio Cervantes, pero los inicios de su carrera no fueron fáciles. *Luciérnagas*, escrita en 1949, tuvo muchos problemas con la censura y tardó décadas en poder publicarla tal y como la había escrito originariamente.

Algo impalpable la acercaba irremisiblemente al mundo de las personas mayores, a sus padres. No era solo el cariño, ni el deseo de protección, lo que la atraía. Por primera vez se paraba a observar, a meditar, desapasionadamente. Los padres ya no eran los dioses. Los padres tenían defectos y, cosa extraña, ella los amó más. Por eso se sentía más atraída hacia su padre, porque era imperfecto, porque se parecía más a ella. La madre todavía quedaba lejana, más admirada, tal vez, pero no tan entrañable. Un día, viendo a su padre en la playa, con su pantalón corto y la calva achocolatada brillando al sol, sintió una súbita vergüenza.

Su padre se llamaba Luis Roda, y en aquella época contaría algo más de cuarenta años. Era dueño de unos talleres de fundición, que constituían el patrimonio de los Roda desde hacía tres generaciones. Sol no pudo saber si realmente él amaba aquel trabajo, a pesar de que en ocasiones se lo había preguntado. El hecho de haberlo heredado no le parecía motivo suficiente para ello. Pero su padre, como todos los que la rodeaban, eludía esta clase de preguntas. Era un hombre alto, delgado, pero de una gran fuerza física. Sol lo recordaba ágil, sanguíneo y violento, con la piel de un moreno cobrizo. Le parecía un ser contundente y tozudo. Recordaba su risa, sana, fuerte, el olor a loción y tabaco que emanaba. Le gustaba saber que ella tenía su mismo color de ojos, su modo de mirar, directo, inquisitivo. Sol se reconocía, con honda y cálida emoción, en la torpeza nerviosa de su padre. La frente de su padre era alta, indómita. La frente de Sol parecía un corcel encabritándose. Creció lo justo para llegar con ella, sin ponerse de puntillas, a los labios de su padre. Sentía una gran curiosidad por él, por su vida, por su mundo: "Papá —le decía—, llévame un día a la fundición. Quiero ver cómo es". […]

Sol abandonó el colegio sin la emoción que siempre imaginó. Ni siquiera, al alejarse en el coche, al lado de sus padres, vio perderse el edificio lenta y melancólicamente, con todos sus recuerdos infantiles, como había supuesto. Y descubrió que, cuando las cosas acaban, se borran tras una esquina, secamente. Así, con dieciséis años inquietos, ignorantes, y un extraño acordeón de libros mal atados —en el que parecía empaquetar toda su infancia—, ojeando pensativamente su cuaderno escolar, le sorprendió el estallido de la guerra.

Ana María Matute: *Luciérnagas*, Austral

1. El texto está dividido en cinco partes, cuatro de ellas llevan un título:

   - **NOMBRE:** Soledad Roda Oliver
   - **INGRESO EN SAINT-PAUL:** dos de octubre de mil novecientos veintisiete
   - **CONCLUYÓ SU EDUCACIÓN EN SAINT-PAUL:** quince de junio de mil novecientos treintaiseis
   - **ESTATURA:** 1,62

   - ¿Qué relación hay entre los títulos y lo que se cuenta en ellos?

2. A continuación encontrarás el resumen del contenido de las diferentes partes de la lectura. Ordénalo según como aparecen en el texto.
   - 15-06-1936: Soledad lee acerca de lo que aprendió en Saint-Paul.
   - Sol describe a sus padres y su relación con ellos.
   - 02-10-1927: Soledad lee cómo vivió su ingreso en Saint-Paul.
   - Soledad consulta su cuaderno rojo.
   - Estallido de la Guerra Civil española.
   - Su nombre era Soledad, pero la llamaban Sol.
   - Sol describe cómo se ve a sí misma.

3. Escribe un nuevo título para cada una de las partes de la actividad 2.

4. ¿Qué tema trata el fragmento? Cambia el título por otro que se ajuste más al contenido del texto.

5. Escribe brevemente las ideas principales del texto. Sigue el orden de las ilustraciones para hacerlo.

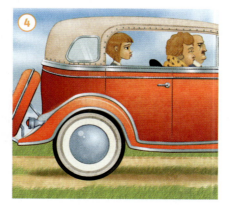

Relaciono significados

6. Fíjate en el párrafo que describe su nombre. ¿Por qué dice que Sol, el nombre con el que todos la llaman, es como un disfraz?

> Nunca la llamó nadie Soledad. Recordaba que este nombre le había parecido ajeno, distante. Siendo muy niña, le sorprendió saber que Sol —tal como la llamaban todos— era como un disfraz, un bello y luminoso fuego que ocultaba aquella palabra oscura: Soledad. Y tenía miedo.

Busco información

7. De la siguiente lista, elige las características que definen la forma de ser de Sol.

Es muy tímida.   Es muy callada.

Le da vergüenza hablar en voz alta.

Es fría.   Es cálida.

8. ¿Cómo es físicamente Sol? Anota en tu cuaderno las respuestas que sean correctas.

A. Delgada

B. Robusta

C. De talle espigado

D. Con las piernas largas

E. Con las manos largas

F. Ambigua

G. Con el cuello largo

H. Desgarbada

9. Fíjate en esta lista de tareas. ¿Cuáles de ellas aprendió Sol en el colegio y cuáles no? Indícalo en tu cuaderno.

LISTA DE TAREAS ESCOLARES
✓ Escribir correctamente.
✓ Dibujar flores y paisajes.
✓ Dibujar casas y catedrales.
✓ Recitar poesías francesas.
✓ Jugar a las cartas.
✓ Aprender Historia y Geografía.
✓ Adquirir habilidades matemáticas.

Pienso en lo que dice el texto

10. En el texto has leído el siguiente párrafo:

> Algo impalpable la acercaba irremisiblemente al mundo de las personas mayores, a sus padres. No era solo el cariño, ni el deseo de protección, lo que la atraía. Por primera vez se paraba a observar, a meditar, desapasionadamente. Los padres ya no eran los dioses. Los padres tenían defectos y, cosa extraña, ella los amó más.

En la infancia, los padres nos parecen héroes y heroínas, pero después nos damos cuenta de que son personas normales con luces y sombras. Cuando Sol se dio cuenta, ¿qué sintió? ¿Te ha pasado a ti algo parecido? Comentadlo en clase.

PRACTICA Sigue trabajando la comprensión lectora con otro texto.

11. Cuando Sol termina sus estudios, estalla la Guerra Civil española. ¿Qué sabes acerca de este hecho histórico? Investiga sobre él y completa una ficha como la siguiente en tu cuaderno en la que incluyas los datos que hayas obtenido.

- Fecha de comienzo del conflicto
- Motivo del conflicto
- Descripción de los bandos contendientes
- Consecuencias del conflicto
- Fecha de fin del conflicto

12. Muchas ONG realizan labores humanitarias en lugares donde existen conflictos bélicos. ¿Cómo crees que será el trabajo de estos profesionales cada día? Investiga sobre alguna de esas organizaciones y contesta a las preguntas en tu cuaderno.

   a) ¿Qué ONG has elegido?
   b) ¿En qué lugares desarrollan su actividad?
   c) ¿Qué servicios ofrece: atención médica, distribución de alimentos y elementos esenciales, servicios de telecomunicaciones, reconstrucción de espacios, servicios educativos...?
   d) ¿Qué proyecto de esa ONG te parece más interesante? ¿Por qué?
   e) ¿Has colaborado alguna vez con una ONG? Describe tu experiencia.

13. Al finalizar su educación en Saint-Paul, Sol ha aprendido cosas que la ayudarán en su futuro profesional. Imagina que quiere mandar una carta a una empresa para que la tengan en cuenta para un puesto vacante. Escribe la carta como si fueras Sol.

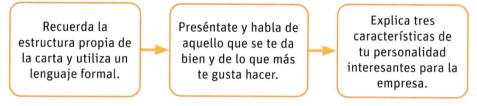

14. Piensa en un trabajo o una ocupación que pueda ser adecuada para Sol según sus gustos y cualidades. Después, contesta a las preguntas.

   a) ¿Qué funciones tendría que realizar Sol en ese puesto de trabajo?
   b) ¿Por qué crees que ese sería un trabajo apropiado para ella?

15. ¿Sabes a qué te gustaría dedicarte profesionalmente? Reflexiona sobre tu futuro laboral siguiendo estos pasos.

   Paso 1. Busca en internet diferentes trabajos y profesiones y realiza una lista con todos ellos.
   Paso 2. Marca aquellos que más te atraigan y explica por qué te gustan.
   Paso 3. Investiga sobre qué tipo de tareas se llevan a cabo en esos trabajos y descríbelas.
   Paso 4. Piensa qué otros conocimientos necesitas adquirir para dedicarte a las profesiones que has escogido.
   Paso 5. Comparte los resultados de tu reflexión con tus compañeros de clase.

Los textos del ámbito laboral

El *curriculum vitae*

1. Lee este texto atentamente y contesta a las preguntas.

Amaia Segura Fernández
+34 37645137 / +34 587 57 66
aseguraf@grupo-sm.com

Experiencia profesional

<u>Diciembre de 2012-Actualidad</u> Contable
Empresa Asesores Fiscales y Auditores reunidos
Gestión de cuentas, balances y análisis

<u>Octubre 2011-Junio 2012</u> Prácticas en alternancia
Academia de Contabilidad "El Balance"
Ayuda en labores de auditoría

Educación y formación

<u>Octubre de 2010-Junio de 2011</u> Máster en Dirección de Empresas
Escuela Europea de Contabilidad. Zaragoza
Gestión empresarial y económica, legislación laboral y técnicas de dirección de recursos humanos

<u>Octubre de 2005-Junio de 2010</u> Licenciada en Ciencias Económicas y Empresariales (Especialidad en Contabilidad)
Facultad de Ciencias Económicas y Empresariales de la Universidad de Zaragoza

Competencias personales

Idiomas Español (nativo), Inglés (nivel C1), Francés (Nivel B2)
Competencias de organización y gestión: Buenas dotes de comunicación y organización. Disponibilidad para viajar.
Competencias informáticas: Buen manejo de programas informáticos, tanto en aplicaciones contables como en bases de datos y tratamiento de textos.

a) ¿Quién es el emisor del texto? ¿A quién va destinado?
b) ¿En cuántos apartados se divide? Explica qué información se puede encontrar en cada uno de ellos.

En un *curriculum vitae* se expone la **información personal y laboral** sobre una persona:
- Los **datos personales** (nombre y apellidos, dirección) y los medios para ponerse en contacto con ella (teléfono, dirección de correo electrónico).
- Los **estudios realizados**, donde se debe citar el nombre del título o de los títulos obtenidos y la institución educativa que los imparte.
- Los **trabajos** llevados a cabo hasta el momento, indicando la empresa en la que se trabajó, la etapa durante la que se llevó a cabo el trabajo, el cargo que se desempeñó y las tareas realizadas.
- **Otras habilidades** como idiomas o conocimientos informáticos.

2. Observa las siguientes opciones e indica en qué apartado del *curriculum vitae* las incluirías.

a) Carné de conducir

b) Certificado B1 en alemán

c) Buen manejo de Photoshop e Illustrator

d) Grado en Diseño Gráfico

e) Camino del Condestable, 19, 2.º C

3. Vuelve a leer el *curriculum vitae* de la actividad 1 y contesta a estas preguntas en tu cuaderno.

a) ¿Crees que se trata de un texto pensado para ser leído de forma lineal o crees que está organizado para consultar información puntual? Justifica tu respuesta.

b) Observa los apartados de "Experiencia profesional" y "Educación y formación". ¿Cómo se ordenan en ellos las distintas actividades?

La Comisión Europea ha propuesto un **modelo oficial de *curriculum vitae*** que se ciñe a las siguientes características:

- A la izquierda se escriben los títulos de los apartados, y a la derecha, los ítems que hay que destacar en cada uno.

- El orden de los apartados es información personal, experiencia profesional, educación y formación y competencias personales.

- En experiencia profesional y educación y formación, los distintos ítems se anotan en orden cronológico inverso: se empieza por lo más reciente.

---

4. Lee el siguiente texto y escribe en tu cuaderno el *curriculum vitae* de la protagonista siguiendo el modelo oficial europeo.

Me llamo Laura Gómez Sanz, nací en Granollers (Barcelona).

Cuando acabé la ESO en el año 2007, me apunté a un ciclo formativo de Electrónica en la Academia de FP de Granollers que duraba dos años. Mientras estudiaba, hice prácticas en la empresa Nuevo Aire S. L. como auxiliar de técnico instalador de aires acondicionados.

Cuando obtuve el título de Técnica en Electrónica, el jefe de la empresa me propuso seguir como ayudante durante unos meses, mientras hacía un cursillo de Instaladora organizado por la propia empresa. El cursillo duró de septiembre a junio. Al terminarlo, me ascendieron a instaladora con un ayudante a mi cargo. Estuve cinco años en ese puesto.

Después, decidí hacer un curso de Comercio y Marketing. Durante seis meses trabajé por la mañana e hice por la tarde el curso en la escuela Granolls. Cuando lo terminé, comencé a trabajar en las oficinas de la empresa vendiendo aparatos de aire acondicionado. He ocupado este cargo durante cuatro años.

- ¿Qué otros datos crees que deberían añadirse para completar el *curriculum vitae* de Laura?

COMUNICACIÓN **223**

Los textos del ámbito laboral

La carta de presentación

5. Lee atentamente el siguiente texto y contesta a las preguntas que encontrarás a continuación.

Bco. de Comercio de Murcia
Dpto. de Recursos Humanos

Luisa López Amorós
Tel.: 965 21 22

Alicante, 11 de octubre de 2021

A quien corresponda:

Una vez finalizados mis estudios de Administración y Dirección de Empresas en la Universidad de Alicante, busco mi primer empleo donde profundizar y aplicar de modo práctico los conocimientos adquiridos.

Durante el último año de mis estudios, realicé prácticas de empresa en el Banco Central de España durante ocho meses, donde recibí formación sobre banca y bolsa.

Estoy muy interesada en trabajar en el ámbito de la asesoría de valores e inversiones en su central de Madrid. Con mi formación y especialización académica, creo reunir los requisitos específicos para el desempeño de este trabajo. Me sería muy grato tener la ocasión de demostrar mis aptitudes en su empresa, por ello solicito tener la oportunidad de concertar una entrevista con ustedes.

En espera de sus noticias, les saluda muy atentamente,

Fdo.: Luisa López Amorós

---

https://www.gipe.ua.es

a) ¿Quién es el emisor? ¿A quién va dirigido este texto?

b) ¿Cuál es el tema que trata?

c) ¿Crees que esta carta tendría que ir acompañada de algún otro documento? ¿De cuál?

d) Señala los elementos característicos de la carta que aparecen en el texto.

Una carta de presentación es un documento que **acompaña al *curriculum vitae***. En ella se destacan las cualidades más importantes para el puesto que se solicita. Se debe emplear un **registro formal** y seguir esta estructura:

- Arriba a la derecha se indican el remitente, su dirección y la fecha.
- A la izquierda, ha de constar el nombre y la dirección de la empresa a la que se dirige la carta:
  - La carta tiene que iniciarse con un saludo formal.
  - En el cuerpo de la carta se exponen las razones por las que enviamos el *curriculum vitae* y por las que creemos ser aptos para el trabajo.
  - La carta se cierra con una despedida formal y la firma del remitente.

6. Lee de nuevo la carta de la actividad 5 e indica si está escita en un registro formal o informal. ¿Cómo lo sabes?

7. Lee las siguientes fórmulas de saludo y de despedida e indica cuáles te parecen apropiadas para una carta de presentación y por qué.

Apreciados señores Querida empresa Señores

Estimados señores Muy señores míos Un beso

¡Hasta luego! Atentamente ¡Un saludo!

A la espera de sus noticias, se despide atentamente

Cuando solicitamos un puesto de trabajo que hemos visto anunciado, en la carta de presentación debemos aludir a dicho puesto y explicar por qué nos interesa. En cambio, cuando enviamos el *curriculum vitae* y la carta a una empresa de manera espontánea es más conveniente hablar de nuestra formación y de nuestro interés por dicha empresa.

8. Observa la siguiente información y escribe una carta de presentación a partir de ella.

> Lara Rodríguez se entera de que van a abrir un estudio de arquitectura en el centro de Málaga. No sabe si hay algún puesto vacante pero le interesa mucho formar parte de ese equipo.
>
> Ha estudiado Grado en Diseño de Interiores en la Universidad de Sevilla y ha trabajado durante cinco años en una empresa de reformas de viviendas.

9. Imagina que buscas un trabajo y encuentras estas dos ofertas. Elige una y escribe una carta de presentación en la que expliques por qué consideras que eres adecuado para el puesto.

① EDITORIAL ATARATE

BUSCA
LECTOR PROFESIONAL

Editorial especializada en el mundo de la lectura infantil y juvenil busca lector profesional.

Tareas

Leer un manuscrito cada dos semanas y rellenar un informe de opinión sobre lo leído.

Interesados mandar CV a atarate@grupo-sm.com

② BEM GAMES

SOLICITA
PROBADOR DE VIDEOJUEGOS

Empresa puntera en la creación de videojuegos busca probador para sus nuevos juegos.

Tareas: jugar a los juegos recibidos para descubrir distintos niveles, estrategias y posibles errores. Completar un informe con los detalles.

Interesados mandar CV a BEMgames@grupo-sm.com

Los textos del ámbito laboral

La entrevista laboral

10. Imagina que has enviado la carta de presentación y tu *curriculum vitae* a una de las empresas de la actividad 9. ¿Cuál crees que sería el siguiente paso si se pusieran en contacto contigo?

> En la mayoría de las empresas, el proceso de selección de personal culmina con una **entrevista laboral** en la que un representante de la empresa mantendrá una conversación con los candidatos a un determinado puesto para acabar de decidir cuál es el más idóneo para desempeñarlo.
>
> Se centra en la **formación** y en la **experiencia** de la persona candidata. Debe demostrar que está preparada y conoce las tareas propias del puesto de trabajo. También se suele preguntar por aspectos de la vida personal como las aficiones.
>
> En una entrevista de este tipo, es importante ser puntual, ir adecuadamente vestido, mostrar calma y seguridad, mantener una actitud educada, y expresarse con claridad usando un lenguaje formal.

11. Copia esta tabla en tu cuaderno. Después, clasifica las siguientes preguntas básicas que suelen aparecer en una entrevista laboral según el bloque al que pertenezcan.

Datos personales	Formación	Experiencia	Características del puesto
•••	•••	•••	•••

a) ¿Qué motivos le llevaron a elegir sus estudios?
b) ¿En qué ha trabajado hasta ahora?
c) ¿Qué aspectos de su personalidad le parecen más positivos?
d) ¿Cuáles son sus aficiones?
e) ¿Qué opina de su anterior trabajo?
f) ¿Le gusta trabajar en equipo?
g) ¿Cuáles son sus expectativas salariales?
h) ¿Qué es lo que más le atrae de esta oferta de trabajo?

12. En una entrevista de trabajo, el lenguaje no verbal también es muy importante. Observa las siguientes imágenes. ¿Cuál crees que es la actitud adecuada para una entrevista? Justifica tu respuesta.

13. En las entrevistas laborales es fundamental causar una buena primera impresión. ¿Qué aspectos crees que son claves para esto, la actitud o la apariencia física? Reflexiona sobre ello y explica tu respuesta.

14. Imagina que tienes que seleccionar a un candidato para un puesto de trabajo en una empresa. Observa el siguiente anuncio que se ha publicado sobre el puesto y prepara un guion con el que realizar la entrevista siguiendo unos pasos.

_ ☐ ×

Oferta de trabajo   **Guardar anuncio**

GESTOR DE REDES SOCIALES

EMPRESA: DEPORTES "LA GRAN NEVADA"

Empresa líder en el sector de los deportes, dedicada a los complementos de deportes de nieve.

Nuestra compañía se especializa en material de esquí y otros deportes de nieve (botas, tablas, protecciones...), así como ropa técnica, con venta en tiendas físicas y por internet.

Tipo de tareas que se van a realizar:

- Participar en el desarrollo del plan de marketing digital.
- Posicionar la marca en redes sociales.
- Moderar, dialogar y dinamizar contenidos con los internautas.
- Implementar estrategias (concursos, regalos, promociones...) para aumentar el número de seguidores en las redes sociales.

Categoría: Marketing y comunicación
Nivel: Especialista
Número de vacantes: 1

Requisitos

✔ Estudios relacionados con comercio digital, de gestor de redes sociales o similar.
✔ Experiencia como dinamizador de redes sociales.
✔ Capacidad para redactar textos de forma correcta y fluida de acuerdo con el tipo de público de la marca.
✔ Creatividad para generar contenidos atractivos que destaquen.

Paso 1. Fíjate en los requisitos mínimos de formación que deben cumplir los candidatos para encajar en este trabajo.

Paso 2. Realiza una lista de preguntas que podrías hacerle a la persona a la que fueras a entrevistar. Recuerda los temas principales sobre los que se suele hablar y clasifica las cuestiones según esos bloques: datos personales, formación, experiencia y características del puesto vacante.

Paso 3. Ten en cuenta los aspectos en los que debes fijarte en cuanto a la actitud del entrevistado y su lenguaje verbal y no verbal.

15. Por parejas, dividíos los roles de entrevistador y candidato al puesto de trabajo y realizad la entrevista que habéis preparado para la actividad anterior.

- Al finalizar, compartid vuestras impresiones con el resto de compañeros y debatid entre todos sobre los aspectos que se deben cuidar para llevar a cabo una entrevista de trabajo con éxito.

Otras oraciones subordinadas (II)

Las oraciones subordinadas consecutivas

1. Fíjate en la siguiente conversación y contesta a las preguntas.

a) ¿Por qué llega tarde la persona a la que están esperando? ¿Cuál es la consecuencia de ello?

b) ¿Qué nexos tienen las oraciones subordinadas de la conversación?

Las oraciones subordinadas consecutivas expresan **la consecuencia derivada de una magnitud o intensidad** expresada en la oración principal.

Son similares a las subordinadas ilativas. La diferencia que existe entre ambos tipos de subordinadas es la intensidad que determina la consecuencia que expresa la subordinada. Esta intensidad se indica mediante un determinante o cuantificador en la oración principal (*tan*, *tal*, *tanto*...). La oración subordinada va encabezada por la conjunción *que*.

La película era aburrida, <u>así que nos fuimos</u>. → Subordinada ilativa
                                     O Sub

La película era **tan** *aburrida <u>que nos fuimos</u>.* → Oración consecutiva
                 Cuantif   O Sub

Las oraciones subordinadas consecutivas pueden complementar a un grupo nominal, un grupo adjetival o un grupo adverbial formados por un cuantificador y un núcleo:

Se formó <u>tal confusión</u> <u>que nadie dijo nada</u>.
             GN   O Sub Cons/CN

El ejercicio era <u>tan fácil</u> <u>que lo terminé muy rápido</u>.
               GAdj   O Sub Cons/CAdj

La pelota pasó <u>tan cerca</u> <u>que casi me da</u>.
             GAdv   O Sub Cons/CAdv

---

2. Forma oraciones subordinadas consecutivas que complementen a los siguientes grupos de palabras.

- tan trabajador
- tal estropicio
- tan abajo

3. Lee los siguientes enunciados e indica cuáles contienen oraciones subordinadas ilativas y cuáles consecutivas. Justifica tu respuesta.

A. Hacía tanto calor que se derritieron todos los helados.

B. Por la tarde, la lluvia era tan intensa que no se podía salir a la calle.

C. Pronto es su cumpleaños, así que le compraremos un regalo.

4. Indica a qué grupo sintáctico complementa cada subordinada consecutiva. Después, analiza las oraciones.

   a) Pedro es tan valiente que todos lo admiran.
   b) Hizo tanto ruido que no escuché el timbre.
   c) Duerme tan profundamente que nada la despierta.

Las oraciones subordinadas concesivas

5. Observa este titular y señala qué expresa la oración subordinada.

   > **Aunque las condiciones atmosféricas eran adversas, el maratón comenzó a la hora prevista**

   A. Indica una consecuencia.
   C. Señala una dificultad.
   B. Expresa una condición.
   D. Muestra una finalidad.

   Las oraciones subordinadas concesivas indican una **dificultad o imposibilidad para realizar lo expresado en la oración principal**.

   A pesar de que tiene fiebre, ya se encuentra mejor.
   　　O Sub Conc

   Las oraciones subordinadas concesivas realizan la función de **complemento oracional** en la oración principal.

   Los nexos que introducen estas oraciones son la conjunción *aunque* y locuciones conjuntivas como *a pesar de que*, *pese a que*, *si bien* o *aun cuando*. También se construyen con un gerundio precedido de los adverbios *aun* e *incluso*, y con un infinitivo precedido de las preposiciones *con* y *para*.

   Aun teniendo dificultades, siempre cumple con sus obligaciones.
   　　O Sub Conc/CO

   Para no haber jugado nunca, lo haces muy bien.
   　　O Sub Conc/CO

6. Copia estas oraciones en tu cuaderno y añade nexos diferentes para crear subordinadas concesivas.

   a) El equipo local venció ••• comenzó perdiendo.
   b) ••• llueva, subiremos a la cima.
   c) Conseguiste muy buena nota ••• el examen era difícil.
   d) Es un buen ordenador, ••• es un poco caro.

7. Observa la conversación e indica cuál es la oración subordinada concesiva que aparece. Después, analízala sintácticamente en tu cuaderno.

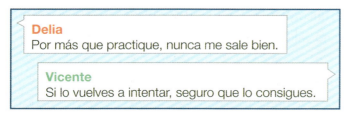

Delia
Por más que practique, nunca me sale bien.

Vicente
Si lo vuelves a intentar, seguro que lo consigues.

Otras oraciones subordinadas (II)

Las oraciones subordinadas condicionales

8. Observa estos refranes y contesta a las preguntas en tu cuaderno.

> Aunque la mona se vista de seda, mona se queda.

> Nunca es tarde si la dicha es buena.

a) ¿Qué oración subordinada aparece en el primer refrán? ¿Cuál es su nexo?

b) ¿Qué palabra crees que funciona como nexo de la oración subordinada del segundo refrán?

>> En las oraciones subordinadas concesivas y las oraciones subordinadas condicionales, la oración principal recibe el nombre de **apódosis** y la oración subordinada se llama **prótasis**.

Las oraciones subordinadas condicionales expresan **un requisito, una condición o una premisa** que debe darse para que se cumpla lo expresado en la oración principal:

Lee esta novela   si te gustan los relatos de aventuras.
O Sub Cond

Las oraciones subordinadas condicionales desempeñan la función de **complemento oracional** en la oración principal.

Los nexos que introducen estas oraciones son las conjunciones *si*, *mientras* y *como*, y locuciones conjuntivas como *siempre que*, *siempre y cuando*, *a menos que*, *a no ser que*, *a condición de que* o *en caso de que*. También se forman con el verbo en infinitivo precedido de una preposición:

De haberlo sabido,   te habría llamado.
O Sub Cond/CO

Según la actitud del hablante ante la posibilidad o irrealidad de la condición, se distinguen tres tipos de períodos condicionales:

- **Condicional real.** El verbo de la prótasis aparece en indicativo (*Si me **toca** la lotería, me voy de viaje*).
- **Condiconal potencial.** El verbo de la prótasis aparece en imperfecto de subjuntivo (*Si me **tocara** la lotería, me iría de viaje*).
- **Condicional irreal.** El verbo de la prótasis aparece en pretérito pluscuamperfecto de subjuntivo (*Si me **hubiera tocado** la lotería, me habría ido de viaje*).

9. Completa estas oraciones añadiendo una subordinada condicional.

a) Sus motivos tendrá ●●●.

b) El anuncio es bueno ●●●.

c) ●●● , regresaré.

d) ●●● , te espero.

10. Forma una oración subordinada condicional real, una potencial y una irreal a partir de estos enunciados.

> No llueve. / Ir al concierto.

> Tomar una decisión. / Sentirte aliviado.

11. Copia estas oraciones en tu cuaderno y analízalas sintácticamente.

a) Como no venga, me enfadaré.

b) Ganó a pesar de no ser la favorita.

c) Aunque tengas hambre, no comas nada ahora.

d) Si sales esta tarde, llámame.

Las oraciones subordinadas comparativas

12. ¿En cuáles de las siguientes oraciones se establece una comparación? ¿Qué palabras se utilizan para realizar dicha comparación?

A. En la playa había más gente de lo que nos dijeron.

B. Aunque la película era divertida, no me gustó demasiado.

C. Compraré tantos libros como me pidas.

Las oraciones subordinadas comparativas expresan **la comparación** entre algún elemento de la oración principal y de la subordinada:

Raquel tiene tanta inteligencia   como tiene su padre.
                                    O Sub Comp

El primer término de la comparación (1 TC) es la oración principal, y el segundo término de la comparación (2 TC) es la oración subordinada. Si el verbo de la oración principal y el de la oración subordinada coinciden, este último suele omitirse:

Tu hermano es tan simpático   como tú (eres).
           1TC   O Sub Comp/2TC

Las oraciones subordinadas comparativas pueden establecer las siguientes relaciones:

- **De superioridad:** *más... que* o *más... de* (*Tiene el pelo **más** rubio **que** su madre*).
- **De inferioridad:** *menos... que* o *menos... de* (*El defensa es **menos** técnico **que** el delantero*).
- **De igualdad:** *tan, tanto/-a/-os/-as... como* o *igual de... que* (*Tiene un jardín **igual de** bonito **que** el tuyo*).

---

13. Construye subordinadas comparativas completando estas oraciones en tu cuaderno.

a) Compró ••• yogures ••• los que necesitaba.

b) Es ••• amable ••• lo es su abuela.

c) El espectáculo fue ••• divertido ••• yo esperaba.

14. Clasifica las oraciones que has creado en la actividad 13 según el tipo de relación comparativa que aparezca.

15. Escribe una oración subordinada comparativa de superioridad, una de inferioridad y una de igualdad en las que compares los siguientes temas de tu vida actual con cómo crees que serán cuando acabes este curso.

Amistades

Estudios

Uso incorrecto de los nexos

El uso de algunos nexos presenta dificultades; es el caso de aquellos que cambian de significado según se escriban juntos o separados (*sino* y *conque*), o el de dos fenómenos relacionados con la adición o supresión del nexo *que*: el dequeísmo y el queísmo.

LA REVISTA

UN EJEMPLO DE EMPRENDIMIENTO

Jordan Casey pertenece a la primera generación de nativos digitales, los niños que han nacido y crecido en un mundo tecnológico.

Conque es conjunción subordinante ilativa.

Con muy pocos años se sintió atraído por la tecnología y los videojuegos, conque se propuso aprender por su propia cuenta a programar y para ello utilizó su ordenador e internet. Estudió tutoriales y todo lo que cayó en sus manos para formarse. Así consiguió crear a los 12 años su primer videojuego llamado *Allien Ball vs Humans* cuyo éxito es bien conocido por todos.

Es incorrecto emplear *que* más *su* en lugar de *cuyo*.

*el videojuego que su éxito

Con qué es la agrupación de la preposición *con* más el pronombre interrogativo o exclamativo *qué*.

La historia de Jordan Casey demuestra con qué pocos medios se pueden lograr grandes retos cuando lo que nos mueve es la motivación y la fuerza de voluntad.

Con que es la agrupación de la preposición *con* más el pronombre relativo o la conjunción *que*.

> **Con solo 16 años, Jordan Casey ha creado tres empresas, ofrece conferencias por todo el mundo y cursa sus estudios de Secundaria.**

Sino es una conjunción coordinante adversativa que une dos oraciones cuando la primera es negativa.

Pero Jordan no solo se ha interesado por los videojuegos. A medida que pasó el tiempo, sus padres, que trabajan en el sector financiero, le ofrecieron ayuda económica para desarrollar otros proyectos y así aumentaron los recursos con que contaba. Estaban seguros de que para su hijo aquello no era un pasatiempo sino una forma de vida. Además, Jordan había demostrado que podía conciliar sus estudios con sus ganas de emprender; si no, probablemente sus padres no lo habrían apoyado.

Es incorrecto emplear la preposición *de* delante de la conjunción *que* cuando el verbo, el sustantivo o el adjetivo no rigen esta preposición, o cuando aparece en una locución conjuntiva que no la integra. Este uso incorrecto se denomina **dequeísmo**.

*a medida de que

Si no es una agrupación de la conjunción condicional *si* más el adverbio de negación *no*.

Además de videojuegos, Jordan ha creado una app llamada *Techware*, para ayudar a los docentes en sus clases, y otra, llamada *Eventzy*, para la organización de eventos en redes sociales.

Sino también es un sustantivo sinónimo de *destino*.

Está claro que el sino de Jordan Casey era ser un emprendedor de la tecnología.

Es incorrecto omitir la preposición *de* delante de la conjunción *que* si el verbo, el sustantivo o el adjetivo exigen el uso de esa preposición, o cuando se suprime en la locución que la integra. Este fenómeno se llama **queísmo**.

*estabá seguro que

232 NORMA Y USO

1. Copia estas oraciones en tu cuaderno añadiendo preposiciones cuando sea necesario.

   a) —¿Estás segura ••• que te dijo que llegaría a las cinco? Casi son las seis y no sabemos nada de ella.
   —Sí. Seguro ••• que está al caer. Vamos a esperar diez minutos más.

   b) Tu intención es ••• que terminemos hoy el trabajo, pero date cuenta ••• que también tenemos que ir a baloncesto y sacar al perro.

   c) Más vale ••• que tengas una buena excusa para haber llegado tan tarde.

   d) Me alegro ••• que hayas podido venir al viaje.

   e) Me alegra ••• que coincidamos los jueves en baile.

   f) Es fácil ••• que nos veamos aquí todas las semanas.

2. Ahora, copia las expresiones de la actividad 1 que contienen solo *que* y escribe otras oraciones con ellas. ¿Hay alguna otra expresión de este tipo sin destacar en el artículo de la página anterior? Cópiala también.

3. Escribe cuatro oraciones donde expliques lo que está haciendo cada uno de estos personajes empleando el relativo *cuyo* o *cuya*.

   Ejemplo: *Nuestro gato, cuyo cuenco de comida estaba vacío, comenzó a maullar desesperadamentete.*

4. Busca en el artículo de la página anterior oraciones que contengan el relativo *cuyo*. Cópialas y sepáralas en dos oraciones simples.

   Ejemplo: *El cuenco de comida del gato está vacío. El gato está maullando desesperadamente.*

5. Copia estos enunciados en tu cuaderno y elige la opción correcta para completarlos.

   a) Quiero hacer una tortilla de patata. ¿••• (*con que/conque/con qué*) sartén la hago?

   b) Ven pronto a cenar, ••• (*sino/si no*) te quedarás sin tortilla.

   c) Al final escribió diciendo que no venía a casa esta noche, ••• (*con que/conque/con qué*) nos comimos toda la cena entre los cuatro.

   d) No solo hay que ser discreto, ••• (*sino/si no*) también parecerlo.

   e) No me han dado el papel que quería en la obra. Siempre haciendo el personaje secundario... ¡Es mi ••• (*sino/si no*)!

PRACTICA Repasa con un dictado interactivo.

Los cambios de categoría gramatical

1. Por parejas, escoged una de estas palabras. Después, en un minuto, escribid el mayor número posible de palabras derivadas de ella.

EJEMPLO: *feliz → felicidad, infeliz, felizmente, felicitar...*

justo   temer

a) ¿Qué categoría gramatical tienen las palabras *justo* y *temer*?

b) ¿A qué categoría gramatical pertenecen las palabras de la lista que habéis elaborado?

>> Palabras **denominales**: los sufijos se unen a un sustantivo para convertirlo en una palabra con otra categoría gramatical.

Palabras **deadjetivales**: los sufijos se unen a un adjetivo para convertirlo en una palabra con otra categoría gramatical.

Palabras **deverbales**: los sufijos se unen a un verbo para convertirlo en una palabra con otra categoría gramatical.

Los cambios de categoría gramatical que se originan por la adición de sufijos pueden ser de varios tipos:

- **Derivación nominal.** Es el proceso por el cual se forman sustantivos a partir de la adición de sufijos. Según la categoría gramatical de las palabras a las que se unan estos sufijos, puede tratarse de **sufijos deverbales** (*torcer → torcedura*), **sufijos deadjetivales** (*ligero → ligereza*) o **sufijos denominales** (*arroz → arrozal*).

- **Derivación adjetival.** Mediante este proceso se forman adjetivos a partir de la adición de sufijos. Según la categoría gramatical de las palabras a las que se añadan, pueden ser **sufijos deverbales** (*admirar → admirador*) o **sufijos denominales**, que pueden formar adjetivos calificativos (*sed → sediento*) o relacionales (*diente → dentista*).

- **Derivación verbal.** Es el proceso por el cual se forman verbos a partir de la adición de sufijos. Según la categoría gramatical de la palabra a la que se unan los sufijos, los verbos pueden ser **denominales** (*pedal → pedalear*) o **deadjetivales** (*pálido → palidecer*). También se pueden formar por parasíntesis (**a**tardec**er**, **des**tron**ar**).

  Además, hay verbos que proceden de otras categorías gramaticales, como adverbios (*cerca → acercar*) o interjecciones (*arre → arrear*).

- **Derivación adverbial.** Se forman generalmente a partir de adjetivos a los que se les añade el sufijo *-mente* (*fácil → fácilmente*).

2. Fíjate en las palabras destacadas de estas oraciones y explica en tu cuaderno mediante qué proceso de derivación se han formado.

a) Su principal virtud es la sensatez y la bondad.

b) La nueva ley de urbanismo no permite edificar en estos terrenos.

c) Pasamos un día muy caluroso en el viñedo.

3. Copia la oración en tu cuaderno sustituyendo las palabras destacadas por un adjetivo. ¿Qué sufijo contienen?

Este abrigo me da mucho confort. Además, no deja pasar el agua.

4. Añade sufijos a las siguientes palabras para formar verbos. También puedes utilizar la parasíntesis en algunos casos.

plan   fresco   ningún   luna   tú   delante

5. Explica si el sufijo aporta el mismo significado en estos pares de palabras. Después, indica si su formación es igual.

a) sabiduría/verdulería

b) asesoría/valentía

La guía

Instituto Nacional de Seguridad y Salud en el Trabajo / Ministerio de Trabajo y Economía Social

1. Lee esta guía y responde en tu cuaderno.
   a) ¿A quién o quiénes se dirige? Justifica tu respuesta.
   b) ¿Quién es el emisor?
   c) ¿Crees que es un texto prescriptivo? ¿Por qué?

2. Fíjate en su estructura e indica cuántas partes tiene y cuál es la función de cada una de ellas.

3. Observa los iconos del apartado "Gestiona tus tareas". ¿Qué información aportan al texto que los acompaña?

4. ¿Con qué otro icono del texto se relaciona el de la resiliencia?

5. Escribe un breve texto en el que resumas la información que aparece en la guía e incluyas las siguientes palabras: *productividad*, *optimismo*, *eficacia* y *salud*.

6. Investiga qué es el *salario emocional* y explica qué relación tiene con el contenido del cartel.

Requisitos importantes

1. Lee el texto y contesta a las preguntas.

a) ¿De qué trata el texto?

b) ¿Por qué crees que se han numerado las habilidades: para hacer más fácil la lectura del mismo o porque algunas son más importantes que otras? ¿Qué opinas?

2. En parejas, conversad sobre los siguientes aspectos y contestad a las preguntas que aparecen a continuación:

a) ¿Por qué el título de este cartel está escrito en futuro?

b) ¿Qué habilidades relacionaríais con las siguientes cualidades?

humildad   valentía   tesón   empatía

c) ¿Qué otros valores añadiríais a los anteriores y con qué habilidad los relacionaríais?

d) ¿En qué situaciones de vuestra vida cotidiana podríais aplicar y practicar estas habilidades que se demandarán en el futuro? Poned un ejemplo para cada una de ellas.

3. Imaginad que el texto tratara sobre lo que esperan encontrar los jóvenes en una empresa cuando inicien su actividad laboral y cread un cartel con las condiciones que os gustaría a vosotros que os ofrecieran. Podéis pensar en aspectos como el reconocimiento, las oportunidades, los horarios, el ambiente laboral, el salario...

Después, ponedlo en común con el resto de los compañeros.

ACTIVIDADES FINALES

1. **Organiza tus ideas.** Completa en tu cuaderno un mapa mental con todas las oraciones subordinadas que has estudiado y sus nexos.

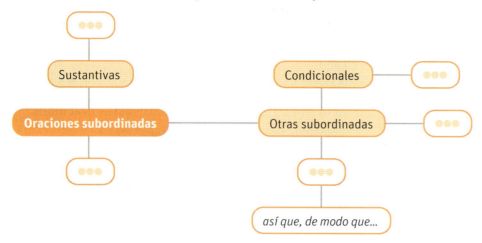

2. Completa estas oraciones con el nexo que corresponda.

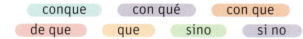

   a) Me pregunto ••• idea loca nos va a sorprender Marta hoy.
   b) El debate no trataba de renegar de las normas lingüísticas, ••• de que a veces hay que adaptar esas normas al contexto.
   c) Al salir, se encontró ••• un mapache se había colado en su jardín.
   d) Romeo y Lara estaban cansados ••• la entrenadora no los sacara a jugar.
   e) Deberíais avisar a tu padre para que no se preocupe ••• vais a venir a pasar la tarde.
   f) Creíamos ••• Sonia se había dormido, pero en realidad estaba mala.
   g) No estabas en clase cuando hablaron del trabajo ••• no te preocupes, te buscaremos un equipo.

3. Analiza sintácticamente las oraciones a) y c) de la actividad anterior. ¿En qué se diferencia el análisis de sus nexos?

4. Observa estos pares de palabras y explica si el sufijo aporta el mismo significado en ambos casos. Después, señala si su formación es igual.

   tontería/frutería   consultoría/cobardía

5. Fíjate en los procedimientos de derivación que se han producido en estas palabras e indica cuál es la palabra de la que derivan.

   a) humildad   d) minero   g) modernismo   j) alzamiento
   b) tendedero   e) cantante   h) comestible   k) friolero
   c) unificar   f) despertador   i) blanquear   l) verdoso

   • Clasifícalas en tu cuaderno en una tabla como esta y añade un ejemplo más de cada clase.

	Denominales	Deadjetivales	Deverbales
Adjetivos	•••	verdoso	•••
Sustantivos	•••	•••	alzamiento
Verbos	unificar	•••	•••

REPASO 237

ACTIVIDADES FINALES

6. Analiza sintácticamente estas oraciones.

a) Si no tuviera tanta hambre, te esperaría un rato.

b) ¿Cuántas cosas habéis traído para que no quepan en un solo coche?

c) En cuanto terminó la película, nos marchamos porque teníamos una reserva en el restaurante.

d) El chiste que me contó Sara era tan divertido que me dio un ataque de risa.

7. Explica la diferencia sintáctica y semántica entre estas oraciones.

> Me advirtió de que el jefe estaba allí.
> Advirtió que el jefe estaba allí.

8. Observa la ilustración y obtén información de ella para completar el *curriculum vitae* de Guillermo en tu cuaderno.

Información personal

Guillermo Martínez Vallado
Avenida Colombia, 15, 4.º B, 06800 Mérida
●●●

Experiencia laboral

Septiembre de 2019-Actualidad ●●●
Junio de 2018-Agosto de 2018 ●●●

Educación y formación

Septiembre de 2020-Actualidad ●●●
Universidad de Extremadura
Septiembre de 2018-Junio de 2020 ●●●
IES Gabriela Mistral (Mérida)

Competencias personales

Lengua materna: Español
Otros idiomas: ●●●
●●●

9. Guillermo quiere solicitar un trabajo como profesor en una academia. Escribe una carta de presentación basada en su *curriculum vitae*.

10. Construye una oración para cada uno de estos casos.

a) Oración compuesta que contenga una oración subordinada concesiva. La subordinada tiene que ser enunciativa e intransitiva; la principal, enunciativa y copulativa.

b) Oración compuesta que contenga una oración subordinada ilativa. La subordinada debe ser enunciativa e intransitiva; la principal debe ser enunciativa y transitiva.

VALORA LO APRENDIDO Autoevaluación.

SOY COMPETENTE — EL FUTURO

TEXTO 1

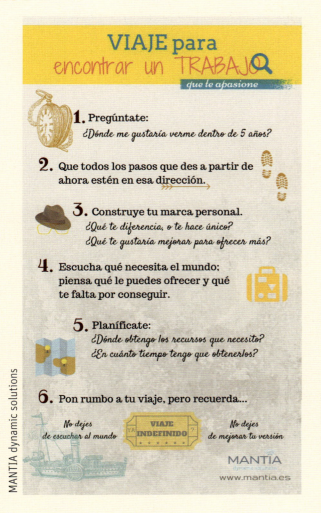

Comprensión lectora

1. ¿Qué tipo de texto es? Identifica su estructura.
2. ¿Cuál crees que es su finalidad? ¿Dónde esperarías encontrarlo?
3. ¿Qué reflejan las imágenes que lo acompañan?

Reflexiona sobre la lengua

4. ¿A qué categoría gramatical pertenecen las siguientes palabras?

   indefinido   dónde   más

5. Analiza estos grupos de palabras. ¿Qué función cumplen dentro de las oraciones donde aparecen?

   a) A partir de ahora.   b) Dentro de cinco años.

6. ¿Qué clases de oraciones según la intención del hablante aparecen en el texto?

7. Localiza una oración de cada clase según la naturaleza del verbo.
8. Analiza sintácticamente las oraciones que has anotado en la actividad 7.
9. ¿Qué recursos deícticos se emplean en el texto? ¿Qué propiedad del lenguaje se refuerza con ellos?

Escribe

10. Inventa una profesión del futuro y realiza una ficha sobre sus características y el perfil que deben cumplir las personas que quieran dedicarse a dicha profesión.

TEXTO 2

Comprensión oral

11. ¿Qué formato periodístico se desarrolla en el texto que has escuchado?
12. ¿Cuántas personas intervienen? ¿Qué rol desempeñan en la conversación?
13. Explica en qué partes está dividido el texto. ¿Cómo se reconoce cada una de ellas?
14. ¿Sobre qué están hablando los interlocutores? ¿Cómo surgió esta iniciativa? ¿Cuántas nacionalidades forman parte de este proyecto?
15. Si tuvieras que redactar esta noticia para un periódico, ¿qué titular y qué entradilla le pondrías?

Reflexiona sobre la lengua

16. Analiza los factores que condicionan la adecuación del texto que has escuchado.

    a) Relación entre el emisor y el receptor
    b) Intención comunicativa
    c) Marco social
    d) Canal empleado

17. Clasifica los siguientes grupos de palabras según sean perífrasis verbales o locuciones verbales.

    a) Vamos a reunirnos los jóvenes.
    b) No nos tenían en cuenta.

18. Analiza sintácticamente las oraciones de la actividad anterior.

lengua castellana
Apéndice

DIVERSIDAD LINGÜÍSTICA. La diversidad lingüística en España

La diversidad lingüística de España

En España hay una gran variedad de lenguas, dialectos y hablas. El castellano o español es la lengua oficial en todo el Estado y convive con otras lenguas que son oficiales en sus respectivos territorios.

Las comunidades oficialmente bilingües son Cataluña, Illes Balears, Galicia, País Vasco, la Comunidad Foral de Navarra y la Comunidad Valenciana.

España es un **Estado plurilingüe** con lenguas que conviven en situación de igualdad. Las lenguas oficiales son el **castellano** o español, el **gallego**, el **euskera** y el **catalán** (denominado *valenciano* en la Comunidad Valenciana).

Además, tienen reconocimiento de lenguas en sus comunidades correspondientes el bable o asturiano (en Asturias), el aragonés o fabla aragonesa (en Aragón) y el aranés (en el Valle de Arán, Cataluña).

Origen de la diversidad lingüística de España

Las lenguas en España son **lenguas romances** porque proceden del latín; **excepto el euskera**, que es una lengua prerromana.

La llegada de los romanos a la península ibérica en el siglo III a. C. supuso la implantación del latín y la paulatina desaparición de las lenguas prerromanas que se hablaban hasta entonces.

El latín hablado en la Península fue evolucionando y consolidando sus propios rasgos, según las diferentes zonas geográficas. Ese latín hablado se denomina **latín vulgar**. Las invasiones de los pueblos germánicos entre los años 409 y 411 d. C. aceleraron la fragmentación del latín vulgar.

Más adelante, la invasión árabe en el siglo VIII provocó la formación de distintos reinos en el norte de la Ppenínsula, cuyo aislamiento favoreció el surgimiento de las distintas variedades lingüísticas conocidas como **dialectos romances**: el gallegoportugués (en el reino de Galicia), el asturleonés (en el reino de Asturias y León), el castellano (en el condado de Castilla), el navarroaragonés (en el reino de Navarra y Aragón) y el catalán (en el condado de Barcelona).

Tiempo después, el castellano, el gallego y el catalán se convirtieron en lenguas junto con el euskera, que era una lengua de origen prerromano (es decir, que ya existía antes de la llegada de los romanos a la Península).

Desde entonces, en las zonas en las que convive el castellano con el catalán, el gallego y el euskera se mantiene una situación de bilingüismo, es decir, un elevado número de hablantes utiliza las dos lenguas reconocidas oficialmente en cada territorio.

REFLEXIONA Y DEBATE

1. Explica brevemente por qué España es un Estado plurilingüe. Después, busca en internet otros dos Estados en el mundo que tengan dos o más lenguas reconocidas oficialmente e indica de cuáles se trata.

El castellano y sus variedades

El castellano no es una lengua uniforme, ya que los hablantes no hacen un uso homogéneo de ella. Las variedades condicionadas por el lugar donde se habla una lengua se denominan *variedades geográficas o dialectales*, y son consecuencia de la evolución histórica de la lengua en cada territorio.

Dentro del castellano que se habla en España, se distinguen dos grandes variedades:

- **VARIEDADES SEPTENTRIONALES.** Estas variedades han experimentado menos cambios porque se trata de las primeras zonas por las que se extendió el castellano.

  Los principales rasgos del castellano en esta zona son la **diferenciación entre /s/ y /z/** y la presencia del **leísmo** y del **laísmo** (**le mira, *la gusta*).

- **VARIEDADES MERIDIONALES.** El castellano de estas zonas experimentó más cambios, ya que el reino de Castilla se expandió tardíamente por estos territorios.

  Los rasgos más recurrentes en estas variedades son los siguientes:

  - **Seseo.** Es la confusión de las consonantes *c*, *z* con la *s*: *ce, ci* y *za, zo, zu* se pronuncian como /se/, /si/ y /sa/, /so/, /su/ (*zumo* → /sumo/).

  - **Ceceo.** Es lo contrario del seseo, es decir, la confusión de la *s* con las consonantes *c*, *z*: *se, si* y *sa, so, su* se pronuncian como /ce/, /ci/ y /za/, /zo/, /zu/ (*rosa* → /roza/).

  - **Yeísmo.** Se trata de la confusión de la consonante *ll* con la *y*: *lla, lle, lli, llo, llu* se pronuncian como /ya/, /ye/, /yi/, /yo/, /yu/ (*calle* → /caye/).

  Las principales variedades meridionales son **el andaluz y las variedades de transición**, entre las que se encuentran el extremeño, el murciano y el canario.

  - **El andaluz**

    No hay una uniformidad en sus características lingüísticas y, de hecho, presenta una subdivisión principal entre el andaluz oriental y el andaluz occidental.

    En esta variedad destacan rasgos como los siguientes: el seseo y el ceceo (se distribuyen de diferente manera según las zonas), el yeísmo, la aspiración de la *-s* al final de sílaba (*tres* → /treh/), la aspiración de *h* y *j* (*relájate* → /reláhate/), la pérdida de la *-d* intervocálica y de sonidos finales (*doblado* → /doblao/) y la confusión de *-l* y *-r* finales de sílaba o de palabra (*mi alma* → /mi arma/).

  - **El extremeño**

    Tiene coincidencias con el andaluz occidental, como la aspiración de *-s* final, la pérdida de sonidos y la aspiración de la *j*. Recibe influencias del leonés (*muchachín*).

  - **El murciano**

    Algunos de sus rasgos más significativos son la aspiración de *-s* al final de sílaba, la pérdida de la *-d-* intervocálica y el uso del diminutivo en *-ico*. Recibe influencias del andaluz, del valenciano y del aragonés.

  - **El canario**

    Muestra características del andaluz (seseo, aspiración de *s* y aspiración de *j*, confusión de *-l* y *-r* en posición final). Destacan las influencias del español de América y la pronunciación de la *ch* como *y* (muchacho → /muyayo/).

Además, en las zonas en que el castellano entra en contacto con otras lenguas o dialectos históricos (asturleonés y navarroaragonés) se producen interferencias y peculiaridades notables en la realización de la lengua.

DIVERSIDAD LINGÜÍSTICA. El español en América y el mundo

El español de América

Recibe el nombre de *español de América* la variedad de la lengua que se utiliza en los países hispanohablantes del continente americano.

En América el español es **lengua oficial en 19 países**: Argentina, Bolivia, Chile, Colombia, Costa Rica, Cuba, Ecuador, El Salvador, Guatemala, Honduras, México, Nicaragua, Panamá, Paraguay, Perú, República Dominicana, Uruguay, Venezuela y Puerto Rico. Además, hay una **gran comunidad hispanohablante en Estados Unidos**.

En algunos de estos países, **el español es cooficial junto a otras lenguas**: en Paraguay, con el guaraní; en Perú, con el quechua; y en Puerto Rico, con el inglés.

La causa de la penetración del español en estas tierras fue la llegada de los españoles a América en el año 1492 y su presencia allí durante los siglos XVI y XVII.

Los rasgos dialectales del español de América guardan una **estrecha relación con las variedades meridionales** del español de España.

Estos son los rasgos principales del español de América:

Variedad	Rasgos lingüísticos
Nivel fónico	• Seseo: /sapato/. • Yeísmo: /cabayo/. • Aspiración de la *h-* inicial: /hambre/. • Aspiración o pérdida de la *-s* al final de sílaba: dos → /do/.
Nivel léxico	• Léxico procedente de lenguas aborígenes: *chacra*, *pampa*. • Introducción de anglicismos: *elevador*.
Nivel morfosintáctico	• Cambio de género en algunos sustantivos: *el cerillo*. • Mayor uso de los diminutivos: *madrecita*. • Adverbialización de adjetivos: *Espero que te vaya bonito*. • Preferencia por el pretérito perfecto simple: *¡Qué bueno que viniste!* • Forma de tratamiento con ustedes: *Ustedes saben de todo*.

Dentro del español que se habla en el continente americano, se reconocen cinco grandes zonas, a las que da nombre la principal lengua de contacto aborigen:

• Náhuatl: sur de Estados Unidos, México y América Central.

• Arahuaco: Cuba, Puerto Rico, Santo Domingo y Venezuela.

• Quechua: Venezuela, Colombia, Ecuador, Perú y Bolivia.

• Araucano: Chile.

• Guaraní: Argentina, Uruguay y Paraguay.

Entre las lenguas en contacto siempre se producen interferencias en ambas direcciones. En los últimos años, al resultado lingüístico del contacto entre el español y el inglés en Estados Unidos se le ha denominado **espanglish**, aunque no llega a considerarse un dialecto.

INVESTIGA Y REFLEXIONA

2. Al igual que en España, en América existen Academias de la Lengua Española. Busca información sobre ellas y acerca del *Diccionario panhispánico de dudas*. ¿Por qué crees que son necesarias estas instituciones? ¿Y el diccionario?

El español en el mundo

El español es una de las lenguas con un mayor número de hablantes: alrededor de 400 millones de hablantes la tienen como lengua materna. Es lengua oficial en España, en diecinueve países de América y en Guinea Ecuatorial.

Por otro lado, el español es la segunda lengua de comunicación internacional tras el inglés y se calcula que, hoy día, lo estudian más de 21 millones de personas en el mundo.

Como **lengua materna**, se habla español en algunos países donde no tiene el reconocimiento de lengua oficial; por ejemplo, en Filipinas, Marruecos y Estados Unidos.

- En Filipinas el español compartió cooficialidad con el inglés y el tagalo hasta 1937. Actualmente no llega al millón de hablantes. La mezcla de español y lenguas indígenas recibe el nombre de *chabacano*.

- En Marruecos aún se habla español en la zona que fue protectorado de España entre los años 1912 y 1956: Tánger, Larache y Tetuán.

- En Estados Unidos se calcula que hay más de 40 millones de hispanohablantes. De hecho, son numerosos los diarios, canales de televisión y emisoras de radio en español.

Mención aparte merece el **judeoespañol**, que es una variedad del castellano que conservan los descendientes de los judíos expulsados por los Reyes Católicos en el año 1492. Se caracteriza por conservar muchos rasgos del castellano hablado en los siglos XV y XVI, ya que apenas ha tenido evolución.

Actualmente, esta variedad se habla en comunidades diseminadas por todo el mundo: Argentina, Estados Unidos, Egipto, Turquía, Bulgaria, Rumanía.

El foco más importante de hablantes de judeoespañol se encuentra en Israel, donde en 2018 se creó la Academia Nacional del Judeoespañol (Academia Nasionala del Ladino).

REFLEXIONA Y DEBATE

3. Lee el fragmento de estas Actas del Congreso de la Lengua Española y responde a las preguntas.

1. No sentirnos dueños del idioma, sino servidores suyos.

2. Admitir y proclamar que la versión culta peninsular de la lengua española no es la única legítima; tan legítima como ella son las versiones cultas de cada país hispanoamericano.

3. Rechazar la pueblerina tendencia a caricaturizar o menospreciar modos de hablar español admitidos en otros países del mundo hispánico.

RAFAEL LAPESA: *Actas del Congreso de la Lengua Española*, Sevilla, 1992, cvc.cervantes.es

a) Según lo que has leído, ¿son los españoles los propietarios del español? ¿Te parece que las distintas variedades del español contribuyen a fragmentar el idioma o a enriquecerlo?

b) ¿Consideras que es importante conocer la forma de expresarse de las diferentes variedades del español? Busca el nombre de cinco escritores hispanoamericanos, su nacionalidad y el título de alguna de sus obras más relevantes.

El libro de **Lengua castellana y Literatura de 4.º de ESO** forma parte del Proyecto Editorial de Educación Secundaria de SM

Autoría
Pilar Pérez Esteve, Gemma Lluch, Ricardo Boyano, Esther Echeverría, Jorge León, José León, José Mateo, Ignacio Máñez, Marian Serrano-Mendizábal

Edición
Sonia Sierra, Carmen Herrera, Delia Rodríguez, Elena Rodríguez, I més Servicios Editoriales

Asesoría en comprensión lectora
Pilar Pérez Esteve, Gemma Lluch

Asesoría lingüística
Leonardo Gómez Torrego

Corrección
Juana Jurado

Ilustración
Javier Lacasta; Alejandro Mesa; Elena Hormiga; Laura Valero

Fotografía
Sergio Cuesta; José Manuel Navia / Archivo SM; M. Pacheco, Centro Dramático Nacional, Ministerio de Educación, Cultura y Deporte (MECD), Family Team / playjugo.com, Fundación La Nación / OGILVY and MATHER VALERIA ZICARELLI, Mantia- Dynamic Solutions, Editorial Ramón Sopena, La casa encendida, Ayuda en Acción, Fundación Telefónica / THINK BIG, Ministerio de Empleo y Seguridad Social / Inssbt, ORTOGRAFÍA, RAE / PICTOLINE, ODILO / Comunidad de Madrid, Néstor Alonso, El Arte de Amar – ERICH FROMM / PICTOLINE, @EdCastillo_MX, Oronoz; PRISMA;Photodisc; PHOTOALTO; Ingimage; Thinkstock; 123RF; Shutterstock; ESO (Observatorio Europeo Austral); iStock; Album; ARCHIVO SM

Iconografía
Sergio Cuesta

Diseño de cubierta e interiores
Estudio SM

Maquetación
Estudio SM, I més Servicios Editoriales

Responsable de desarrollo
Alicia González

Gerencia de desarrollo
Yolanda Hernández

Gerencia de Arte
Mario Dequel

Gerencia de Producto
Charo Zazo

Gerencia de Producción
Antonio de Pedro

Dirección editorial
Jorge Lite

La Fundación SM destina los beneficios de las empresas SM a programas culturales y educativos, con especial atención a los colectivos más desfavorecidos.

Si quieres saber más sobre los programas de la Fundación SM, entra en
www.fundacion-sm.org

Todas las actividades contenidas en este libro han de ser realizadas en un cuaderno aparte, nunca en el propio libro. Los espacios incluidos son meramente indicativos y su finalidad es puramente didáctica.

Gestión de las direcciones electrónicas
Debido a la naturaleza dinámica de internet, SM no puede responsabilizarse de los cambios o las modificaciones en las direcciones y los contenidos de los sitios web a los que remite en este libro. Con el objeto de garantizar la adecuación de las direcciones electrónicas de esta publicación, SM emplea un sistema de gestión que redirecciona las URL que con fines educativos aparecen en la misma hacia diversas páginas web; entre otras de uso frecuente: http://es.wikipedia.org, www.youtube.es. SM declina cualquier responsabilidad por los contenidos o la información que pudieran albergar, sin perjuicio de adoptar de forma inmediata las medidas necesarias para evitar el acceso desde las URL de esta publicación a dichas páginas web en cuanto tenga constancia de que pudieran alojar contenidos ilícitos o inapropiados. Para garantizar este sistema de control es recomendable que el profesorado compruebe con antelación las direcciones relacionadas y que comunique a la editorial cualquier incidencia a través del correo electrónico ediciones@grupo-sm.com. Cualquier forma de reproducción, distribución, comunicación pública o transformación de esta obra solo puede ser realizada con la autorización de sus titulares, salvo excepción prevista por la ley. Diríjase a CEDRO (Centro Español de Derechos Reprográficos, www.cedro.org) si necesita fotocopiar o escanear algún fragmento de esta obra.

© SM
ISBN General: 978-84-1392-065-8
ISBN Madrid: 978-84-9182-368-1
Impreso en la UE / *Printed in EU*

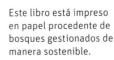

Este libro está impreso en papel procedente de bosques gestionados de manera sostenible.

6. Indica la época y características principales de estos dramaturgos.

Fernando Arrabal   Miguel Mihura   Antonio Buero Vallejo

7. Completa en tu cuaderno las siguientes afirmaciones.

- Las tendencias que marcan la poesía hispanoamericana del siglo xx son: ●●●, ●●● y ●●●.
- Dentro del cuento hispanoamericano existen diferentes estilos, según el tema que trata: ●●●, ●●● y ●●●.
- En los años sesenta se produce ●●● de la literatura hispanoamericana, que se caracteriza por ●●●.

8. Lee estos versos de una poeta uruguaya y contesta a las preguntas.

Siempre habrá alguna bota sobre el sueño
efímero del hombre
una bota de fuerza y sin razón
pronta a golpear
dispuesta a ensangrentarse.
Cada vez que los hombres se incorporan
cada vez que reclaman lo que es suyo
o que buscan ser hombres solamente
cada vez que la hora de la verdad la hora
de la justicia suenan
la bota rompe ensucia aplasta
deshace la esperanza la ilusión
de simple dicha humana para todos.

Idea Vilariño: *Pobre mundo*, Banda Oriental

a) ¿De qué trata? ¿Con qué corriente hispanoamericana se relaciona?

b) ¿Cómo es la puntuación del poema? ¿Qué vinculación tiene esta forma de escribir con las vanguardias?

9. Escucha este fragmento de *Cien años de soledad* y explica a partir de él los principales rasgos de la obra.

10. ¿Qué sabías sobre la literatura hispanoamericana? ¿Qué es lo que sabes ahora? Organiza tus ideas en un mapa mental.

OBSERVA Compara tu mapa mental con el esquema sobre la literatura hispanoamericana del siglo xx.

11. Investiga sobre la poesía más actual. Para ello, busca un poeta nacido en la segunda mitad del siglo xx y prepara una presentación sobre su vida y su obra. Después, recita uno de sus poemas.

VALORA LO APRENDIDO Autoevaluación.

LECTURAS RECOMENDADAS

Tres sombreros de copa. Una comedia para morirse de risa y todo un presagio del teatro del absurdo.

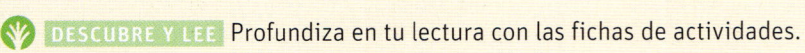

DESCUBRE Y LEE Profundiza en tu lectura con las fichas de actividades.

REPASO **73**

ACTIVIDADES FINALES

1. Relaciona en tu cuaderno a estos poetas con su característica principal.

Gabriel Celaya Pere Gimferrer Luis García Montero

- Defiende la experiencia vital cotidiana como materia poética.
- Sus poemas tienen gran carga política y un lenguaje muy combativo.
- Destaca por sus sorprendentes imágenes y referencias literarias.

2. ¿En qué corriente o grupo poético se encuadra cada autor de la actividad anterior?

3. Describe los rasgos de la poesía de la generación del 50 con ejemplos de estos versos.

> He dormido en el andén del metro,
> —por miedo al despellejo de metralla—,
> he dormido en el borde de la playa
> y en el borde del borde del tintero.
>
> He dormido descalza y sin sombrero
> sin muñeca ni sábana de arriba
> me he dormido sentada en una silla
> —y amanecí en el suelo—.
>
> Y la noche después de los desahucios
> y los días después del aguacero,
> dormía entre estropajos y asperones
> en la tienda del tío cacharrero.
>
> GLORIA FUERTES: *Obras incompletas*, Cátedra

4. Explica estos tres conceptos clave de la prosa de la segunda mitad del siglo XX e indica a qué época caracterizan.

protagonista colectivo monólogo interior narrativa de género

5. Lee este fragmento de una novela de la década de los sesenta y resuelve las actividades.

El sol, el mar, las rodillas que la delatan: la señorita la mira con verdadero afecto, pero tampoco ella sabe nada. Todo empezó mal, y mal tenía que acabar: porque antes de este verano, mucho antes de haberle visto por primera vez en la verbena (en la calle, tan guapamente apoyado en tu coche, fumando y rumiando la manera de llegar hasta nosotras), mucho antes de doblar la cintura y caer desplomado sobre el sucio taller, cuando una servidora estaba aprendiendo a poner los cubiertos en la mesa y todavía hablaba por teléfono como asustada, él ya desplegaba astucias y trifulcas para que no le mandasen al pueblo. Allá va, subiendo por la ladera del Monte Carmelo con la bolsa de la playa colgada al hombro. Anocheció mientras estaba en lo alto, muy quieto, contemplando la ciudad a sus pies.

JUAN MARSÉ: *Últimas tardes con Teresa*, Lumen

a) Identifica las distintas personas gramaticales y los tiempos verbales que se emplean en este fragmento.

b) ¿En qué consisten los cambios del punto de vista narrativo y el desorden cronológico propios de la novela experimental? Explícalo con ejemplos de tu respuesta a la pregunta anterior.

Comentario de texto. *Cien años de soledad*

Cien años de soledad tiene un singular comienzo, que recuerda a los principios de las narraciones tradicionales, y evoca la sugerente imagen de un mundo reciente en el que todo está por surgir.

◄)) Hágase Macondo

Muchos años después, frente al pelotón de fusilamiento, el coronel Aureliano Buendía había de recordar aquella tarde remota en que su padre lo llevó a conocer el hielo. Macondo era entonces una aldea de veinte casas de barro y **cañabrava** construidas a la orilla de un río de aguas **diáfanas** que se precipitaban por un lecho de piedras pulidas, blancas y enormes como huevos prehistóricos. El mundo era tan reciente, que muchas cosas carecían de nombre, y para mencionarlas había que señalarlas con el dedo. Todos los años, por el mes de marzo, una familia de gitanos desarrapados plantaba su carpa cerca de la aldea, y con un grande alboroto de pitos y timbales daban a conocer los nuevos inventos. Primero llevaron el imán. Un gitano corpulento, de barba **montaraz** y manos de gorrión, que se presentó con el nombre de Melquíades, hizo una truculenta demostración pública de los que él mismo llamaba la octava maravilla de los sabios alquimistas de Macedonia. Fue de casa en casa arrastrando dos lingotes metálicos, y todo el mundo se espantó al ver que los calderos, las tenazas y los **anafes** se caían de su sitio, y las maderas crujían por la desesperación de los clavos y los tornillos tratando de desenclavarse, y aun los objetos perdidos desde hacía mucho tiempo aparecían por donde más se les había buscado, y se arrastraban en desbandada turbulenta detrás de los fierros mágicos de Melquíades. "Las cosas tienen vida propia —pregonaba el gitano con áspero acento—, todo es cuestión de despertarles el ánima". José Arcadio Buendía, cuya desaforada imaginación iba siempre más lejos que el ingenio de la naturaleza, y aun más allá del milagro y la magia, pensó que era posible servirse de aquella invención inútil para desentrañar el oro de la tierra. Melquíades, que era un hombre honrado, le previno: "Para eso no sirve". Pero José Arcadio Buendía no creía en aquel tiempo en la honradez de los gitanos, así que cambió su mulo y una partida de chivos por los dos lingotes imantados. Úrsula Iguarán, su mujer, que contaba con aquellos animales para ensanchar el desmedrado patrimonio doméstico, no consiguió disuadirlo. "Muy pronto ha de sobrarnos oro para empedrar la casa", replicó su marido. Durante varios meses se empeñó en demostrar el acierto de sus conjeturas. Exploró palmo a palmo la región, inclusive el fondo del río, arrastrando los dos lingotes de hierro y recitando en voz alta el conjuro de Melquíades. Lo único que logró desenterrar fue una armadura del siglo XV con todas sus partes soldadas por un cascote de óxido.

GABRIEL GARCÍA MÁRQUEZ: *Cien años de soledad*, Alfaguara

cañabrava. Planta con cuyos tallos se hacen tabiques.
diáfano. Claro.
montaraz. Agreste, rudo.
paila. Vasija grande de metal.
anafe. Hornillo portátil.

Comprende y analiza

1. ¿Qué sabemos de la personalidad del coronel José Arcadio Buendía?

2. ¿Cuál es el acontecimiento extraordinario que aparece en el fragmento?

3. Indica cuáles son las referencias que emplea el narrador para remitirnos a un tiempo originario, casi mítico.

4. El comienzo de la novela parte de una analepsis (*flashback*). Describe en qué consiste este recurso a partir del texto.

Reflexiona y valora

5. El narrador de esta novela es omnisciente. Justifícalo con ejemplos del texto.

6. Explica qué es el realismo mágico basándote en elementos del texto.

La literatura hispanoamericana en el siglo xx

18. Lee el comienzo de esta novela colombiana y responde a las preguntas.

El día que lo iban a matar, Santiago Nasar se levantó a las 5:30 de la mañana para esperar el buque en que llegaba el obispo. Había soñado que atravesaba un bosque de higuerones donde caía una llovizna tierna, y por un instante fue feliz en el sueño, pero al despertar se sintió por completo salpicado de cagada de pájaros. "Siempre soñaba con árboles", me dijo Plácida Linero, su madre, evocando veintisiete años después los pormenores de aquel lunes ingrato. "La semana anterior había soñado que iba solo en un avión de papel de estaño que volaba sin tropezar por entre los almendros", me dijo. Tenía una reputación muy bien ganada de intérprete certera de los sueños ajenos, siempre que se los contaran en ayunas, pero no había advertido ningún augurio aciago en esos dos sueños de su hijo, ni en los otros sueños con árboles que él le había contado en las mañanas que precedieron a su muerte.

Gabriel García Márquez: *Crónica de una muerte anunciada*, Bruguera

a) Explica con tus palabras qué se cuenta en este fragmento.

b) ¿Qué aspectos te recuerdan a un texto periodístico?

c) ¿Qué parecido tiene con una novela policiaca?

En los **años sesenta** se produce el ***boom*** de la novela hispanoamericana, una generación de autores que integran diversas influencias en sus relatos, como el realismo mágico, la denuncia social o las técnicas narrativas de la novela experimental. Sus obras han alcanzado gran repercusión internacional.

Los dos novelistas del *boom* más destacados son:

- **Mario Vargas Llosa**. Entre las obras de este autor peruano destacan *La ciudad y los perros*, inspirada en su experiencia en un colegio militar regido por la violencia y el patriotismo hueco; *Conversación en La Catedral*, que aborda el tema de la degradación social e individual; o *La tía Julia y el escribidor*, donde relata su juventud añadiendo elementos fantásticos.

- **Gabriel García Márquez**. Las novelas más sobresalientes de este escritor colombiano son *Cien años de soledad*, que narra la historia del pueblo de Macondo y de la familia Buendía, y *Crónica de una muerte anunciada*, en la que emplea técnicas cinematográficas, periodísticas y de la novela policiaca para contar un crimen real.

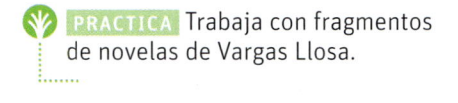 **PRACTICA** Trabaja con fragmentos de novelas de Vargas Llosa.

---

19. ¿Qué acontecimiento mágico tiene lugar en este fragmento? ¿Qué efectos produce en el pueblo?

Entonces entraron al cuarto de José Arcadio Buendía, lo sacudieron con todas sus fuerzas, le gritaron al oído, le pusieron un espejo frente a las fosas nasales, pero no pudieron despertarlo. Poco después, cuando el carpintero le tomaba las medidas para el ataúd, vieron a través de la ventana que estaba cayendo una llovizna de minúsculas flores amarillas. Cayeron toda la noche sobre el pueblo en una tormenta silenciosa, y cubrieron los techos y atascaron las puertas, y sofocaron a los animales que durmieron a la intemperie. Tantas flores cayeron del cielo, que las calles amanecieron tapizadas de una colcha compacta, y tuvieron que despejarlas con palas y rastrillos para que pudiera pasar el entierro.

Gabriel García Márquez: *Cien años de soledad*, Alfaguara

Los novelistas hispanoamericanos de **principios del siglo XX** buscan afirmar su independencia cultural con respecto a Europa mediante los temas de sus obras, que se centran en **realidades propias de su región**, como *Doña Bárbara*, de Rómulo Gallegos o *Los de abajo*, de Mariano Azuela.

En los **años treinta y cuarenta** los escritores incorporan en sus obras las aportaciones de las **vanguardias**. En esta época surge el **realismo mágico**, que integra los elementos fantásticos y legendarios de la cultura hispanoamericana en la vida cotidiana.

Dentro de esta renovación, aparecen distintas corrientes narrativas:

- **Novela de dictadores**, inspirada en la política regional, como *El señor presidente*, de Miguel Ángel Asturias.
- **Novela metafísica**, sobre el paso del tiempo, el sentido del universo o las claves de la realidad, como *La invención de Morel*, de Adolfo Bioy Casares.
- **Novela existencialista**, que ofrece una amarga visión sobre la existencia en una sociedad opresiva, como *El túnel*, de Ernesto Sábato.

---

16. Explica cómo se mezclan lo incomprensible y lo real en este cuento.

Una esperanza se hizo una casa y le puso una baldosa que decía: "Bienvenidos los que llegan a este hogar". Una fama se hizo una casa y no le puso mayormente baldosas. Un cronopio se hizo una casa y siguiendo la costumbre puso en el porche diversas baldosas que compró o hizo fabricar. [...] La primera decía: "Bienvenidos los que llegan a este hogar". La segunda decía: "La casa es chica, pero el corazón es grande". La tercera decía: "La presencia del huésped es suave como el césped". La cuarta decía: "Somos pobres de verdad, pero no de voluntad". La quinta decía: "Este cartel anula todos los anteriores".

JULIO CORTÁZAR: *Historias de cronopios y de famas*, Debolsillo

La novela

17. Lee este fragmento de una novela argentina de los años cuarenta y contesta a las preguntas.

Como decía, me llamo Juan Pablo Castel. Podrán preguntarse qué me mueve a escribir la historia de mi crimen (no sé si ya dije que voy a relatar mi crimen) y, sobre todo, a buscar un editor. Conozco bastante bien el alma humana para prever que pensarán en la vanidad. Piensen lo que quieran: me importa un bledo; hace rato que me importan un bledo la opinión y la justicia de los hombres. Supongan, pues, que publico esta historia por vanidad. Al fin de cuentas estoy hecho de carne, huesos, pelo y uñas como cualquier otro hombre y me parecería muy injusto que exigiesen de mí, precisamente de mí, cualidades especiales; uno se cree a veces un superhombre, hasta que advierte que también es mezquino, sucio y pérfido.

ERNESTO SÁBATO: *El túnel*, Cátedra

a) El protagonista y el narrador del texto son la misma persona. ¿Qué datos da sobre sí mismo?

b) ¿Cuál es la actitud del narrador? Explica si tiene una visión del mundo optimista o pesimista.

La literatura hispanoamericana en el siglo xx

El cuento

15. Lee este fragmento de un cuento y contesta.

En la parte inferior del escalón, hacia la derecha, vi una pequeña esfera tornasolada, de casi intolerable fulgor. Al principio la creí giratoria; luego comprendí que ese movimiento era una ilusión producida por los vertiginosos espectáculos que encerraba. El diámetro del Aleph sería de dos o tres centímetros, pero el espacio cósmico estaba ahí, sin disminución del tamaño. Cada cosa (la luna del espejo, digamos) era infinitas cosas, porque yo claramente la veía desde todos los puntos del universo. Vi el populoso mar, vi el alba y la tarde, vi las muchedumbres de América, vi una plateada telaraña en el centro de una negra pirámide, vi un laberinto roto (era Londres), vi interminables ojos inmediatos escrutándose en mí como en un espejo, vi todos los espejos del planeta y ninguno me reflejó, vi en un traspatio de la calle Soler las mismas baldosas que hace treinta años vi en el zaguán de una casa en Frey Bentos, vi racimos, nieve, tabaco, vetas de metal, vapor de agua, [...] vi la circulación de mi oscura sangre, vi el engranaje del amor y la modificación de la muerte, vi el Aleph, desde todos los puntos, vi en el Aleph la tierra, y en la tierra otra vez el Aleph y el Aleph en la tierra, vi mi cara y mis vísceras, vi tu cara, y sentí vértigo y lloré, porque mis ojos habían visto ese objeto secreto y conjetural, cuyo nombre usurpan los hombres, pero que ningún hombre ha mirado: el inconcebible universo.

JORGE LUIS BORGES: *El Aleph y otros cuentos*, Alianza

a) ¿Cómo es por fuera el Aleph? ¿Qué contiene?

b) ¿Te parece un cuento realista? ¿Por qué?

El cuento hispanoamericano contemporáneo nace bajo la fuerte influencia del modernismo, las vanguardias y la tradición anglosajona de relatos fantásticos.

Los principales rasgos de este género son la brevedad, una estructura rígida, los finales sorprendentes y la trama única.

Se pueden establecer diferentes tendencias del cuento hispanoamericano, en función del tema que trata:

- **Cuento realista.** Se centra en algún aspecto de la realidad con un tono crítico o de compromiso social.
- **Cuento fantástico.** Introduce en lo cotidiano un elemento extraño aparentemente lógico pero irracional que suele dar lugar a un final impactante.
- **Realismo mágico.** En estos cuentos la realidad y la fantasía forman parte del mismo mundo sin que haya contradicción entre ellas.

Los autores más conocidos son los siguientes:

- **Horacio Quiroga.** Se le considera el fundador del cuento hispanoamericano.
- **Jorge Luis Borges.** Aborda temas como el misterio de la existencia, la dualidad, el tiempo y el sentido del universo, tratados mediante símbolos como los sueños o los laberintos. Escribió varios volúmenes de relatos fantásticos, como *El Aleph*, *El hacedor*, *Ficciones* o *Libro de sueños*.
- **Julio Cortázar.** Integra lo incomprensible y lo imaginario en la realidad cotidiana. Sus relatos han sido recopilados en libros como *Bestiario*, *Todos los fuegos el fuego* o *Historias de cronopios y de famas*.

 **PRÁCTICA** Trabaja con otros fragmentos de cuentos hispanoamericanos.

La literatura hispanoamericana en el siglo xx

La evolución de la literatura hispanoamericana a lo largo del siglo pasado sigue una línea paralela a la europea, aunque presenta sus particularidades.

La poesía

13. Lee este fragmento y responde a las preguntas.

Me viene, hay días, una gana ubérrima, política,
de querer, de besar al cariño en sus dos rostros,
y me viene de lejos un querer
demostrativo, otro querer amar, de grado o fuerza,
al que me odia, al que rasga su papel, al muchachito,
a la que llora por el que lloraba,
al rey del vino, al esclavo del agua,
al que ocultose en su ira,
al que suda, al que pasa, al que sacude su persona en mi alma.

— encabalgamiento

— anáforas

CÉSAR VALLEJO: *Poemas humanos*, Laia

a) ¿Qué sentimiento expresan estos versos?

b) ¿Se parece más a la poesía tradicional o a las vanguardias? ¿Por qué?

c) Fíjate en los recursos destacados. ¿Cómo afectan al ritmo del poema?

A principios del siglo xx, la poesía hispanoamericana cuenta con destacados representantes del **modernismo**, como Rubén Darío o Alfonsina Storni; así como de las **vanguardias**, con poetas como Vicente Huidobro.

En las décadas siguientes se aprecia un mayor compromiso social y político en los temas, como las denuncias raciales de la **poesía negra** del cubano Nicolás Guillén, en la que se funde la tradición hispánica con la afrocubana.

Entre los autores que crearon una trayectoria poética muy personal, destacan el peruano **César Vallejo**, cuyos versos se caracterizan por un ritmo irregular y la ruptura con la escritura tradicional; el chileno **Pablo Neruda**, cuyo estilo busca la rehumanización poética a través del amor y la belleza de los objetos sencillos; u **Octavio Paz**, que se distingue por su afán de experimentación.

14. Lee este fragmento de Pablo Neruda y explica qué tema trata.

Puedo escribir los versos más tristes esta noche.

Escribir, por ejemplo: "La noche está estrellada,
y tiritan, azules, los astros, a lo lejos".

El viento de la noche gira en el cielo y canta.

Puedo escribir los versos más tristes esta noche.
Yo la quise, y a veces ella también me quiso.

En las noches como esta la tuve entre mis brazos.
La besé tantas veces bajo el cielo infinito.

PABLO NERUDA: *Veinte poemas de amor
y una canción desesperada*, Alianza

 **PRACTICA** Trabaja con otros poemas de Pablo Neruda.

» América Latina en el siglo XX

La mayoría de los países latinoamericanos dejaron de ser colonias europeas a lo largo del siglo XIX.

Durante el siglo XX, América Latina experimentó una drástica evolución que llevó de la prosperidad a la quiebra las economías de muchos de sus países, así como a la reivindicación política de los grupos marginados.

América Latina en la primera mitad del siglo XX

Desde finales del siglo XIX, la **política** de los países de América Latina estuvo marcada por dos factores principales:

- Gobiernos conservadores, herederos de los gobiernos criollos surgidos tras la emancipación, que defendían los intereses de las élites sociales.

- La intervención creciente de Estados Unidos, para proteger sus propios intereses económicos, en la **política** de estos países, lo que condicionó de forma definitiva su evolución política.

En cuanto a la evolución de la **economía**, la primera mitad del siglo XX es una época de prosperidad debida a la confluencia de varias circunstancias:

- **El auge de las exportaciones.** Los países latinoamericanos desempeñan un papel relevante en el sistema económico mundial gracias a sus materias primas.

- **La afluencia masiva de población emigrante.** Muchos europeos que huían de la pobreza, las guerras y la inestabilidad política encontraron refugio en los países latinoamericanos.

Sin embargo, este crecimiento económico no tuvo repercusión en todas las capas de la sociedad. La **desigualdad social** iba en aumento y se manifestó de diferentes maneras, como:

- **El surgimiento de movimientos revolucionarios.** Este tipo de iniciativas tenían carácter indigenista, porque defendían precisamente los intereses de la población indígena y reivindicaban su pasado precolombino.

  Este fue el origen, por ejemplo, de la Revolución mexicana de 1917.

- **La aparición de gobiernos populistas.** Este tipo de modelo político se caracteriza por ofrecer un discurso social, que sin embargo estaba controlado por las élites.

  Algunos ejemplos de esta clase de gobierno son los de Getulio Vargas en Brasil, Juan Domingo Perón en Argentina o Lázaro Cárdenas en México.

América Latina en la segunda mitad del siglo XX

Tras la Segunda Guerra Mundial, los países latinoamericanos se vieron condicionados por la Guerra Fría, al igual que muchos otros países en todo el mundo.

El miedo al comunismo intensificó la participación de Estados Unidos en asuntos políticos, sobre todo tras la Revolución cubana de 1959. Como consecuencia de esto, en algunos países surgieron guerrillas izquierdistas y se implantaron regímenes dictatoriales.

En la década de 1980, conocida como *década perdida*, las dictaduras militares dieron paso a regímenes democráticos, aunque las desigualdades sociales y la violencia siguieron creciendo, en un contexto económico comprometido por varios factores:

- La escalada de la deuda exterior.

- La expansión demográfica.

- El incremento de la violencia y de la inseguridad ciudadana.

Estas circunstancias provocaron la aparición de populismos de izquierdas, como el que gobierna en Venezuela, que rivalizan con Estados Unidos y con gobiernos liberales como el de Colombia.

DIEGO RIVERA:
La historia de México,
Palacio Nacional, Ciudad de México

Comentario de texto. *Historia de una escalera*

Este drama desarrolla la historia de tres familias que comparten vecindario y desilusiones a lo largo de tres generaciones. En este fragmento, los hijos hacen planes de mejora que se parecen mucho a los planes que hicieron sus padres y que nunca se cumplieron.

Planes de futuro

CARMINA, HIJA: ¡Fernando! Ya ves… Ya ves que no puede ser.

FERNANDO, HIJO: ¡Sí puede ser! No te dejes vencer por su sordidez. ¿Qué puede haber de común entre ellos y nosotros? ¡Nada! Ellos son viejos y torpes. No comprenden… Yo lucharé para vencer. Lucharé por ti y por mí. Pero tienes que ayudarme, Carmina. Tienes que confiar en mí y en nuestro cariño.

CARMINA, HIJA: ¡No podré!

FERNANDO, HIJO: Podrás. Podrás… porque yo te lo pido. Tenemos que ser más fuertes que nuestros padres. Ellos se han dejado vencer por la vida. Han pasado treinta años subiendo y bajando esta escalera… Haciéndose cada día más mezquinos y más vulgares. Pero nosotros no nos dejaremos vencer por este ambiente. ¡No! Porque nos marcharemos de aquí. Nos apoyaremos el uno en el otro. Me ayudarás a subir, a dejar para siempre esta casa miserable, estas broncas constantes, estas estrecheces. Me ayudarás, ¿verdad? Dime que sí, por favor. ¡Dímelo!

CARMINA, HIJA: ¡Te necesito, Fernando! ¡No me dejes!

FERNANDO, HIJO: ¡Pequeña! (*Quedan un momento abrazados. Después, él la lleva al primer escalón y la sienta junto a la pared, sentándose a su lado. Se cogen las manos y se miran arrobados*). Carmina, voy a empezar enseguida a trabajar por ti. ¡Tengo muchos proyectos! (CARMINA, *la madre, sale de su casa con expresión inquieta y los divisa, entre disgustada y angustiada. Ellos no se dan cuenta*).

CARMINA, HIJA: ¡Fernando!

(FERNANDO, *el padre, que sube la escalera, se detiene, estupefacto, al entrar en escena*).

FERNANDO, HIJO: Sí, Carmina. Aquí solo hay brutalidad e incomprensión para nosotros. Escúchame. Si tu cariño no me falta, emprenderé muchas cosas. Primero me haré aparejador. ¡No es difícil! En unos años me haré un buen aparejador. Ganaré mucho dinero y me solicitarán en todas las empresas constructoras. Para entonces ya estaremos casados… Tendremos nuestro hogar, alegre y limpio…, lejos de aquí.

ANTONIO BUERO VALLEJO: *Historia de una escalera*, Espasa

Comprende y analiza

1. ¿Cómo describe Fernando hijo el ambiente de la escalera en la que ambos viven?

2. Según él, ¿qué ha hecho que sus padres fracasen?

3. ¿En qué consiste para estos personajes el progreso que los va a conducir a la felicidad?

4. ¿Cuál es la reacción de los padres al oír la conversación de Carmina y Fernando?

5. Indica qué papel parece corresponderle a la mujer en estos planes de mejora.

Reflexiona y valora

6. A partir de lo que dicen y de cómo lo dicen, ¿qué podemos interpretar sobre el carácter de los personajes de Fernando hijo y de Carmina hija?

7. Además de señalar los movimientos de los personajes, ¿qué otra aportación hacen las acotaciones?

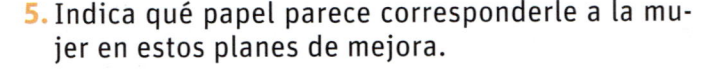

El teatro desde los años cincuenta

PRACTICA Trabaja con otros fragmentos de obras de teatro de los años cincuenta y sesenta.

A partir de los **años sesenta**, la influencia europea favorece la renovación del teatro y su concepción como un espectáculo total. Las obras comienzan a representarse en **diferentes espacios** y se tiende a **implicar al público**.

Fernando Arrabal es un dramaturgo que, en obras como *Pic-Nic* o *El triciclo*, une lo absurdo con lo cruel y lo irónico. Su humor irracional contiene crítica política: se rebela contra la realidad presentándola como algo incoherente.

Francisco Nieva trata con ironía la imposibilidad del desarrollo pleno de la persona a causa de la represión social y moral en obras como *La carroza de plomo candente* o *El baile de los ardientes*.

11. Lee el siguiente fragmento. Después, identifica y explica el sarcasmo en las palabras de Coronada.

CORONADA: ¿No saben quién es Marauña? Pues es un pobre muchacho, hijo de viuda muerta —lo que ya es el colmo de los rigores—, al cual tienen subsistente y de perpetuo en la cárcel por una falta mal sabida y que dan suelta por estas fechas, por haber dicho una vez que quería ser torero. ¿Y para qué lo libran? Para que quede muy mal y le dé gusto a la afición en sus ganas de fracaso y mala suerte. ¡El infeliz! Por lo menos que le manden a pelear a Mauritania con el ejército y allí muera bronceado y fuerte y no con ese color triste, de patata, que tiene de su cochiquera.

FRANCISCO NIEVA: *Coronada y el toro*, Caos

El teatro actual

El teatro va ganando libertad creativa y coexisten propuestas muy variadas, gracias al empuje de compañías independientes que surgen con el fin de la dictadura, como Els Comediants, La Cuadra o La Fura dels Baus.

En general, crece la importancia de los **aspectos escénicos y visuales** de la representación y a menudo se incorporan elementos de otras **disciplinas artísticas**: música, danza, *performance*, cine, videoarte, etc.

Al igual que ocurre en la poesía, la trayectoria de los autores es muy personal. Cabe mencionar a dramaturgos como José Sanchis Sinisterra, Paloma Pedrero, José Luis Alonso de Santos, Juan Mayorga o Angélica Liddell.

12. ¿En qué se diferencia este fragmento de los textos teatrales convencionales? ¿A qué otro género se parece?

Así que de los campeones de la civilización desconfío.
Más bien confío en la protesta individual, en la desesperación individual.
En el tipo que se quema a lo bonzo porque ya no puede más.
¿Sabes una cosa, campeón?
Ninguna palabra impuesta desde la ideología vale tanto como el corazón indomable, dividido y condenado de un individuo.

ANGÉLICA LIDDELL: *Maldito sea el hombre que confía en el hombre: un projet d'alphabétisation, La niña rota*

El teatro desde los años cincuenta

La década de los cincuenta

9. Lee este fragmento teatral y explica si te parece realista. ¿Qué puedes deducir sobre los personajes a partir de sus palabras?

ELVIRA: ¡Lo decidiremos! Tendré que decidir yo, como siempre. Cuando tú te pones a decidir nunca hacemos nada. *(Fernando calla, con la expresión hosca. Inician la bajada.)* ¡Decidir! ¿Cuándo vas a decidirte a ganar más dinero? Ya ves que así no podemos vivir. *(Pausa.)* ¡Claro, el señor contaba con el suegro! Pues el suegro se acabó, hijo. Y no se te acaba la mujer no sé por qué.

FERNANDO: ¡Elvira!

ELVIRA: ¡Sí, enfádate porque te dicen las verdades! Eso sabrás hacer: enfadarte y nada más. Tú ibas a ser aparejador, ingeniero, y hasta diputado. ¡Je! Ese era el cuento que colocabas a todas. ¡Tonta de mí, que también te hice caso! Si hubiera sabido lo que me llevaba...

ANTONIO BUERO VALLEJO: *Historia de una escalera*, Espasa

En los **años cincuenta** surgen dos vías de renovación del teatro:

- **Teatro existencial.** Trata temas como la injusticia social y la falta de libertad. Se caracteriza por la fluidez del diálogo, que reproduce de forma realista el modo de hablar de los personajes y define su carácter y su clase social. La obra más conocida es *Historia de una escalera*, de **Antonio Buero Vallejo.**
- **Teatro cómico.** Plantea situaciones disparatadas y crea un **humor irracional** a partir de juegos de palabras y diálogos sin lógica aparente, que denuncian el absurdo de la vida. Destaca *Tres sombreros de copa* de **Miguel Mihura.**

La década de los sesenta

10. Lee este texto y explica cuál de las dos tendencias de la década de los cincuenta te parece que le ha influido más.

CLIMANDO: *(A Apal, sin mirarle).* ¿Tienes frío?

APAL: Sí.

CLIMANDO: Si quieres vamos a dormir a la puerta del metro de la plaza.

APAL: Hay guardias *(Apal habla siempre con desgana).*

CLIMANDO: Es verdad. Bueno, pues podemos acostarnos junto a las cocinas del Hotel Mayor. [...]

APAL: Muy difícil.

CLIMANDO: Eso es por no ser invisibles. ¡Mira que si fuéramos invisibles! Apal, si yo fuera invisible iría a dormir a la portería del Palacio Verde. Sobre la alfombra. ¡Qué bien lo iba a pasar! Pero, ¿qué podemos hacer para dormir calientes?

APAL: Morirnos.

CLIMANDO: ¿Morirnos?

APAL: Como no tenemos billetes iremos al infierno.

FERNANDO ARRABAL: *El triciclo*, Cátedra

Comentario de texto. *La colmena*

La colmena es una novela social que refleja la miseria material y moral de la posguerra, simbolizada a través del café de doña Rosa y la vida de las personas que confluyen en él.

Los personajes que aparecen son de diferente clase social y forma de pensar, pero están unidos por las relaciones o por los espacios que comparten. Se puede decir que la novela tiene un protagonista colectivo.

Está considerada como la obra maestra de Camilo José Cela.

🔊 Aquí yacen

Acodados sobre el viejo, sobre el **costroso** mármol de los **veladores**, los clientes ven pasar a la dueña, casi sin mirarla ya, mientras piensa, vagamente, en ese mundo que, ¡ay!, no fue lo que pudo haber sido, en ese mundo en el que todo ha ido fallando poco a poco, sin que nadie se lo explicase, a lo mejor por una minucia insignificante.

Muchos de los mármoles de los veladores han sido antes lápidas en las **sacramentales**; en algunos que todavía guardan las letras, un ciego podía leer, pasando las yemas de los dedos por debajo de la mesa: Aquí yacen los restos mortales de la señorita Esperanza Redondo, muerta en la flor de la juventud; o bien: *R. I. P.* El Excel. Sr. D. Ramiro López Puente. Subsecretario de Fomento.

Los clientes de los cafés son gentes que creen que las cosas pasan porque sí, que no merece la pena poner remedio a nada. En el de doña Rosa, todos fuman y los más meditan, a solas, sobre las pobres, amables, entrañables cosas que les llenan o les vacían la vida entera. Hay quien pone al silencio un ademán soñador, de imprecisa **recordación**, y hay también quien hace memoria con la cara absorta y en la cara pintado el gesto de la bestia ruin, de la amorosa, suplicante bestia cansada: la mano sujetando la frente y el mirar lleno de amargura como un mar encalmado.

Hay tardes en que la conversación muere de mesa en mesa, una conversación sobre gatas paridas, o sobre el suministro [...]. En estas tardes, el corazón del Café late como el de un enfermo, sin compás, y el aire se hace como más espeso, más gris, aunque de cuando en cuando lo cruce, como un relámpago, un aliento más tibio que no se sabe de dónde viene, un aliento lleno de esperanza que abre, por unos segundos, un agujerito en cada espíritu.

CAMILO JOSÉ CELA: La colmena, Cátedra

costroso. Sucio, desaseado. **velador.** Mesita de un solo pie, normalmente redonda. **sacramental.** Cementerio utilizado por una cofradía. **recordación.** Memoria que alguien se hace de algo pasado.

Comprende y analiza

1. ¿Cómo ve el mundo la dueña del café?

2. ¿Cuál es el carácter general de los clientes que frecuentan el local?

3. Indica cómo es la comunicación que se establece entre esos clientes.

4. ¿Hay algo que rompa ese resignado ambiente colectivo de frustración? ¿Qué crees que es?

Reflexiona y valora

5. ¿Qué significado simbólico puede tener que las mesas sean lápidas mortuorias?

6. Señala qué vocablos y expresiones dan el tono de vacío y tristeza al texto.

7. Los personajes de la novela se mueven por instintos primarios. ¿A qué crees que se refiere el narrador cuando habla de la bestia ruin, suplicante y cansada?

62 LA PROSA DESDE LOS AÑOS CINCUENTA

En la década de los sesenta surge la **novela experimental**, que introduce numerosas innovaciones formales:

- **Cambios en el punto de vista**, que ofrecen interpretaciones distintas de una misma realidad.
- **Reflejo del pensamiento** de los personajes, mediante técnicas como el estilo indirecto libre y el monólogo interior.
- **Desorden cronológico y fragmentación** en la narración de la historia.

Destacan obras como *Tiempo de silencio* (Luis Martín Santos), *La saga/fuga de J. B.* (Gonzalo Torrente Ballester), *Cinco horas con Mario* (Miguel Delibes), *Últimas tardes con Teresa* (Juan Marsé) y *Volverás a Región* (Juan Benet).

 **PRACTICA** Trabaja con otros ejemplos de novela social y experimental.

7. Localiza en este texto ejemplos de las innovaciones formales de la novela experimental y explica en qué consisten.

Pedro volvía con las piernas blandas. Asustado de lo que podía quedar atrás. Violentado por una náusea contenida. Intentando dar olvido a lo que de absurdo tiene la vida. Repitiendo: Es interesante. Repitiendo: Todo tiene un sentido. Repitiendo: No estoy borracho. Pensando: Estoy solo. Pensando: Soy un cobarde. Pensando: Mañana estaré peor. Sintiendo: Hace frío. Sintiendo: Estoy cansado. Sintiendo: Tengo seca la lengua. Deseando: Haber vivido algo, haber encontrado una mujer, haber sido capaz de abandonarse como otros se abandonan.

LUIS MARTÍN SANTOS: *Tiempo de silencio*, Seix Barral

La narrativa actual

La narrativa española tras la dictadura se fue desarrollando en direcciones múltiples. Sin embargo, es posible establecer algunas características comunes en este período, como las siguientes:

- El auge de la **narrativa de género**: novelas policiacas, históricas, etc.
- La presencia habitual del **humor**, la sátira o la ironía.
- La recurrencia a temas como la **identidad propia** y la **creación literaria**: los autores escriben a menudo sobre sí mismos y sobre la propia escritura.

PRACTICA Trabaja con otros ejemplos de narrativa actual.

8. ¿Qué rasgos característicos de la narrativa actual encuentras en este texto?

Fue en el verano de 1994, hace ahora más de seis años, cuando oí hablar por primera vez del fusilamiento de Rafael Sánchez Mazas. Tres cosas acababan de ocurrirme por entonces: la primera es que mi padre había muerto; la segunda es que mi mujer me había abandonado; la tercera es que yo había abandonado mi carrera de escritor. [...] No recuerdo quién ni cómo sacó a colación el nombre de Rafael Sánchez Mazas (quizá fue uno de los amigos de Ferlosio, quizás el propio Ferlosio). Recuerdo que Ferlosio contó:

—Lo fusilaron muy cerca de aquí, en el santuario del Collell. —Me miró—. ¿Ha estado usted allí alguna vez? Yo tampoco, pero sé que está junto a Banyoles. Fue al final de la guerra.

JAVIER CERCAS: *Soldados de Salamina*, Tusquets

LA PROSA DESDE LOS AÑOS CINCUENTA **61**

La prosa desde los años cincuenta

La década de los cincuenta

5. Lee este fragmento y explica por qué discuten los personajes. Después, identifica cómo se refleja en ellos la sociedad de la época.

—Oye, dice ese chico que por qué no terminó el bachillerato —dijo ella de pronto, mirándole en el espejo.

—¿Qué chico?

—Ese profesor.

—¿Y a él qué le importa?

—No hombre, yo digo también lo mismo. Es una pena, total un curso que me falta. Estoy a tiempo de matricularme todavía.

Habían echado a andar otra vez, Ángel se puso serio.

—Mira, Gertru, eso ya lo hemos discutido muchas veces. No tenemos que volverlo a discutir.

—No sé por qué.

—Pues porque no. Está dicho. Para casarte conmigo, no necesitas saber latín ni geometría; conque sepas ser una mujer de tu casa, basta y sobra.

CARMEN MARTÍN GAITE: *Entre visillos*, Alianza

En las décadas de los cuarenta y los cincuenta aparece la **novela social**, que refleja la miseria moral y material de la posguerra. Se caracteriza por:
- Plasmar la **vida cotidiana** de forma objetiva, con una crítica social implícita.
- Emplear un **lenguaje sencillo**, con predominio del diálogo.
- Presentar a un **protagonista colectivo**, en vez de centrarse en un personaje.

Destacan obras como *La colmena* (Camilo José Cela), *El camino* (Miguel Delibes), *El Jarama* (Rafael Sánchez Ferlosio) y *Entre visillos* (Carmen Martín Gaite).

> **OBSERVA** Aprende más sobre la prosa de los cincuenta con un vídeo protagonizado por Camilo José Cela.

La década de los sesenta

6. ¿En qué se parece este fragmento de una novela de los años sesenta al texto de la actividad 5? ¿En qué se diferencian?

No nos engañemos, Mario, las cosas salen de dentro y tú, desde que te conocí, tuviste gustos proletarios, porque no me digas que al demonio se le ocurre ir al Instituto en bicicleta. Dime la verdad, ¿te correspondía eso a ti? Desengáñate, Mario, cariño, la bici no es para los de tu clase, que cada vez que te veía se me abrían las carnes, créeme, y no te digo nada cuando pusiste la sillita en la barra para el niño, te hubiese matado, que me hiciste llorar y todo. ¡Qué sofocón, cielo santo! Valen llegó un día con mucho retintín: "He visto a Mario con el niño", que yo no sabía dónde meterme, te lo prometo, "ahora le ha dado por ahí, ya ves, manías", a ver qué otra cosa podía decirla. No quiero pensar que hicieras esto por humillarme, Mario, pero me duele que nunca lo consultases conmigo, se te antojaba y, zas.

MIGUEL DELIBES: *Cinco horas con Mario*, Destino

Comentario de texto. La poesía de José Hierro

Las primeras obras de José Hierro tienen un tono meditativo, muy unido a las circunstancias de la posguerra. Después, su estilo se alejó de la poesía social para incorporar elementos más imaginativos e irracionales. La existencia y el paso del tiempo son temas frecuentes de sus poemas.

Me creía dueño del mundo

Me creía dueño del mundo
y no era dueño de mí mismo.
Bebí, como un vino de siglos,
la fugacidad del minuto:

5 la nube que aprende a trazar
su alto vuelo maravilloso,
el ancho cielo donde otoño
tiende su púrpura fugaz;

el mar que despliega el azul
10 y lo quiebra en blancos y en oros;
la tierra que dobla su lomo
abrumada de plenitud.

No era mi reino. El que duraba
lo llevaba dentro de mí.
15 Miré hacia dentro. Supe. Vi:
mi reino lo llevaba el agua.

Y cuando nada queda. Cuando
se sienten ganas de no ser,
cuando el mágico atardecer
20 enciende el álamo lejano,

se quiere huir, se quiere entrar
en la noche definitiva.
Hay que luchar. Sangra la herida
y ya no se puede luchar.

25 Cómo puedo querer huir
a mi noche, mientras exista
algo bello, por lo que un día
hubiera querido morir.

Lleva mi reino el agua.
30 Mira: se lleva lo mejor de mí.

JOSÉ HIERRO: *Quinta del 42*,
Biblioteca Nueva

Comprende y analiza

1. ¿Cuál es el tema principal del poema?

2. ¿Cómo interpretas los siguientes versos: "No era mi reino. El que duraba / lo llevaba dentro de mí"?

3. Indica qué motivo existe para seguir luchando.

4. Explica qué metáfora aparece en el poema para hablar de la muerte.

5. ¿Qué versos riman entre sí en cada estrofa? ¿Qué tipo de rima tienen?

6. ¿En qué parte del poema se revela un desánimo vital mayor? Razona tu respuesta.

Reflexiona y valora

7. ¿Qué crees que puede simbolizar el agua que se lleva consigo el reino del poeta?

8. ¿Qué rasgos típicos de la generación del 50 encuentras en este poema?

9. El poema muestra la visión de Hierro sobre la vida y su actitud ante ella. La fugacidad del tiempo, tema muy frecuente en la obra del autor, es una de las ideas que contempla.

a) ¿Cuál es la actitud del poeta ante este hecho?

b) Y tú, ¿estás de acuerdo con esa actitud? Justifica tu respuesta.

LA POESÍA DESDE LOS AÑOS CINCUENTA 59

La poesía desde los años cincuenta

La década de los setenta

3. Lee este fragmento y contesta a las preguntas a continuación.

> Dick Tracy los cristales empañados la música zíngara
> los relatos de pulpos serpientes y ballenas
> de oro enterrado y de filibusteros
> un mascarón de proa el viejo dios Neptuno.
>
> PERE GIMFERRER: *Arde el mar*, Cátedra

a) ¿En qué es diferente de la poesía social y de la generación del 50?
b) ¿Qué impresión te provoca la falta de signos de puntuación?
c) En este poema se enumeran varios elementos de ficción. ¿Qué referencias culturales reconoces en ellos?

La **generación del 68** surge como rechazo del realismo social. En esta poesía son frecuentes las referencias culturales diversas (literatura, cine, publicidad, televisión, música, arte, historia, etc.) y el gusto por lo decadente. Se caracteriza por la **experimentación formal** y por un estilo muy sensorial. Entre estos autores, también conocidos como *novísimos*, destacan Ana María Moix, Pere Gimferrer, Leopoldo María Panero y Félix de Azúa.

La poesía actual

Desde finales de los setenta, los poetas buscan crear un estilo personal y ello da lugar a una gran diversidad de tendencias. Algunas de las principales son:

- El **neosurrealismo** de Blanca Andreu, que retoma el mundo de los sueños.
- El **neoerotismo** de Ana Rossetti, que actualiza la poesía amorosa tradicional.
- El **clasicismo** de Luis Antonio de Villena, que busca la belleza y la sensualidad a través de una cuidada elaboración formal.
- La **poesía de la experiencia** de Luis García Montero, que recupera el compromiso ético, el tono realista y un lenguaje coloquial.

4. Lee este fragmento del poema *Mujeres* y explica qué situación describe. Después, justifica su pertenencia a la poesía de la experiencia.

> Mañana de suburbio
> y el autobús se acerca a la parada.
> Hace frío en la calle, suavemente,
> casi de despertar en primavera,
> de ciudad que no ha entrado
> todavía en calor.
> Desde mi asiento veo a las mujeres,
> con los ojos de sueño y la ropa sin brillo,
> en busca de su horario de trabajo.
>
> LUIS GARCÍA MONTERO:
> *Habitaciones separadas*, Visor

La poesía desde los años cincuenta

La década de los cincuenta

1. Lee esta estrofa y descubre algunas características de la poesía social, relacionando las metáforas destacadas con las ideas que expresan.

Tal es mi poesía: poesía-herramienta
a la vez que latido de lo unánime y ciego
tal es, arma cargada de futuro expansivo
con que te apunto al pecho.

> Gabriel Celaya: *Cantos iberos*, Turner

- La poesía expresa una emoción colectiva.
- La poesía puede transformar nuestro presente.
- La poesía es útil.

En la década de los cincuenta predomina una **poesía social** que trata temas como la situación de España, la injusticia social y el anhelo de paz y libertad, con una mayor carga política que la poesía desarraigada de la posguerra.

Su estilo, **llano y conversacional**, busca la comunicación con el pueblo; pero el lenguaje es más **combativo**, porque pretende transformar la realidad.

Los poetas más representativos son Blas de Otero y Gabriel Celaya.

La década de los sesenta

2. Lee el poema *Porvenir* y contesta a las preguntas.

Te llaman porvenir
porque no vienes nunca.
Te llaman: porvenir,
y esperan que tú llegues
5 como un animal manso
a comer en su mano.
Pero tú permaneces
más allá de las horas,
agazapado no se sabe dónde.

10 ... ¡Mañana!
Y mañana será otro día tranquilo,
un día como hoy, jueves o martes,
cualquier cosa y no eso
que esperamos aún, todavía, siempre.

> Ángel González:
> *101 + 19 = 120 poemas*, Visor

a) ¿Cuál es el tema del poema?

b) En comparación con el poema de Gabriel Celaya, ¿qué diferencia percibes en la actitud del yo poético?

La poesía de la **generación del 50** parte de la experiencia para reflexionar sobre la vida cotidiana y el paso del tiempo, con especial interés por la infancia, la amistad o el amor.

Su estilo es **cálido y humano** y refleja la preocupación ética de autores como Gloria Fuertes, José Ángel Valente, Jaime Gil de Biedma y Ángel González.

También cabe nombrar a José Hierro por la especial originalidad de su trayectoria poética. Su poesía destaca por su cuidado sentido del ritmo, los desdoblamientos del yo poético y la inclusión de anécdotas triviales.

 **PRACTICA** Trabaja con otros ejemplos de poesía social y de la generación del 50.

» El fin del franquismo y la democracia

En los años sesenta se dieron los primeros síntomas de recuperación económica y de aperturismo político que, a la muerte del dictador Francisco Franco, derivaron en un régimen democrático.

Consolidación y fin del franquismo

Tras años de dificultades económicas y de aislamiento diplomático, a mediados de la década de 1950 la dictadura franquista logró integrarse en el contexto internacional. Esto se debió a diferentes circunstancias:

- Los acuerdos bilaterales con **Estados Unidos**, que integraron a España en el bloque anticomunista en el contexto de la Guerra Fría.
- El apoyo brindado por la **Iglesia católica** con la firma del Concordato.

La aceptación internacional supuso una novedad definitiva para el despegue de la economía española, que durante la década de 1960 experimentó un notable crecimiento en un período que se conoce como **desarrollismo**, y que fue ocasionado por la confluencia de varios factores:

- La estructuración de la economía mediante los **planes de desarrollo** económico.
- El auge del **turismo**.
- Las **divisas** enviadas por los centenares de miles de españoles que emigraron al extranjero y, de este modo, colaboraban con la economía de los familiares que se habían quedado en España.

Además, la mejora de la economía española coincidió con una intensificación de la **oposición al régimen**, surgida desde todos los ámbitos, incluso desde sectores que tradicionalmente lo habían apoyado. Así, con el fallecimiento de Franco en el año 1975, los intentos continuistas se vieron superados por el clamor popular en favor de la instauración de una democracia.

España en democracia

El 20 de noviembre de 1975 falleció Franco. Su muerte abrió un proceso de **transición política** que permitió la celebración de elecciones en el año 1977 y la aprobación de una **Constitución** democrática al año siguiente. España quedó definida como una **monarquía parlamentaria** con una estructura territorial dividida en comunidades autónomas.

A pesar de las dificultades políticas, sociales y económicas, España emprendió definitivamente el camino hacia **la normalización democrática y la integración en el contexto internacional**. La entrada de España en 1986 tanto en la Organización del Tratado del Atlántico Norte (OTAN) como en la Comunidad Económica Europea (CEE), que fue el antecedente de la Unión Europea (comunidad política que fue constituida en 1993) supuso el reconocimiento de ese proceso y permitió la modernización de la economía, que tuvo un notable crecimiento durante las dos décadas siguientes.

Además de los cambios políticos, España ha experimentado en las últimas décadas las **transformaciones sociales y económicas** ocurridas en Occidente, entre las que destacan las siguientes:

- El incremento del consumo.
- La liberalización de las costumbres.
- El aumento de la diversidad cultural.

Sin embargo, las dificultades económicas y sociales no han desaparecido, sino que el desempleo y la desigualdad social se han mantenido, en un escenario global afectado por las **crisis económicas**. En especial, la gran crisis de 2008, en la que se hicieron evidentes los problemas estructurales de la economía española, cuando se dispararon las cifras del paro y de la pobreza.

Monumento a la Constitución de 1978, Madrid

En esta unidad aprenderás...

○ **El fin del franquismo y la democracia**

○ **La poesía desde los años cincuenta**

○ **La prosa desde los años cincuenta**

○ **El teatro desde los años cincuenta**

○ **La literatura hispanoamericana del siglo xx**

Observa

1. Fíjate en esta imagen de Santiago de Chile y contesta a las preguntas.

   a) ¿Qué tipos de viviendas se ven en la imagen? Explica en cuál preferirías vivir.

   b) ¿Crees que vivir en un tipo de edificio u otro cambia la forma de relacionarse entre los vecinos? ¿En qué sentido?

ESCUCHA el audio

2. Pon atención a este fragmento de una novela del chileno Roberto Bolaño y responde a las preguntas.

   a) ¿Qué opinión tiene el autor sobre la escritura? ¿Y sobre la lectura?

   b) ¿Crees que el escritor habla sobre sí mismo? ¿Por qué?

Habla

3. ¿Qué autores actuales conoces?

4. ¿Qué clase de libros te gusta leer? ¿Cuáles no te gustan? ¿Por qué?

5. Recomienda a tus compañeros el libro que más te haya gustado últimamente.

3 DE 1950 A LA ACTUALIDAD

8. ¿Cómo se relaciona el punto de vista de don Mateo con la tendencia de narrativa de posguerra a la que pertenece este fragmento?

> —Hacen falta años para percatarse de que el no ser desgraciado es ya lograr bastante felicidad en este mundo. La ambición sin tasa hace a los hombres desdichados si no llegan a conseguir lo que desean. La suprema quietud con poco se alcanza, meramente con lo imprescindible. [...]
>
> —Tal vez el secreto —añadió don Mateo— esté en quedarse en poco: lograrlo todo no da la felicidad, porque al tener acompaña siempre el temor de perderlo, que proporciona un desasosiego semejante al de no poseer nada. Debemos vigilar nuestras conquistas terrenas tanto como a nosotros mismos. Son, casi siempre, la causa de la infelicidad de los hombres.
>
> Miguel Delibes: *La sombra del ciprés es alargada*, Destino

9. Explica el teatro de Valle-Inclán con ejemplos de este fragmento.

Max: Las imágenes más bellas en un espejo cóncavo son absurdas.

Don Latino: Conforme. Pero a mí me divierte mirarme en los espejos de la calle del Gato.

Max: Y a mí. La deformación deja de serlo cuando está sujeta a una matemática perfecta. Mi estética actual es transformar con matemática de espejo cóncavo las normas clásicas.

Don Latino: ¿Y dónde está el espejo?

Max: En el fondo del vaso.

Don Latino: ¡Eres genial! ¡Me quito el cráneo!

Max: Latino, deformemos la expresión en el mismo espejo que nos deforma las caras y toda la vida miserable de España.

Ramón M.ª del Valle-Inclán: *Luces de bohemia*, Espasa

10. Organiza lo que has aprendido sobre el modernismo y la generación del 98, movimientos literarios que conviven en el tiempo, en un mapa conceptual.

🌱 **OBSERVA** Compara tu mapa conceptual con el esquema sobre el modernismo y la generación del 98.

11. Escribe un poema dadaísta recortando y uniendo de forma aleatoria palabras de un artículo periodístico. Después, explica qué te sugiere.

🌱 **VALORA LO APRENDIDO** Autoevaluación.

LECTURAS RECOMENDADAS

Antología poética. Del modernismo a la generación del 27. Una selección que reúne a los poetas más icónicos del modernismo, el novecentismo, las vanguardias y la generación del 27.

Luces de bohemia. Un esperpento trágico sobre la vida literaria en la sociedad de la época.

Bodas de sangre. Una de las tragedias más emblemáticas del gran Federico García Lorca.

🌱 **DESCUBRE Y LEE** Profundiza en tu lectura con las fichas de actividades.

ACTIVIDADES FINALES

1. Completa en tu cuaderno estas afirmaciones sobre el modernismo.

a) Su objetivo es la creación de obras que sean ejemplos de ● ● ●.

b) Las obras modernistas se caracterizan por ● ● ● y recrean ● ● ● en los que se pueden encontrar palacios, princesas y seres mitológicos.

c) Presentan personajes enfrentados a la vulgaridad ● ● ●.

d) El principal escritor del movimiento es ● ● ●, autor de ● ● ●, que está considerada como la mejor obra modernista.

2. Relaciona en tu cuaderno a cada autor con su característica principal.

a) Pío Baroja

b) José Martínez Ruiz, *Azorín*

c) Antonio Machado

d) Ramón M.ª del Valle-Inclán

e) Miguel de Unamuno

1. Tiende al esteticismo y usa un lenguaje sugerente.

2. Uno de sus temas centrales es la angustia existencial.

3. Usa oraciones cortas y párrafos breves.

4. Crea novelas de tono autobiográfico.

5. Único poeta, su estilo es sobrio y claro.

3. Identifica los rasgos de la poesía de Antonio Machado en estas estrofas.

Al olmo viejo, hendido por el rayo
y en su mitad podrido,
con las lluvias de abril y el sol de mayo
algunas hojas verdes le han salido.

5 ¡El olmo centenario en la colina
que lame el Duero! Un musgo amarillento
le mancha la corteza blanquecina
al tronco carcomido y polvoriento.

No será, cual los álamos cantores
10 que guardan el camino y la ribera,
habitado de pardos ruiseñores.

Ejército de hormigas en hilera
va trepando por él, y en sus entrañas
urden sus telas grises las arañas.

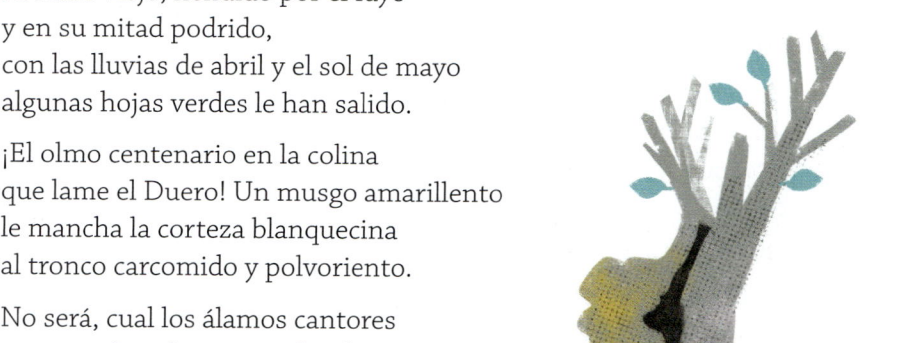

ANTONIO MACHADO: *Poesías completas*, Austral

4. Indica qué afirmaciones son falsas y corrígelas en tu cuaderno.

a) El novecentismo busca un arte puro y equilibrado.

b) El autor cuyo pensamiento inspira el novecentismo es Gómez de la Serna.

c) En su última etapa, Juan Ramón Jiménez cultiva una poesía intelectual cercana al novecentismo.

5. ¿Cómo se manifestaron las vanguardias en España? ¿Cuáles fueron sus autores principales?

6. Escucha este poema de Federico García Lorca y explica las características de contenido y de estilo propias de su autor.

7. Describe los siguientes conceptos clave de la literatura de posguerra.

poesía desarraigada   novela idealista   realismo existencial

Comentario de texto. *La casa de Bernarda Alba*

El mundo de *La casa de Bernarda Alba* está lleno de pasiones frente a convenciones morales, jerarquía tiránica, envidias y odios, que desembocan en un final trágico.

)) **Luto y sometimiento**

BERNARDA: Niña, dame un abanico.

AMELIA: Tome usted. (*Le da un abanico redondo con flores rojas y verdes*).

BERNARDA: (*Arrojando el abanico al suelo*). ¿Es este el abanico que se da a una viuda? Dame uno negro y aprende a respetar el luto de tu padre.

MARTIRIO: Tome usted el mío.

BERNARDA: ¿Y tú?

MARTIRIO: Yo no tengo calor.

BERNARDA: Pues busca otro, que te hará falta. En ocho años que dure el luto no ha de entrar en esta casa el viento de la calle. Haceros cuenta que hemos tapiado con ladrillos puertas y ventanas. Así pasó en casa de mi padre y en casa de mi abuelo. Mientras, podéis empezar a bordaros el ajuar. En el arca tengo veinte piezas de hilo con el que podréis cortar sábanas y embozos. Magdalena puede bordarlas.

MAGDALENA: Lo mismo me da.

ADELA: (*Agria*). Si no queréis bordarlas, irán sin bordados. Así las tuyas lucirán más.

MAGDALENA: Ni las mías ni las vuestras. Sé que yo no me voy a casar. Prefiero llevar sacos al molino. Todo menos estar sentada días y días dentro de esta sala oscura.

BERNARDA: Eso tiene ser mujer.

MAGDALENA: Malditas sean las mujeres.

BERNARDA: Aquí se hace lo que yo mando. Ya no puedes ir con el cuento a tu padre. Hilo y aguja para las hembras. Látigo y mula para el varón. Eso tiene la gente que nace con posibles.

FEDERICO GARCÍA LORCA:
La casa de Bernarda Alba, Random House Mondadori

Comprende y analiza

1. Indica en qué razones apoya Bernarda su decisión de tener encerradas a sus hijas.

2. ¿En qué deben mantenerse ocupadas las jóvenes durante el luto?

3. ¿Quién manifiesta su total desacuerdo con la situación y cómo lo hace?

4. Señala qué enunciados reflejan la visión machista del mundo que Bernarda personifica. ¿A qué clase social asimila esas expresiones?

Reflexiona y valora

5. Bernarda es un personaje muy autoritario y tiránico. ¿Cómo se manifiesta su autoridad desde un punto de vista lingüístico? Analiza las formas verbales y las expresiones que la representan.

6. En el fragmento se plasma el ambiente cerrado y asfixiante tan característico de la obra. ¿Mediante qué elementos lo consigue el autor?

7. García Lorca cuestiona las restricciones morales que imponía la educación de la época. ¿Qué situación se denuncia en este fragmento?

Comentario de texto. *Luces de bohemia*

Valle-Inclán arremete en la obra contra la ineficacia de la política y el despre-
cío por la cultura que el poder ha mostrado tradicionalmente en España.

🔊 Max Mala Estrella

Max: Mi nombre es Máximo Estrella. Mi seudónimo, Mala Estrella. Tengo el honor de no ser Académico.

Serafín el Bonito: Está usted propasándose. Guardias, ¿por qué viene detenido?

Un Guardia: Por escándalo en la vía pública y gritos internacionales. ¡Está algo
briago!

Serafín el Bonito: ¿Su profesión?

Max: **Cesante.**

Serafín el Bonito: ¿En qué oficina ha servido usted?

Max: En ninguna.

Serafín el Bonito: ¿No ha dicho usted que cesante?

Max: Cesante de hombre libre y pájaro cantor. ¿No me veo vejado, vilipendiado,
encarcelado, cacheado e interrogado?

Serafín el Bonito: ¿Dónde vive usted?

Max: Bastardillos. Esquina a San Cosme. Palacio.

Un Guindilla: Diga usted casa de vecinos. Mi señora, cuando aún no lo era, habi-
tó un **sotabanco** de esa susodicha finca.

Max: Donde yo vivo, siempre es un palacio.

El Guindilla: No lo sabía.

Max: Porque tú, gusano burocrático, no sabes nada. ¡Ni soñar!

Serafín el Bonito: ¡Queda usted detenido!

Max: ¡Bueno! ¿Latino, hay algún banco donde pueda echarme a dormir?

Serafín el Bonito: Aquí no se viene a dormir.

Max: ¡Pues yo tengo sueño!

Serafín el Bonito: ¡Está usted desacatando mi autoridad! ¿Sabe usted quién soy yo?

Max: ¡Serafín el Bonito!

Serafín el Bonito: ¡Como usted repita esa gracia, de una bofetada, le doblo!

Ramón María del Valle-Inclán: *Luces de bohemia*, Espasa

briago. Ebrio. **cesante.** Funcionario
sin empleo en espera de un nuevo
puesto. **sotabanco.** Piso habitable
sobre la cornisa de un edificio.

Comprende y analiza

1. Max dice que su profesión es *pájaro cantor*. ¿A qué
crees que se refiere?

2. ¿Por qué afirma Max que el lugar donde vive siempre es un palacio?

3. ¿Con qué actitud y tono se dirige Max al inspector
Serafín? Copia expresiones que lo ejemplifiquen.

Reflexiona y valora

4. ¿Qué diferencias de lenguaje hay entre Serafín y
Max? ¿Qué crees que reflejan esas diferencias?

5. Indica en qué expresiones el personaje demuestra
su ironía.

6. ¿Qué razón crees que le lleva a utilizar esa ironía?
Explica por qué es uno de los rasgos fundamentales del esperpento.

25. Compara la temática y el uso del lenguaje de los siguientes fragmentos.

(1) MAX: Yo me siento pueblo. Yo había nacido para ser tribuno de la plebe y me acanallé perpetrando traducciones y haciendo versos. ¡Eso sí, mejores que los que hacéis los modernistas!

DORIO DE GÁDEX: Maestro, preséntese usted a un sillón de la Academia.

MAX: No lo digas en burla, idiota. ¡Me sobran méritos! Pero esa prensa miserable me boicotea. Odian mi rebeldía y odian mi talento. Para medrar hay que ser agradador de todos los Segismundos. ¡El Buey Apis me despide como a un criado! ¡La Academia me ignora! ¡Y soy el primer poeta de España! ¡El primero! ¡El primero! ¡Y ayuno! ¡Y no me humillo pidiendo limosna!

RAMÓN MARÍA DEL VALLE-INCLÁN: *Luces de bohemia*, Espasa

(2) PONCIA: No me desafíes. ¡Adela, no me desafíes! Porque yo puedo dar voces, encender luces y hacer que toquen las campanas.

ADELA: Trae cuatro mil bengalas amarillas y ponlas en las bardas del corral. Nadie podrá evitar que suceda lo que tiene que suceder.

PONCIA: ¡Tanto te gusta ese hombre!

ADELA: ¡Tanto! Mirando sus ojos me parece que bebo su sangre lentamente.

PONCIA: Yo no te puedo oír.

ADELA: ¡Pues me oirás! Te he tenido miedo. ¡Pero ya soy más fuerte que tú!

FEDERICO GARCÍA LORCA: *La casa de Bernarda Alba*, Random House Mondadori

---

La renovación del teatro se produjo cuando autores como Valle-Inclán o García Lorca trasladaron sus preocupaciones estéticas y literarias al teatro.

- La obra de **Valle-Inclán** es **extensa y original**, y su cumbre es la creación de la concepción literaria del **esperpento**.

  Luces de bohemia (1920) no pudo ser representada hasta cincuenta años después debido a su complejidad técnica. En ella se narra la última noche de Max Estrella por las calles de Madrid, observador crítico de la miseria y estupidez que lo rodea. El libro es una crítica feroz a la ineficacia política, la mediocridad cultural, la injusticia, la represión y la violencia.

- La obra de **García Lorca** es **poética y crítica** con las convenciones sociales. Suele tratar el conflicto entre la realidad y el deseo. Los protagonistas son habitualmente mujeres cuya frustración está causada por la soledad, la muerte, el machismo o las convenciones sociales. Sus obras más conocidas son *Bodas de sangre*, *Yerma* y *La casa de Bernarda Alba*.

  La casa de Bernarda Alba (1936) fue terminada poco antes del fusilamiento de su autor y no fue estrenada hasta nueve años después, en Argentina. En ella, cinco jóvenes son obligadas a encerrarse en casa durante ocho años para guardar luto por su padre. Pero el frágil equilibrio que las mantiene sometidas a su madre estalla con la llegada de un hombre que quiere casarse con una de las hermanas para hacerse con la herencia del difunto.

  García Lorca también plasmó su compromiso social en el proyecto teatral de **La Barraca**, que recorría los pueblos de España para acercar el teatro a las personas sin acceso a una formación cultural.

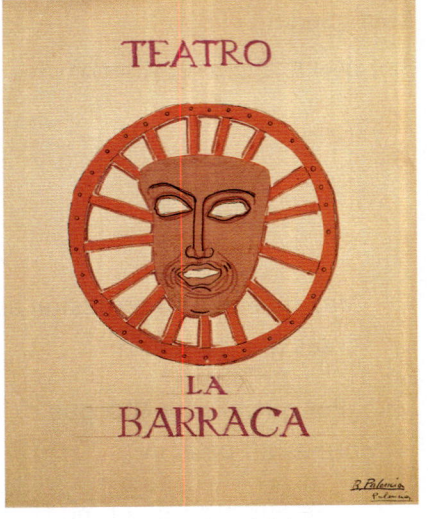

BENJAMÍN PALENCIA: Cartel del grupo teatral La Barraca

El teatro en la primera mitad del siglo xx

A finales del siglo XIX comienza la renovación del teatro, que es menos intensa que en la poesía o en la narrativa y se manifiesta en dos corrientes: el **teatro comercial** y el **teatro renovador**.

El teatro comercial

23. Lee este fragmento y explica cómo crees que consigue el tono humorístico.

DANIEL: Tiene usted razón. El silencio es lo más elocuente que existe. Solo cuando callamos lo decimos todo...

HERMINIA: Entonces, ¿por qué no se calla usted?

DANIEL: *(Se le escapa un suspiro de alegría por haber logrado hacerla hablar).* Porque yo no tengo nada que decir.

HERMINIA: ¿Y si tuviera usted algo que decir, se callaría?

DANIEL: Sí.

HERMINIA: Pues es una pena que no tenga usted nada que decir.

DANIEL: Supóngase que estuviese un rato sin hablar. ¿Sabe usted lo que diría con mi silencio? Pues que mi alegría suprema sería entrar de nuevo ahí *(Por la izquierda)*, y que bailásemos juntos un baile, dos bailes, todos los bailes de la noche...

ENRIQUE JARDIEL PONCELA: *Los ladrones somos gente honrada*, Austral

El teatro comercial se centra en comedias de entretenimiento, que defienden los valores tradicionales desde una visión burguesa. Destacan dos autores:
- **Jacinto Benavente**, que ganó el Premio Nobel en 1922 por una obra caracterizada por sus cuidados diálogos. Se inició con comedias burguesas y dramas rurales ligeros, centrados en conflictos amorosos, que evolucionaron hacia la crítica de los valores y las costumbres burgueses.
- **Enrique Jardiel Poncela** que, al igual que otros dramaturgos de posguerra, cultivó un teatro heredero de la obra de Benavente. Sus obras destacan por su humor deslumbrante, basado en situaciones disparatadas, con el que critica a la sociedad dentro de los límites impuestos por la censura.

 PRACTICA Trabaja con otros ejemplos de teatro comercial.

El teatro renovador

24. Lee este fragmento. ¿En qué aspectos te parece que es diferente del anterior?

MADRE: Calla, he dicho. *(En la puerta).* ¿No hay nadie aquí? *(Se lleva las manos a la frente).* Debía contestarme mi hijo. Pero mi hijo es ya un brazado de flores secas. Mi hijo es ya una voz oscura detrás de los montes. *(Con rabia, a la vecina).* ¿Te quieres callar? No quiero llantos en esta casa. Vuestras lágrimas son lágrimas de los ojos nada más, y las mías vendrán cuando yo esté sola, de las plantas de los pies, de mis raíces, y serán más ardientes que la sangre.

FEDERICO GARCÍA LORCA: *Bodas de sangre*, Cátedra

Comentario de texto. *Nada*

El proceso de desilusión vital que sufre Andrea en su paso a la vida adulta es el tema principal de *Nada*.

)) El camino de la vida

Parecía ahogarme tanta luz, tanta sed abrasadora de asfalto y piedras. Estaba caminando como si recorriera el propio camino de mi vida, desierto. Mirando las sombras de las gentes que a mi lado se escapaban sin poder asirlas. **Abocando** en cada instante, irremediablemente, en la soledad.

Empezaron a pasar autos. Subió un tranvía **atestado** de gente. La gran vía Diagonal cruzaba delante de mis ojos con sus paseos, sus palmeras, sus bancos. En uno de estos bancos me encontré sentada, al cabo, en una actitud estúpida. Rendida y dolorida como si hubiera hecho un gran esfuerzo.

Me parecía que de nada vale correr si siempre ha de irse por el mismo camino, cerrado, de nuestra personalidad. Unos seres nacen para vivir, otros para trabajar, otros para mirar la vida. Yo tenía un pequeño y ruin papel de espectadora. Imposible salirme de él. Imposible libertarme. Una tremenda congoja fue para mí lo único real en aquellos momentos.

Empezó a temblarme el mundo detrás de una bonita niebla gris que el sol **irisaba** a segundos. Mi cara sedienta recogía con placer aquel llanto. Mis dedos lo secaban con rabia. Estuve mucho rato llorando, allí, en la intimidad que me proporcionaba la indiferencia de la calle, y así me pareció que lentamente mi alma quedaba lavada.

En realidad, mi pena de chiquilla desilusionada no merecía tanto aparato. Había leído rápidamente una hoja de mi vida que no valía la pena de recordar más. A mi lado, dolores más grandes me habían dejado indiferente hasta la burla...

Corrí, de vuelta a casa, la calle de Aribau casi de extremo a extremo. Había estado tanto tiempo sentada en medio de mis pensamientos que el cielo se empalidecía. La calle irradiaba su alma en el crepúsculo, encendiendo sus escaparates como una hilera de ojos amarillos o blancos que mirasen desde sus oscuras cuencas... Mil olores, tristezas, historias subían desde el empedrado, se asomaban a los balcones o a los portales de la calle de Aribau. Un animado oleaje de gente se encontraba bajando desde la solidez elegante de la Diagonal contra el que subía del movido mundo de la plaza de la Universidad. Mezcla de vidas, de calidades, de gustos, eso era la calle de Aribau. Yo misma: un elemento más, pequeño y perdido en ella.

CARMEN LAFORET: *Nada*, Destino

abocar. Desembocar. **atestado.** Lleno. **irisar.** Presentar reflejos de luz con colores semejantes a los del arcoíris.

Comprende y analiza

1. ¿Cuál es el sentimiento de la protagonista en la gran ciudad?

2. Identifica las expresiones que dan cuenta de su estado de ánimo y cópialas.

3. Explica qué actitud ante la vida dice tener.

4. Indica qué recurso literario se emplea en el último párrafo.

Reflexiona y valora

5. ¿Cómo valora el personaje de Andrea su dolor?

6. ¿Te parece que los jóvenes actuales pueden tener sentimientos parecidos a los de Andrea o se trata de un estado de ánimo característico de aquella época? Justifica tu respuesta.

7. Escríbele una carta a Andrea dándole algunos consejos para recuperar la ilusión.

La poesía y la narrativa de posguerra

Entre los escritores que permanecieron en España, al igual que ocurrió con la poesía, se desarrollaron dos tendencias durante la década de los cuarenta:

- **La novela idealista**, compuesta por obras propagandísticas que exaltan la guerra y el régimen dictatorial, como el *Javier Mariño*, de Gonzalo Torrente Ballester. Dentro de esta corriente, otros autores optan por una novela de evasión, centrada en personajes corrientes, con tratamiento humorístico, como las obras de Jardiel Poncela; o de corte realista, como *Los gozos y las sombras*, de Torrente Ballester.

- **El realismo existencial**, formado por novelas que son un reflejo amargo de la vida. Sus temas son la soledad, la muerte, la frustración de las ilusiones y el desarraigo. Destacan *La sombra del ciprés es alargada*, de Miguel Delibes; *La familia de Pascual Duarte*, de Camilo José Cela; y *Nada*, de Carmen Laforet.

---

21. Lee estos textos y explica cómo se enfrentan al destino los narradores de cada fragmento. ¿Qué tienen en común? ¿En qué se diferencian?

(1) Nuestra ilusión, todo nuestro bien, nuestra fortuna entera, que era nuestro hijo, habíamos de acabar perdiéndolo aun antes de poder probar a encarrilarlo. ¡Misterios de los afectos, que se nos van cuando más falta nos hacen! Sin encontrar una causa que lo justificase, aquel gozar en la contemplación del niño me daba muy mala espina. Siempre tuve muy buen ojo para la desgracia —no sé si para mi bien o para mi mal— y aquel presentimiento, como todos, fue a confirmarse al rodar de los meses como para seguir redondeando mi desdicha, esa desdicha que nunca parecía acabar de redondearse.

CAMILO JOSÉ CELA: *La familia de Pascual Duarte*, Círculo de Lectores

(2) Comprendía que todo esto era una insensatez, que mi vida cimentada tan poco sólidamente, se deslizaría de seguir así por la cuerda floja del presagio nefasto y, en consecuencia lógica, del abatimiento. Pero a pesar de todo, no me consideraba con fuerzas para remontar este influjo pesimista. Me constaba que era un error, una realidad desorbitada, pero me atraía el vértigo de este error, aun a sabiendas de que era tal error, como seducen las fauces abiertas de un abismo aun a conciencia de que abajo se esconde la muerte.

MIGUEL DELIBES: *La sombra del ciprés es alargada*, Destino

22. ¿Qué sensaciones experimenta la protagonista de este texto?

Bajé las escaleras despacio. Sentía una viva emoción. Recordaba la terrible esperanza, el anhelo de vida con que las había subido por primera vez. Me marchaba ahora sin haber conocido nada de lo que confusamente esperaba: la vida en su plenitud, la alegría, el interés profundo, el amor. De la casa de la calle de Aribau no me llevaba nada.

CARMEN LAFORET: *Nada*, Destino

La novela *Nada*, de **Carmen Laforet**, está protagonizada y narrada en primera persona por Andrea, una joven que se traslada a Barcelona para ir a la universidad. Sus sueños y sus ilusiones se estrellan contra una realidad social caracterizada por la hipocresía y la falsedad moral.

Tras la Guerra Civil, la poesía española se divide en dos tendencias:

- La **poesía arraigada**, que se muestra conforme a las nuevas circunstancias. Trata temas como el amor, la familia, la fe católica, el paisaje castellano y el ensalzamiento de la dictadura. Su estilo busca la belleza y la perfección formal, con un lenguaje sobrio y equilibrado. Destacan poetas como Leopoldo Panero, Dionisio Ridruejo o Luis Rosales.

- La **poesía desarraigada**, de contenido existencial, que percibe el mundo como un caos angustioso y trata temas como la búsqueda del porqué de la existencia humana, dominada por el desasosiego ante el tiempo y la muerte. Su estilo tiene una gran fuerza expresiva, un lenguaje desgarrado y un tono dramático. Destacan poetas como Dámaso Alonso, con su obra *Hijos de la ira*; Victoriano Crémer y José Luis Hidalgo.

 **PRACTICA** Trabaja con otros poemas de posguerra.

La narrativa

20. Lee este texto y explica con tus palabras qué sucede.

—Diga usted la verdad —dijo el centurión sacando la pistola y poniéndola sobre la mesa—. Usted sabe dónde se esconde Paco el del Molino.

Mosén Millán pensaba si el centurión habría sacado la pistola para amenazarle o solo para aliviar su cinto de aquel peso. Era un movimiento que le había visto hacer otras veces. Y pensaba en Paco, a quien bautizó, a quien casó. Recordaba en aquel momento detalles nimios, como los búhos nocturnos y el olor de las perdices en adobo. Quizá de aquella respuesta dependiera la vida de Paco. Lo quería mucho, pero sus afectos no eran por el hombre en sí mismo, sino por Dios. Era el suyo un cariño por encima de la muerte y la vida. Y no podía mentir.

—¿Sabe usted dónde se esconde? —le preguntaban a un tiempo los cuatro.

Mosén Millán contestó bajando la cabeza. Era una afirmación. Podía ser una afirmación. Cuando se dio cuenta era tarde. Entonces pidió que le prometieran que no lo matarían. Podrían juzgarlo, y si era culpable de algo, encarcelarlo, pero no cometer un crimen más. El centurión de la expresión bondadosa prometió. Entonces mosén Millán reveló el escondite de Paco. Quiso hacer otras salvedades en su favor, pero no le escuchaban. Salieron en tropel y el cura se quedó solo. Espantado de sí mismo, y al mismo tiempo con un sentimiento de liberación, se puso a rezar.

RAMÓN J. SENDER: *Réquiem por un campesino español*, Destino

- El autor publicó esta novela en el exilio. ¿Crees que habría podido publicarla si hubiera seguido en España? ¿Por qué?

Durante la posguerra, los novelistas en el exilio tuvieron mucha influencia. El tema principal de su narrativa es la historia reciente de España y, sobre todo, la manera en que la guerra y el inicio de la dictadura afectaron a la vida de las personas.

En esta **narrativa del exilio** destacan novelas como la serie *El laberinto mágico*, de Max Aub; *Réquiem por un campesino español*, de Ramón J. Sender; y *La cabeza del cordero*, de Francisco Ayala.

LA POESÍA Y LA NARRATIVA DE POSGUERRA **45**

La poesía y la narrativa de posguerra

La poesía

18. Lee este poema escrito en la posguerra y resuelve las actividades.

La vejez en los pueblos.
El corazón sin dueño.
El amor sin objeto.
La hierba, el polvo, el cuervo.
¿Y la juventud?   5
En el ataúd.

El árbol, solo y seco.
La mujer, como un leño
de viudez sobre el lecho.
El odio, sin remedio.   10
¿Y la juventud?
En el ataúd.

MIGUEL HERNÁNDEZ: *Cancionero y romancero de ausencias*, Austral

a) Explica las consecuencias de la guerra en las que se fija el poeta.

b) ¿Cómo es el tono con el que se expresa el yo poético?

Miguel Hernández fue un poeta que defendió la causa republicana en la Guerra Civil y falleció de tuberculosis en prisión en 1942.

Su estilo se caracteriza por una **apasionada vitalidad** y por el **uso riguroso de moldes poéticos**, tanto clásicos como de vanguardia. Entre sus obras destacan *Perito en lunas*, *El rayo que no cesa* y *Viento del pueblo*.

Muchos otros poetas afines a la República se exiliaron durante los años de la dictadura y desarrollaron trayectorias poéticas diferentes.

---

19. Lee estos fragmentos y contesta a las preguntas.

(1) No hay noche, no hay luna, no
hay sol cuando estoy contigo,
tiemblo de quererte tanto,
tiemblo de sentirme vivo,
tiemblo de saber que un día
la espuma se lleva al río,
y en el corazón del hombre
se lleva al tiempo el olvido.

LUIS ROSALES: *Abril*, Cruz y Raya

(2) A veces en la noche yo te siento a mi lado,
que me acechas,
que me quieres palpar,
y el alma se me agita con el terror y el sueño,
como una cabritilla, amarrada a una estaca,
que ha sentido la onda sigilosa del tigre
y el fallido zarpazo que no incendió la carne,
que se extinguió en el aire oscuro.

DÁMASO ALONSO: *Hijos de la ira*, Espasa

a) ¿Cuál de estos dos poemas sigue una estrofa tradicional? ¿Cómo es la métrica del otro?

b) ¿Qué tiene de diferente el tono de cada uno? ¿Y la actitud del yo poético?

Comentario de texto. *Romancero gitano*

La pena y el destino trágico son los temas principales del *Romancero gitano*, de Federico García Lorca. Los protagonistas de este poemario son representativos de un mundo mítico y enfrentado a cualquier convención.

Reyerta

En la copa de un olivo
lloran dos viejas mujeres.
El toro de la reyerta
se sube por las paredes.
Ángeles negros traían
pañuelos y agua de nieve.
Ángeles con grandes alas
de navajas de Albacete.
Juan Antonio el de Montilla
rueda muerto la pendiente,
su cuerpo lleno de lirios
y una granada en las sienes.
Ahora monta cruz de fuego,
carretera de la muerte.

El juez, con guardia civil,
por los olivares viene.
Sangre resbalada gime
muda canción de serpiente.
Señores guardias civiles:
aquí pasó lo de siempre.
Han muerto cuatro romanos
y cinco cartagineses.

La tarde, loca de higueras
y de rumores calientes,
cae desmayada en los muslos
heridos de los jinetes.
Y ángeles negros volaban
por el aire de poniente.
Ángeles de largas trenzas
y corazones de aceite.

FEDERICO GARCÍA LORCA:
Romancero gitano, Alianza

Comprende y analiza

1. ¿Qué hecho aparece poetizado en estos versos? ¿Cuál es su escenario?
2. Analiza la métrica del poema. ¿Qué estrofa emplea? Explica si es una composición procedente de la tradición popular o de la lírica culta.
3. En el poema se combinan la descripción y la narración. Identifica algún ejemplo de cada una.

Reflexiona y valora

4. ¿Cómo representa Lorca las heridas de Juan Antonio el de Montilla?
5. ¿Qué crees que simbolizan los ángeles negros?
6. Explica las influencias de la tradición y de la vanguardia que confluyen en el texto. ¿Con cuál está relacionado el tema del poema? ¿Y las metáforas que utiliza?

La generación del 27

Federico García Lorca es el poeta y dramaturgo español más reputado internacionalmente en el siglo XX. Creó una obra extensa y variada, pese a que fue fusilado en la Guerra Civil a los 38 años.

Su obra se caracteriza por la fusión de lo culto y lo popular, por su musicalidad, por sus deslumbrantes metáforas y por el uso personal de la simbología (la luna, la sangre, los caballos…). Sus poemas son vitalistas, aunque abordan con frecuencia la frustración, el dolor, la injusticia social y el destino trágico. Sus principales poemarios son *Poema del cante jondo*, *Romancero gitano* y *Poeta en Nueva York*.

17. Lee estos poemas de García Lorca y explica si te parece que pertenecen a una misma época. ¿En qué se diferencian? Ten en cuenta aspectos como la métrica, los temas o los recursos literarios que utilizan.

(1) Pueblo

Sobre el monte pelado
un calvario.
Agua clara
y olivos centenarios.
5 Por las callejas
hombres embozados,
y en las torres
veletas girando.
Eternamente
10 girando.
¡Oh pueblo perdido
en la Andalucía del llanto!

FEDERICO GARCÍA LORCA:
Poema del cante jondo, Cátedra

(2)

La mujer gorda venía delante
con las gentes de los barcos, de las tabernas y de los jardines.
El vómito agitaba delicadamente sus tambores
entre algunas niñas de sangre
5 que pedían protección a la luna.
¡Ay de mí! ¡Ay de mí! ¡Ay de mí!
Esta mirada que fue mía, pero ya no es mía.
Esta mirada que tiembla desnuda por el alcohol
y despide barcos increíbles
10 por las anémonas de los muelles.
Me defiendo con esta mirada
que mana de las ondas por donde el alba no se atreve.
Yo, poeta sin brazos, perdido
entre la multitud que vomita,
15 sin caballo efusivo que corte
los espesos musgos de mis sienes.

FEDERICO GARCÍA LORCA:
Poeta en Nueva York, Cátedra

OBSERVA Aprende más sobre la generación del 27 con un vídeo protagonizado por García Lorca.

16. Lee este fragmento y explica la actitud del yo poético ante el amor.

Si el hombre pudiera decir lo que ama,
Si el hombre pudiera levantar su amor por el cielo
Como una nube en la luz;
Si como muros que se derrumban,
5 Para saludar la verdad erguida en medio,
Pudiera derrumbar su cuerpo, dejando solo la verdad de su amor,
La verdad de sí mismo,
Que no se llama gloria, fortuna o ambición,
Sino amor o deseo,
10 Yo sería aquel que imaginaba;
Aquel que con su lengua, sus ojos y sus manos
Proclama ante los hombres la verdad ignorada,
La verdad de su amor verdadero.

Libertad no conozco sino la libertad de estar preso en alguien
15 Cuyo nombre no puedo oír sin escalofrío;
Alguien por quien me olvido de esta existencia mezquina,
Por quien el día y la noche son para mí lo que quiera,
Y mi cuerpo y espíritu flotan en su cuerpo y espíritu
Como leños perdidos que el mar anega o levanta
20 Libremente, con la libertad del amor,
La única libertad que me exalta,
La única libertad por que muero.

Luis Cernuda: *Los placeres prohibidos*, Castalia

Los siguientes poetas son los más reconocidos de la generación del 27:

- **Pedro Salinas** es el gran poeta del amor. En la aparente sencillez de su poesía trata la belleza, la autenticidad y la inteligencia. Sus poemarios más conocidos son *La voz a ti debida* y *Razón de amor*.

- **Rafael Alberti** atraviesa tres etapas: comienza desde la poesía popular y tradicional de *Marinero en tierra*; pasa por el vanguardismo de *Sobre los ángeles*; y culmina, desde el estallido de la guerra, con la poesía política y social de obras como *De un momento a otro* o *Entre el clavel y la espada*.

- **Jorge Guillén** es el poeta del entusiasmo y el optimismo. Su poesía, recogida bajo el título *Aire nuestro*, tiene un estilo desnudo y pulido. Evoluciona desde la celebración de la vida hasta el rechazo del dolor y la injusticia.

- **Gerardo Diego** es el representante del creacionismo español. Destaca por la sensibilidad e imaginación con las que utiliza recursos vanguardistas y clásicos, con obras como *Manual de espumas*.

- **Vicente Aleixandre** es el observador de los misterios y las pasiones humanas. Recibió el Premio Nobel en 1977 por su característico uso del verso libre, lleno de imágenes visionarias de influencia surrealista, en obras como *La destrucción del amor* o *Sombra del paraíso*.

- **Luis Cernuda** testimonia la contradicción entre anhelos personales y realidad, debido al rechazo que sufrió por su condición sexual y sus afinidades políticas. Su obra, recogida bajo el título *La realidad y el deseo*, destaca por su profunda sensibilidad y por la originalidad de símbolos y metáforas.

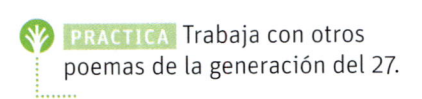 **PRACTICA** Trabaja con otros poemas de la generación del 27.

La generación del 27

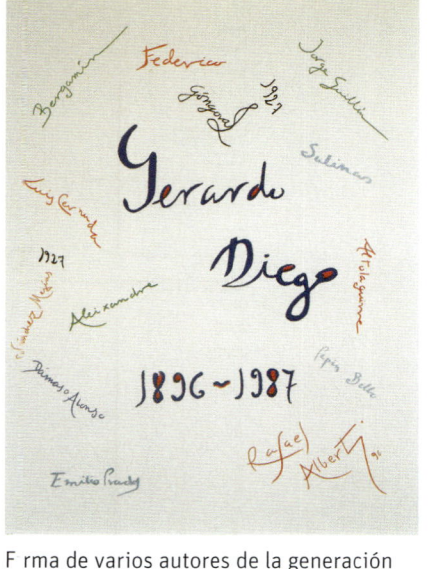

Firma de varios autores de la generación del 27.

14. Lee estos poemas y descubre algunas claves de la generación del 27.

① Adentro, más adentro,
hasta encontrar en mí todas las cosas.
Afuera, más afuera,
hasta llegar a ti en todas las cosas.

secreto panteísmo.
Mi oración es así.
Tú estás en todo
y todo en mí.

GERARDO DIEGO:
Versos humanos, Cátedra

② Ajustada a la sola
Desnudez de tu cuerpo,
Entre el aire y la luz
Eres puro elemento.

¡Eres! Y tan desnuda,
Tan continua, tan simple
Que el mundo vuelve a ser
Fábula irresistible.

JORGE GUILLÉN: *Cántico*,
Biblioteca Nueva

a) ¿Qué poema sigue una métrica tradicional? ¿Cuál la rompe?

b) ¿Te parece un lenguaje sencillo o recargado? ¿Por qué?

c) La temática de los poemas ¿te parece fácil de entender? ¿Qué tiene de novedosa en comparación con la poesía anterior?

La **generación del 27** es un movimiento de poetas con estilos muy diferenciados, que comparten la necesidad de aunar **tradición y vanguardia**. Por ejemplo, de la tradición toman estrofas como el romance o el soneto, y de la vanguardia, el verso libre o el uso sorprendente de símbolos y metáforas.

Se pueden distinguir tres etapas en su trayectoria poética:

- **Hasta 1927:** inspirada por las vanguardias y por la poesía pura de Juan Ramón Jiménez.
- **Entre 1927 y 1936:** la influencia del surrealismo rehumaniza su poesía.
- **Entre 1936 y 1939:** durante la Guerra Civil, su poesía refleja los ideales políticos y el afán de lucha.

---

15. Lee estos versos e identifica el tema del poema. ¿Cómo se siente el yo poético? ¿Mediante qué imágenes expresa sus emociones?

Ayer te besé en los labios.
Te besé en los labios. Densos,
rojos. Fue un beso tan corto
que duró más que un relámpago,
que un milagro, más.
5   El tiempo
después de dártelo
no lo quise para nada
ya, para nada
lo había querido antes.
10 Se empezó, se acabó en él.

Hoy estoy besando un beso;
estoy solo con mis labios.

PEDRO SALINAS:
La voz a ti debida, Cátedra

En el ámbito hispanoamericano, se desarrollan dos vanguardias literarias:

- El **ultraísmo**, iniciado por Guillermo de Torre, que combina elementos de otras vanguardias, como las imágenes y metáforas sugerentes, el antisentimentalismo y las innovaciones tipográficas.
- El **creacionismo**, impulsado por Vicente Huidobro, que concibe el poema como un objeto autónomo que no imita la realidad: la construcción del poema se apoya en imágenes sorprendentes, a partir de la unión de dos realidades extrañas entre sí.

12. Explica las características del creacionismo con ejemplos de estos pares de versos.

(1) Romper las ligaduras de las venas
Los lazos de la respiración y las cadenas

(2) De los ojos senderos de horizontes
Flor proyectada en cielos uniformes

(3) El alma pavimentada de recuerdos
Como estrellas talladas por el viento

(4) El mar es un tejado de botellas
Que en la memoria del marino sueña

(5) Cielo es aquella larga cabellera intacta
Tejida entre manos de aeronauta

(6) Y el avión trae un lenguaje diferente
Para la boca de los cielos de siempre

VICENTE HUIDOBRO: *Altazor*, Cátedra

En España, destacan dos autores que son vanguardistas a su manera:
- Ramón **Gómez de la Serna** inventó las **greguerías**, que son sentencias breves en las que plasma una metáfora sorprendente a partir del humor.
- Ramón María del **Valle-Inclán** creó el **esperpento**, que consiste en mostrar una visión crítica de la realidad mediante la deformación grotesca de los personajes, las situaciones y los ambientes.

 PRÁCTICA Trabaja con otros poemas vanguardistas.

13. Lee estos textos y explica cómo se consigue su efecto humorístico.

(1) La escoba baila el vals de la mañana.

(2) La mariposa es la mecanógrafa del jardín.

(3) El agua se suelta el pelo en las cascadas.

(4) La pulga hace guitarrista al perro.

RAMÓN GÓMEZ DE LA SERNA: *Greguerías*, Cátedra

El novecentismo y las vanguardias

Las vanguardias

10. Observa estos poemas vanguardistas de Apollinaire y de Huidobro. ¿En qué se diferencian de la poesía tradicional?

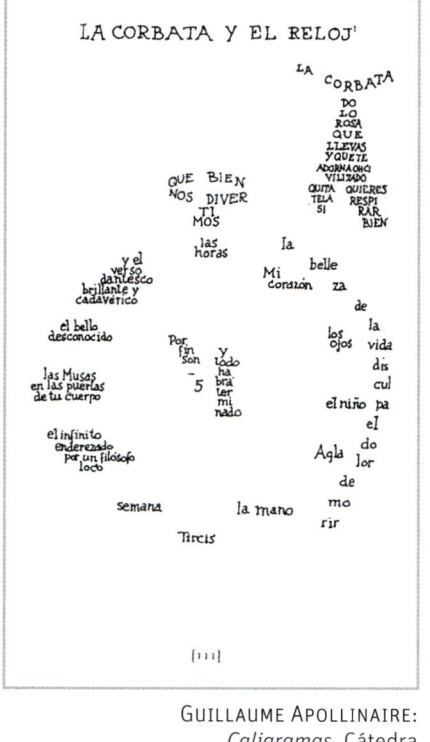

GUILLAUME APOLLINAIRE: *Caligramas*, Cátedra

Nubes sobre el surtidor del verano
    De noche
        Todas las torres de Europa se hablan en secreto
De pronto un ojo se abre
El cuerno de la luna grita
Halalí   Halalí
Las torres son clarines colgados
AGOSTO DE 1914
                        Es la vendimia de las fronteras
Tras el horizonte algo ocurre
    En la horca de la aurora son colgadas todas las ciudades
    Las ciudades que humean como pipas
Halalí   Halalí
Pero esta no es una canción

VICENTE HUIDOBRO: "1914", en *Antología poética*, Castalia

A principios del siglo XX surgen artistas que buscaban **innovación y libertad** a partir del **rechazo de las convenciones** burguesas. Esta tendencia se extendió por todas las artes y dio lugar a los movimientos de las **vanguardias**:

- El **futurismo**, que exalta la tecnología y evita la subjetividad. Autores como Marinetti experimentaron con la destrucción tanto de la sintaxis como de la puntuación.
- El **cubismo**, que busca descomponer la realidad. Esto se logra mediante la destrucción de la sintaxis y de la puntuación, la mezcla o yuxtaposición de imágenes o la creación de poemas visuales, como proponía Apollinaire.
- El **surrealismo**, que defiende la libertad y el poder creador del ser humano. En literatura se emplearon asociaciones libres, imágenes oníricas y metáforas insólitas, además de técnicas como el *collage* o la literatura automática, siguiendo a su iniciador, André Breton.
- El **dadaísmo**, impulsado por Tristan Tzara, que representa la rebeldía total contra la lógica y las convenciones estéticas y sociales, lo que da lugar a textos absurdos e incoherentes.

---

11. Lee este fragmento y explica con tus propias palabras qué propone el ultraísmo como eje de la nueva poesía.

Reducción de la lírica a su elemento primordial: la metáfora.

Tachadura de las frases medianeras, los nexos y los adjetivos inútiles. [...]

Síntesis de dos o más imágenes en una, que ensancha de ese modo su facultad de sugerencia.

GUILLERMO DE TORRE: *Literaturas europeas de vanguardia*, Renacimiento

El novecentismo y las vanguardias

El novecentismo

8. ¿Qué rasgo define al arte nuevo, según este texto de Ortega y Gasset?

El arte nuevo, por lo visto, no es para todo el mundo, como el romántico, sino que va, desde luego, dirigido a una minoría especialmente dotada. De aquí la irritación que despierta en la masa. Cuando a uno no le gusta una obra de arte, pero la ha comprendido, se siente superior a ella y no ha lugar a la irritación.

JOSÉ ORTEGA Y GASSET: *La deshumanización del arte y otros ensayos estéticos*, Revista de Occidente

El **novecentismo**, o generación de 1914, es un movimiento que prefiere un estilo clásico y equilibrado. Inspirado por las ideas del filósofo José Ortega y Gasset, se caracteriza por la **búsqueda de un arte puro**, intelectual y deshumanizado, alejado de la realidad y de las emociones humanas.

Entre sus autores, hay **ensayistas** como Eugenio d'Ors, Gregorio Marañón o Manuel Azaña; y novelistas como Gabriel Miró y Ramón Pérez de Ayala.

En poesía destaca **Juan Ramón Jiménez**, ganador del Premio Nobel en 1956. Hasta llegar a su **poesía esencial**, llevó a cabo un largo proceso de depuración de su estilo: pasó de la influencia modernista de sus primeros escritos a una poesía intelectual, hermética y desprovista de adornos expresivos, en obras como *Diario de un poeta recién casado* y *La estación total*. También destaca su libro de prosa poética *Platero y yo*.

9. Lee este poema y responde a las preguntas.

Cielo

Se me ha quedado el cielo
en la tierra, con todo lo aprendido,
cantando, allí.

Por el mar este
5 he salido a otro cielo, más vacío
e ilimitado como el mar, con otro
nombre que todavía
no es mío como es suyo.

Igual que, cuando
10 adolescente, entré una tarde
a otras estancias de la casa mía
—tan mía como el mundo—,
y dejé, allá junto al jardín azul y blanco,
mi cuarto de juguetes, solo
15 como yo, y triste.

JUAN RAMÓN JIMÉNEZ: "Cielo", en Diario de un poeta reciencasado, Cátedra

a) Describe la métrica del poema. ¿Tiene rima?

b) ¿Qué tema trata?

c) ¿Qué ha dejado atrás en la infancia? ¿Crees que simboliza un cambio?

Comentario de texto. La poesía de Antonio Machado

Antonio Machado, como otros autores de esta época, siente un hondo afecto por el paisaje de Castilla. Ese sentimiento también se manifiesta en dolor, cuando muestra y critica la situación de sus pobladores.

🔊 Orillas del Duero

¡Primavera soriana, primavera
humilde, como el sueño de un bendito,
de un pobre caminante que durmiera
de cansancio en un páramo infinito!

5   ¡Campillo amarillento,
como tosco **sayal** de campesina,
pradera de **velludo** polvoriento
donde pace la escuálida **merina**!

¡Aquellos diminutos **pegujales**
10   de tierra dura y fría,
donde apuntan centenos y trigales
que el pan moreno nos darán un día!

Y otra vez roca y roca, pedregales
desnudos y pelados **serrijones**,
15   la tierra de las águilas caudales,
malezas y jarales,
hierbas monteses, zarzas y **cambrones**.

¡Oh tierra ingrata y fuerte, tierra mía!
¡Castilla, tus decrépitas ciudades!
20   ¡La agria melancolía
que puebla tus sombrías soledades!

¡Castilla varonil, adusta tierra,
Castilla del desdén contra la suerte,
Castilla del dolor y de la guerra,
25   tierra inmortal, Castilla de la muerte!

Antonio Machado:
Antología poética, Salvat

sayal. Prenda de vestir. **velludo.** Tejido con pelo.
merina. Raza de oveja. **pegujal.** Terreno para el cultivo o el ganado. **serrijón.** Sierra pequeña. **cambrón.** Arbusto espinoso.

Comprende y analiza

1. ¿Cómo aparece descrito el paisaje castellano?

2. Explica qué estado anímico se trasluce en esta descripción.

3. Identifica las partes en las que se divide el texto e indica el contenido de cada una de ellas.

4. Analiza el esquema métrico del poema.

Reflexiona y valora

5. Relaciona los adjetivos del poema con la visión el paisaje y del espíritu castellano.

6. ¿Qué sensaciones transmite el poema? ¿Con qué color asocias el paisaje descrito? ¿Y con qué sonidos?

7. Relaciona los rasgos de la poesía de Machado presentes en el poema con la generación del 98.

EL MODERNISMO Y LA GENERACIÓN DEL 98

5. Lee este texto y cuenta con tus palabras qué le pasa al joven Azorín.

Azorín ha llegado demasiado pronto para alcanzar estas bienandanzas. Su espíritu anda ávido y perplejo de una parte a otra; no tiene plan de vida; no es capaz del esfuerzo sostenido; mariposea en torno a todas las ideas; trata de gustar todas las sensaciones. Así en perpetuo tejer y destejer, en perdurables y estériles amagos, la vida corre inexorable sin dejar más que una fugitiva estela de gestos, gritos, indignaciones, paradojas...

JOSÉ MARTÍNEZ RUIZ: *La voluntad*, Cátedra

6. Lee este fragmento de una novela de Baroja y explica qué cualidades dice poseer el personaje.

Me gusta mirar, tengo la avidez en los ojos; me quedaría contemplando horas y horas el pasar una nube o el correr una fuente. [...]

Soy, además, al decir de mi familia, un tanto novelero, un tanto curioso y amigo de novedades. Pero, ¿qué es la curiosidad —digo yo para defenderme— sino el deseo de saber, de comprender lo que se ignora?

A mí me gusta ver; y si hay una molestia o un peligro para satisfacer mi curiosidad, no tengo inconveniente en afrontarlo.

PÍO BAROJA: *Las inquietudes de Shanti Andía*, Cátedra

Antonio Machado es el poeta de la generación del 98. Sus temas habituales son el amor, el tiempo, los sueños, el paisaje y las gentes de Castilla.

Este escritor buscaba una poesía que aunara emociones e ideas, para lo que desarrolló un estilo sobrio y claro, con un uso preciso del lenguaje y abundante en adjetivos.

Sus obras más destacadas son *Soledades* y *Campos de Castilla*.

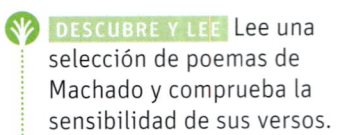 **DESCUBRE Y LEE** Lee una selección de poemas de Machado y comprueba la sensibilidad de sus versos.

7. Lee este fragmento de un poema de Machado y responde.

Tus ojos me recuerdan
las noches de verano,
negra noche sin luna,
orilla al mar salado,
5 y un chispear de estrellas
de un cielo negro y bajo.
Tus ojos me recuerdan
las noches de verano.
Y tu morena carne,
10 los trigos requemados,
y el suspirar de fuego
de los maduros campos. [...]

De tu morena gracia,
de tu soñar gitano,
15 de tu mirar de sombra
quiero llenar mi vaso.
Me embriagaré una noche
de cielo negro y bajo,
para cantar contigo,
20 orilla al mar salado,
una canción que deje
cenizas en los labios...
De tu mirar de sombra
quiero llenar mi vaso.

ANTONIO MACHADO: *Antología poética*, Salvat

a) ¿Qué tema habitual de Machado aparece en estos versos?

b) ¿Qué rasgos propios del estilo del autor aprecias en este fragmento? Indica qué palabras remiten al paisaje.

c) Identifica dos recursos literarios y explica su uso.

El modernismo y la generación del 98

Entre los autores de la generación del 98 destacan los siguientes:

- **Miguel de Unamuno**, por novelas como *Niebla* o *San Manuel Bueno, mártir*, en las que reflexiona sobre el **sentimiento trágico de la vida** (la angustia por la certeza de la muerte). En sus novelas, a las que llama *nivolas*, abundan los diálogos y las reflexiones de los personajes.

- **José Martínez Ruiz, *Azorín***, por sus novelas de poca trama y **tono autobiográfico**, como *La voluntad* o *Antonio Azorín*. Sus protagonistas son jóvenes de mentalidad crítica, paralizados por preocupaciones sobre la existencia. En su estilo destacan las descripciones detalladas y evocadoras.

- **Pío Baroja**, por la creación de protagonistas **aventureros e inconformistas** que sobresalen en un ambiente de apatía, como los de *El árbol de la ciencia* o *Zalacaín el aventurero*. Su estilo se caracteriza por oraciones cortas y párrafos breves y un tono de escepticismo religioso y de pesimismo.

- **Ramón María del Valle-Inclán**, por el sentido irónico con el que aborda sus preocupaciones sobre la brutalidad de la guerra, la situación de España, el abuso de poder y el mundo rural, como en *Tirano Banderas* y la serie *El ruedo ibérico*. Su estilo es más cercano al modernismo, ya que emplea un lenguaje musical y sugerente, lleno de evocaciones sensoriales.

4. En este fragmento, Unamuno dialoga sobre la existencia con Augusto, el protagonista de su *nivola*. Lee el texto y resuelve las actividades.

—No puede ser, Augusto, no puede ser. Ha llegado tu hora. Está escrito y no puedo volverme atrás. Te morirás. Para lo que ha de valerte ya la vida...

—Pero... por Dios...

—No hay pero ni Dios que valgan. ¡Vete!

—¿Conque no, eh? —me dijo—, ¿conque no? No quiere usted dejarme ser yo, salir de la niebla, vivir, vivir, vivir, verme, oírme, tocarme, sentirme, dolerme, serme: ¿conque no lo quiere?, ¿conque he de morir ente de ficción? Pues bien, mi señor creador don Miguel, ¡también usted se morirá, también usted, y se volverá a la nada de que salió...! ¡Dios dejará de soñarle! ¡Se morirá usted, sí, se morirá, aunque no lo quiera; se morirá usted y se morirán todos los que lean mi historia, todos, todos, todos sin quedar uno! ¡Entes de ficción como yo; lo mismo que yo! Se morirán todos, todos, todos. Os lo digo yo, Augusto Pérez, ente ficticio como vosotros, nivolesco lo mismo que vosotros. Porque usted, mi creador, don Miguel, no es usted más que otro ente nivolesco, y entes nivolescos sus lectores, lo mismo que yo, que Augusto Pérez, que su víctima...

—¿Víctima?

—¡Víctima, sí! ¡Crearme para dejarme morir! ¡Usted también se morirá! El que crea se crea y el que se crea se muere. ¡Morirá usted, don Miguel, morirá usted, y morirán todos los que me piensen! ¡A morir, pues!

MIGUEL DE UNAMUNO: *Niebla*, Cátedra

a) Resume por qué discuten el escritor y su personaje. ¿Cuál es el punto de vista de cada uno?

b) Explica cómo se plasma en este texto el "sentimiento trágico de la vida" característico de Unamuno.

 **PRACTICA** Trabaja con otros textos de la generación del 98.

El nicaragüense **Rubén Darío** es el representante del modernismo en español. Su principal obra es **Azul...**, en la que predominan el preciosismo formal y la crítica al mundo burgués. También destacan *Prosas profanas* y *Cantos de vida y esperanza*.

En España, poetas como **Manuel Machado** desarrollaron un modernismo que se caracteriza por un tono más íntimo y simbolista.

2. Lee este fragmento del poema *Sonatina* y responde a las preguntas.

La princesa está triste... ¿Qué tendrá la princesa?
Los suspiros se escapan de su boca de fresa,
que ha perdido la risa, que ha perdido el color.
La princesa está pálida en su silla de oro,
5 está mudo el teclado de su clave sonoro,
y en un vaso, olvidada, se desmaya una flor.

El jardín puebla el triunfo de los pavos reales.
Parlanchina, la dueña dice cosas banales,
y vestido de rojo piruetea el bufón.
10 La princesa no ríe, la princesa no siente;
la princesa persigue por el cielo de Oriente
la libélula vaga de una vaga ilusión.

RUBÉN DARÍO: Azul..., Cátedra

a) ¿Quién protagoniza el poema? ¿Qué le sucede?
b) ¿Con qué palabras o imágenes te parece que el poeta crea el exotismo característico de la poesía modernista?
c) Justifica por qué el estilo del poema se considera preciosista.

La generación del 98

3. Lee este fragmento. Según el autor, ¿dónde hay que buscar la verdadera tradición española? ¿Te parece un texto optimista?

La tradición eterna española, que al ser eterna es más bien humana que española, es la que hemos de buscar los españoles en el presente vivo y no en el pasado muerto. Hay que buscar lo eterno en el aluvión de lo insignificante, de lo inorgánico, de lo que gira en torno de lo eterno como cometa errático, sin entrar en ordenada constelación con él, y hay que penetrarse de que el limo del río turbio del presente se sedimentará sobre el suelo eterno y permanente.

MIGUEL DE UNAMUNO: *En torno al casticismo,* Cátedra

La **generación del 98**, que coincide en el tiempo con el modernismo, se caracteriza por un **estilo sobrio** y un **tono reflexivo**.

Sus autores comparten la **preocupación por España** y reflexionan sobre la situación y los valores del país, que aparecen simbolizados en la historia anónima de sus habitantes y en el paisaje. En sus obras también tratan **temas filosóficos y religiosos**, como el sentido de la existencia o el destino.

El modernismo y la generación del 98

El modernismo

1. Lee este fragmento de *El año lírico: primaveral* y resuelve las actividades a continuación para descubrir algunas características del modernismo.

Antoni Gaudí: *Casa Batlló*, Barcelona

> Mi dulce musa Delicia
> me trajo un ánfora griega
> cincelada en alabastro,
> de vino de Naxos llena;
> 5 y una hermosa copa de oro,
> la base henchida de perlas,
> para que bebiese el vino
> que es propicio a los poetas.
> En la ánfora está Diana,
> 10 real, orgullosa y esbelta,
> con su desnudez divina
> y en actitud cinegética.
> Y en la copa luminosa
> está Venus Citerea
> 15 tendida cerca de Adonis
> que sus caricias desdeña.
> No quiere el vino de Naxos
> ni el ánfora de ansas bellas,
> ni la copa donde Cipria
> 20 al gallardo Adonis ruega.
> Quiero beber del amor
> solo en tu boca bermeja.
> ¡Oh amada mía! Es el dulce
> tiempo de la primavera.

RUBÉN DARÍO: *Azul...*, Cátedra

a) ¿Sobre qué trata este poema?

b) Explica con ejemplos si en el poema predomina la narración, la descripción, el diálogo o la expresión de emociones.

c) Investiga la tradición de la que proceden los personajes que se nombran en los versos.

d) ¿Te parece un poema difícil de entender? Justifica tu respuesta.

El **modernismo** es un movimiento de raíz romántica que busca crear obras de **belleza suprema**. Surge a finales del siglo XIX y se manifiesta en distintas disciplinas artísticas, como la pintura y la arquitectura.

El modernismo literario se caracteriza por un estilo sensorial, con ritmos marcados, un léxico culto, versos de distinta medida y una rica simbología (el jardín, el cisne, el otoño...).

Las obras modernistas se distinguen por su cosmopolitismo y sensualidad. Suelen aparecer personajes enfrentados a la vulgaridad burguesa, a menudo caracterizados con prototipos como el dandi o el bohemio. También se recrean escenarios exóticos (por lejanía en el espacio o en el tiempo) en los que se pueden encontrar palacios, princesas y seres mitológicos.

 **PRACTICA** Trabaja con otros poemas modernistas.

32 EL MODERNISMO Y LA GENERACIÓN DEL 98

La Guerra Civil

En 1936 un grupo de militares, apoyados por sectores de la burguesía industrial y agraria, intentaron un **golpe de Estado** contra la República.

La tentativa fracasó, pero la incapacidad del Gobierno para restablecer el orden constitucional desembocó en una Guerra Civil que se prolongó casi tres años.

Los orígenes de la Guerra Civil se relacionan con las siguientes circunstancias:

- La reacción contra la República de los sectores sociales que se sintieron agredidos por sus reformas, especialmente los terratenientes, la Iglesia y el Ejército.
- Las presiones de algunos sectores de la izquierda, sobre todo del anarquismo y el comunismo.

Esta guerra también ha de ser entendida en el contexto de la escalada de tensión internacional previa a la **Segunda Guerra Mundial**, cuando dos ideologías totalitarias, el comunismo y el fascismo, llevaron al continente a un escenario expansionista y convulso. De hecho, el papel de las potencias totalitarias, Alemania, Italia y la Unión Soviética, pues su participación en España con armas y tropas resultó fundamental para el desenlace del conflicto.

La dictadura y la posguerra

La Guerra Civil finalizó el 1 de abril de 1939, y se saldó con la victoria de los sublevados, los autodenominados *nacionales*, y con la implantación de una dictadura en la persona de **Francisco Franco** que se prolongó durante cuatro décadas.

Pero el final de la guerra no significó el fin de la violencia: un elevado número de derrotados fueron encarcelados y ejecutados, y otros muchos tuvieron que partir al **exilio.** Entre ellos, un número considerable de los artistas, científicos e intelectuales que conformaron la Edad de Plata.

Además de por la represión política, la década de 1940 se caracterizó por las **graves privaciones económicas**. Buena parte de la población hubo de afrontar situaciones de precariedad y hambre, por distintos motivos:

- La destrucción originada por la guerra.
- Las desacertadas políticas económicas franquistas de la posguerra.
- El aislamiento internacional de España, ya que su colaboración con las potencias del Eje durante la Segunda Guerra Mundial provocó la condena de Naciones Unidas y la ruptura de relaciones con casi todos los países miembros.

España comenzó a reintegrarse en el concierto internacional a finales de la década de 1940 de la mano de Estados Unidos en el contexto de la Guerra Fría.

Maruja Mallo: *La verbena*, Museo Nacional Centro de Arte Reina Sofía, Madrid

» Del fin del siglo XIX a la posguerra

La Restauración española

En España, la etapa política que abarca de 1875 a 1931 se conoce como **Restauración**, régimen de monarquía parlamentaria que supuso la recuperación del trono por parte de los Borbones.

Durante esta etapa, se desarrolló un fuerte pesimismo y el cuestionamiento de la propia idea de nación. Esta **crisis** se produjo por factores como:

- La pérdida de las últimas posesiones ultramarinas en 1898.
- El descrédito del modelo político, dominado por la alternancia entre los partidos liberal y conservador.
- El atraso económico, porque la industrialización solo había llegado a algunas regiones, como el País Vasco y Cataluña.
- El elevado nivel de analfabetismo de una sociedad en la que la mayoría de la población carecía de acceso a la enseñanza.

Como respuesta a esta crisis, surgió el **regeneracionismo**, un movimiento ideológico cuyo objetivo era modernizar el país. Sus ejes principales eran:

- La mejora del desarrollo económico.
- La reforma del sistema educativo.
- La europeización del país.

La dictadura de Primo de Rivera y la Segunda República

Al comienzo de la década de 1920, España se encontraba todavía lejos de superar sus problemas:

- La crisis económica se agravaba.
- La conflictividad social iba en aumento.
- Los nacionalistas incrementaban sus demandas de autogobierno.

En 1923, el general **Miguel Primo de Rivera** dio un golpe de Estado e instauró una dictadura militar. Pronto esa opción se mostró superada y crecieron las voces que reclamaron su desaparición y que responsabilizaron al rey Alfonso XIII ante la agresión que la dictadura había significado para el modelo parlamentario.

En 1931, se celebraron unas elecciones con las que se proclamó la **Segunda República.** Este régimen pretendió materializar las propuestas más progresistas del regeneracionismo, pero fracasó por varios motivos:

- La situación económica internacional tras el crac de 1929 era muy mala.
- El auge de los totalitarismos en Europa amenazaba a todas las democracias parlamentarias.
- Las clases dominantes consideraban inaceptable el programa de reformas de la República e intentaban evitar que se llevara a cabo.
- Los partidos obreros pensaban que las medidas eran insuficientes y presionaban para lograr cambios más sustanciales.

La Edad de Plata

A pesar de la inestabilidad política y económica, en el primer tercio del siglo XX se vivió en España una época de **esplendor cultural** conocida como la *Edad de Plata*.

En este despertar del arte y las ciencias tuvo gran relevancia la **Residencia de Estudiantes de Madrid**, por la que pasaron cineastas como Luis Buñuel, pintores como Salvador Dalí, escritores como Federico García Lorca o científicos como Severo Ochoa. Fuera del ámbito de la Residencia de Madrid, cabe destacar otras figuras como la pintora Maruja Mallo o la filósofa María Zambrano.

Clara Campoamor

La diputada Clara Campoamor defendió en las Cortes el sufragio femenino, que se concedió durante la República, en 1932. Esto situó a España en la vanguardia europea en la lucha por los derechos de las mujeres.

En esta unidad aprenderás...

- Del fin del siglo XIX a la posguerra
- El modernismo
- La generación del 98
- El novecentismo y las vanguardias
- La generación del 27
- La poesía y la narrativa de posguerra
- El teatro en la primera mitad del siglo XX

Observa

1. Observa esta imagen de la meseta soriana y contesta a las preguntas.

a) ¿Qué estación es? ¿Cómo crees que será el paisaje en otras épocas del año?

b) ¿Cómo imaginas la vida de sus habitantes? ¿Cuáles pueden ser sus principales problemas o preocupaciones?

2. En la literatura, el paisaje se utiliza a menudo para expresar el pensamiento. ¿Con qué emociones o inquietudes relacionarías este paisaje?

ESCUCHA el audio

3. Escucha este fragmento de un poema de Federico García Lorca y responde.

a) ¿Te parece un texto fácil de comprender? ¿A qué te parece que se debe?

b) ¿Qué tono predomina en el poema?

c) ¿Qué crees que pretende criticar el poeta?

Habla

4. En un período de entreguerras y crisis económica, ¿de qué distintas maneras piensas que puede reaccionar el arte?

2 LA EDAD DE PLATA

8. ¿Qué rasgos de la poesía romántica aprecias en este poema de Bécquer?

Rima LII

Olas gigantes que os rompéis bramando
en las playas desiertas y remotas,
envuelto entre la sábana de espumas,
¡llevadme con vosotras!

5   Ráfagas de huracán que arrebatáis
del alto bosque las marchitas hojas,
arrastrado en el ciego torbellino,
¡llevadme con vosotras!

Nubes de tempestad que rompe el rayo
10 y en fuego encienden las sangrientas orlas,
arrebatado entre la niebla oscura,
¡llevadme con vosotras!

Llevadme por piedad a donde el vértigo
con la razón me arranque la memoria.
15 ¡Por piedad!, ¡tengo miedo de quedarme
con mi dolor a solas!

GUSTAVO ADOLFO BÉCQUER:
Rimas y leyendas, Anaya

9. Escucha el fragmento de *Fortunata y Jacinta* y explica los rasgos de la novela realista que aparecen.

10. Completa esta tabla para comparar la narrativa de los siglos XVIII y XIX.

	Prosa neoclásica	Prosa romántica	Prosa realista
Principales características	⬤⬤⬤	⬤⬤⬤	⬤⬤⬤
Subgéneros	⬤⬤⬤	⬤⬤⬤	⬤⬤⬤
Autores y obras	⬤⬤⬤	⬤⬤⬤	⬤⬤⬤

11. Organiza lo que has aprendido sobre la literatura neoclásica del siglo XVIII en un mapa conceptual.

12. Busca alguna leyenda relacionada con el lugar en el que vives y redáctala con estilo romántico.

OBSERVA Compara tu mapa conceptual con el esquema sobre literatura del s. XVIII.

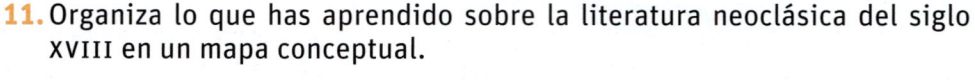

VALORA LO APRENDIDO Autoevaluación.

LECTURAS RECOMENDADAS

Rimas y leyendas. La poesía y la prosa de Bécquer en una recopilación de lo más romántica.

La Regenta. Una novela sobre las apariencias y las convenciones sociales.

DESCUBRE Y LEE Profundiza en tu lectura con las fichas de actividades.

ACTIVIDADES FINALES

1. En tu cuaderno, explica los siguientes conceptos clave y relaciónalos con los estilos literarios a los que caracterizan.

a) Narrador omnisciente

b) Intención didáctica

c) Libertad creativa

Literatura del siglo XVIII

Romanticismo

Realismo

2. ¿Qué ideal ilustrado se defiende en la obra *El sí de las niñas*? ¿Te parece que tiene vigencia hoy día? ¿Por qué?

3. Observa la imagen y responde.

a) ¿Quiénes son los protagonistas de este libro? ¿A qué público se dirige?

b) ¿A qué corriente de la poesía neoclásica pertenece? ¿Cuáles son los dos autores más destacados de esa corriente?

c) ¿Cuál es la otra corriente? ¿En qué se diferencian?

Fábulas de Samaniego, Ramón Sopena

4. Lee el siguiente texto y contesta a las preguntas.

> Quien escribe sin principios ni reglas se expone a todos los yerros y desatinos imaginables, porque, si bien la poesía depende, en gran parte, del genio e inspiración del autor, sin embargo, si este no es arreglado, no podrá jamás producir cosa buena.
>
> IGNACIO DE LUZÁN: *La poética o reglas de la poesía en general y de sus principales especies*, Cátedra

a) ¿Qué idea defiende el autor?

b) ¿Con cuál de las épocas que has estudiado en esta unidad se corresponde esa idea?

c) ¿Qué movimiento cultural se rebela contra la idea que expone este texto?

d) ¿Cuál de las dos posturas refleja mejor tu opinión? ¿Qué tipo de poesía te gusta más? Escribe un texto breve en el que respondas a Ignacio de Luzán, con argumentos a favor o en contra de su idea.

5. Explica quién fue José de Espronceda y cuáles son sus obras principales.

6. ¿Cuáles de las siguientes características corresponden al teatro romántico? Cópialas en tu cuaderno y añade las que falten.

A. El desenlace suele ser trágico.

B. Las obras respetan la norma de las tres unidades.

C. A menudo el espacio es un paraje nocturno.

D. Los personajes encarnan formas de pensamiento.

E. Un tema recurrente es el amor puro que se enfrenta a obstáculos.

7. Realiza una ficha sobre la obra *Don Juan Tenorio* en la que desarrolles estos puntos: autor, argumento y estilo.

Comentario de texto. *La Regenta*

Uno de los personajes más llamativos de *La Regenta* es Fermín de Pas, magistral de la catedral y confesor de Ana Ozores, a la que ama en secreto.

◀)) Los tormentos de don Fermín

Si don Álvaro perdía la esperanza, el magistral tampoco estaba satisfecho. Veía muy lejos el día de la victoria; la inercia de Ana le presentaba cada vez nuevos obstáculos con que él no había contado. Además, su amor propio estaba herido. Si alguna vez había ensayado interesar a su amiga descubriéndole, o por vía de ejemplo o por alarde de confianza, algo de la propia historia íntima, ella había escuchado distraída, como absorta en el egoísmo de sus penas y cuidados. Más había: aquella señora que hablaba de grandes sacrificios, que pretendía vivir consagrada a la felicidad ajena, se negaba a violentar sus costumbres, saliendo de casa a menudo, pisando lodo, desafiando la lluvia; se negaba a madrugar mucho, y alegando como si se tratase de cosa santa, las exigencias de la salud, los caprichos de sus nervios. "El madrugar mucho me mata; la humedad me pone como una máquina eléctrica". Esto era humillante para la religión y depresivo para don Fermín; era, de otro modo, un jarro de agua que le enfriaba el alma al Provisor y le quitaba el sueño.

Una tarde entró De Pas en el confesionario con tan mal humor, que Celedonio el monaguillo le vio cerrar la celosía con un golpe violento. Don Fermín bajaba del campanario, donde, según solía de vez en cuando, había estado registrando con su catalejo los rincones de las casas y de las huertas. Había visto a la Regenta en el parque pasear, leyendo un libro que debía de ser la historia de santa Juana Francisca, que él mismo le había regalado. Pues bien, Ana, después de leer cinco minutos, había arrojado el libro con desdén sobre un banco.

—¡Oh! ¡oh! ¡Estamos mal! —había exclamado el clérigo desde la torre conteniendo enseguida la ira, como si Ana pudiera oír sus quejas. Después habían aparecido en el parque dos hombres, Mesía y Quintanar. Don Álvaro había estrechado la mano de la Regenta, que no la había retirado tan pronto como debiera; "¡aunque no fuese más que por estar viéndolos él!". Don Víctor había desaparecido y el seductor de oficio y la dama se habían ocultado poco a poco entre los árboles, en un recodo de un sendero. El magistral sintió entonces impulsos de arrojarse de la torre. Lo hubiera hecho a estar seguro de volar sin inconveniente.

Leopoldo Alas, Clarín: *La Regenta*, Castalia

Comprende y analiza

1. Resume con tus palabras lo que sucede en este pasaje de la novela.

2. ¿Por qué está herido el amor propio del magistral? ¿Qué gestos de Ana Ozores y de Álvaro Mesía le enfurecen?

3. El modo en que don Fermín espía a los personajes simboliza muy bien sus ambiciones. ¿Desde dónde y cómo lo hace?

4. Clarín emplea el espacio para situar psicológicamente a sus personajes. ¿Qué valores asocias a la posición de don Fermín?

5. En el último párrafo, el narrador se introduce en la conciencia de don Fermín. ¿Qué técnicas narrativas emplea para lograrlo?

Reflexiona y valora

6. Clarín, como todos los escritores realistas, hace un retrato de la sociedad de su época a través de multitud de personajes. Si escribieras una novela sobre tu entorno social a la manera realista, ¿qué personajes aparecerían en ella?

- Haced una lluvia de ideas e id apuntando vuestras propuestas. Después, imaginad un argumento en el que puedan aparecer todos esos personajes.

EL REALISMO Y EL NATURALISMO **25**

El realismo y el naturalismo

La Regenta

24. Lee este fragmento de *La Regenta* y contesta a las preguntas.

Ana se sentía caer en un pozo, según ahondaba, abondaba en los ojos de aquel hombre que tenía allí debajo; le parecía que toda la sangre se le subía a la cabeza, que las ideas se mezclaban y confundían, que las nociones morales se deslucían, que los resortes de la voluntad se aflojaban; y veía como un peligro, y desde luego una imprudencia en hablar así con don Álvaro, en mirarle con deleite que no se ocultaba, en alabarle y abrirle el arca secreta de los deseos y los gustos, no se arrepentía de nada de esto, y se dejaba resbalar, gozándose en caer, como si aquel placer fuese una venganza de antiguas injusticias sociales, de bromas pesadas de la suerte, y sobre todo de la estupidez vetustense que condenaba toda vida que no fuese la monótona, sosa y necia de los insípidos vecinos de la Encimada y la Colonia... Ana sentía deshacerse el hielo, humedecerse la aridez; pasaba la crisis, pero no como otras veces, no se resolvía en lágrimas de ternura abstracta, ideal, en propósitos de vida santa [...]; era cosa nueva, era un relajamiento, algo que al dilacerar la voluntad, al vencerla, causaba en las entrañas placer, como un soplo fresco que recorriese las venas y la médula de los huesos.

LEOPOLDO ALAS, CLARÍN: *La Regenta*, Castalia

a) ¿Entre qué dos sentimientos se debate Ana?

b) ¿Por cuál de los dos se decanta? ¿Por qué?

c) ¿Qué palabras del texto revelan el ambiente opresivo en el que vive Ana?

d) ¿Con qué metáfora explica el autor el estado de ánimo de Ana en las primeras líneas? ¿Qué efecto consigue?

La Regenta es la novela más conocida de **Leopoldo Alas, Clarín**. El tema central es el **problema de conciencia** de la joven protagonista, Ana Ozores, *la Regenta*, que no es feliz en su matrimonio y que se siente atraída por el seductor Álvaro Mesía. También trata otros temas como la hipocresía moral y social o la represión de los sentimientos.

Un **narrador omnisciente** describe detalladamente la ciudad de Vetusta (inspirada en Oviedo) y analiza en profundidad la psicología de los personajes. Para ello, usa sobre todo dos técnicas narrativas:

- **Monólogo interior.** Se muestran los pensamientos y sentimientos de los personajes tal y como fluyen por su mente, sin intervención del narrador.
- **Estilo indirecto libre.** Se da el punto de vista de los personajes, pero se utiliza la tercera persona para contar los hechos.

---

25. Explica qué técnica narrativa se usa en este fragmento de *La Regenta*.

"¿Por qué no había ido al teatro? Tal vez allí hubiera podido alejar de sí aquellas ideas tristes, desconsoladoras, que se clavaban en su cerebro como alfileres en un acerico. Si estaba siendo una tonta. ¿Por qué no había de hacer lo que todas las demás?". En aquel instante pensaba como si no hubiera en toda la ciudad más mujeres honestas que ella.

LEOPOLDO ALAS, CLARÍN: *La Regenta*, Castalia

Comentario de texto. *Fortunata y Jacinta*

Esta novela narra el triángulo amoroso entre dos mujeres de distinta clase social, y Juanito Santa Cruz, alias *el Delfín*. A continuación, vas a leer cómo fue su primer encuentro con una de ellas, Fortunata.

Encuentro en la escalera

Juanito no pecaba de corto, y al ver a la chica y observar lo linda que era y lo bien calzada que estaba, diéronle ganas de tomarse confianzas con ella.

—¿Vive aquí —le preguntó— el señor de Estupiñá?

—¿Don Plácido?... *En lo más último de arriba*—, contestó la joven, dando algunos pasos hacia fuera.

Y Juanito pensó: "Tú sales para que te vea el pie. Buena bota"... Pensando esto, advirtió que la muchacha sacaba del mantón una mano con **mitón** encarnado y que se la llevaba a la boca. La confianza se desbordaba del pecho del joven Santa Cruz, y no pudo menos de decir:

—¿Qué come usted, criatura?

—¿No lo ve usted? —replicó mostrándoselo—. Un huevo.

—¡Un huevo crudo!

Con mucho donaire, la muchacha se llevó a la boca por segunda vez el huevo roto y se atizó otro sorbo.

—No sé cómo puede usted comer esas babas crudas —dijo Santa Cruz, no hallando mejor modo de trabar conversación.

—Mejor que guisadas. ¿Quiere usted? —replicó ella ofreciendo al Delfín lo que en el cascarón quedaba.

Por entre los dedos de la chica se escurrían aquellas babas gelatinosas y transparentes. Tuvo tentaciones Juanito de aceptar la oferta; pero no; le repugnaban los huevos crudos.

—No, gracias.

Ella entonces se lo acabó de sorber, y arrojó el cascarón, que fue a estrellarse contra la pared del tramo inferior. Estaba limpiándose los dedos con el pañuelo, y Juanito discurriendo por dónde **pegaría la hebra**, cuando sonó abajo una voz terrible que dijo: *¡Fortunaaá!* Entonces la chica se inclinó en el pasamanos y soltó un *yia voy* con chillido tan penetrante que Juanito creyó se le desgarraba el tímpano. El *yia* principalmente sonó como la vibración agudísima de una hoja de acero al deslizarse sobre otra. Y al soltar aquel sonido, digno canto de tal ave, la moza se arrojó con tanta presteza por las escaleras abajo, que parecía rodar por ellas.

Benito Pérez Galdós: *Fortunata y Jacinta*, Cátedra

mitón. Especie de guante que no cubre los dedos.

pegar la hebra. Entablar conversación.

Comprende y analiza

1. ¿Cómo son los personajes? ¿En qué expresiones y acciones quedan retratados?

2. ¿Qué puedes deducir sobre la condición social de Fortunata?

3. Copia alguna expresión coloquial que Galdós emplea para otorgar verosimilitud al ambiente.

4. ¿Qué impresión le causa Fortunata a Juanito?

5. Pon algún ejemplo del texto que demuestre que el narrador es omnisciente.

Reflexiona y valora

6. ¿Crees que el medio social en el que vivimos determina nuestra forma de hablar? Desarrolla tus argumentos y debátelo con tus compañeros.

EL REALISMO Y EL NATURALISMO 23

El realismo y el naturalismo

Benito Pérez Galdós

23. Lee estos fragmentos de dos novelas y resuelve las actividades.

(1) Benina se echó nuevamente a la calle, ávida de tapar la boca a los acreedores groseros que con apremio impertinente y desvergonzado abrumaban a las dos mujeres. Diose el gustazo de ponerles ante los morros los duros que se les debían, hizo provisiones, fue a la calle de la Ruda y con su cesta bien repleta de víveres y el corazón de esperanzas, pensando verse libre de la vergüenza de pedir limosna al menos por un par de días, volvió a su casa.

BENITO PÉREZ GALDÓS: *Misericordia*, Hernando

(2) ¿Qué le importaba a ella que hubiese república o monarquía, ni que don Amadeo se fuera o se quedase? Más le importaba la conducta de aquel ingrato que a su lado dormía tan tranquilo. [...] El pérfido guardaba tan bien las apariencias, que nada hacía ni decía en familia que no revelara una conducta regular y correctísima. Trataba a su mujer con un cariño tal, que... vamos, se le tomaría por enamorado. Solo allí, de aquella puerta para adentro, se descubrían las trastadas; solo ella, fundándose en datos negativos, podía destruir la aureola que el público y la familia ponían al glorioso Delfín. Decía su mamá que era el marido modelo. ¡Valiente pillo! Y la esposa no podía contestar a su suegra cuando le venía con aquellas historias... Con qué cara le diría: "Pues no hay tal modelo, no señora, no hay tal modelo, y cuando yo lo digo, bien sabido me lo tendré".

BENITO PÉREZ GALDÓS: *Fortunata y Jacinta*, Cátedra

a) ¿De qué trata cada fragmento?

b) ¿Cuál muestra un entorno más pobre y marginal?

c) Explica con ejemplos de ambos textos en qué consisten la verosimilitud y el narrador omnisciente propios del realismo.

d) ¿En qué época está ambientado el texto 2? Comprueba si es una época que el autor vivió.

Las novelas de **Benito Pérez Galdós** se dividen en tres etapas:

- **Etapa inicial.** Obras de gran carga política en las que los personajes tradicionalistas se enfrentan a personajes progresistas, por los cuales el narrador toma partido, como *Doña Perfecta*, *La familia de León Roch* o *Marianela*.

- **Novelas contemporáneas.** Más adelante, analiza la realidad social del momento con personajes más complejos psicológicamente, que representan diferentes categorías sociales, como *La desheredada*, *Miau* o *Fortunata y Jacinta*.

- **Novelas espiritualistas.** Finalmente, sus novelas se centraron en valores espirituales, como el amor al prójimo o la caridad, que aparecen encarnados en personajes humildes que viven en ambientes pobres y marginales. Algunas de estas novelas son *Misericordia*, *Nazarín* o *Tristana*.

Benito Pérez Galdós también escribió los *Episodios Nacionales*, 46 relatos que cuentan la historia del siglo XIX de forma novelada, mezclando personajes ficticios y hechos reales.

Las características principales de la **novela realista** son:

- **Verosimilitud.** Se plasman con exactitud los ambientes, caracteres y relaciones sociales del momento, sobre todo en relación con los gustos y la visión del mundo de la burguesía. Los personajes se expresan con el modo de hablar adecuado a su condición social.
- **Contemporaneidad.** Suelen transcurrir en la época en la que fueron escritas.
- **Narrador omnisciente.** Sabe todo lo que pasa y también lo que piensan o sienten los personajes, y lo describe con detalle.

Los autores más destacados de la narrativa realista en España son **Juan Valera**, **Benito Pérez Galdós** y **Leopoldo Alas**, *Clarín*.

22. Lee este fragmento de una novela naturalista y observa las diferencias con la novela realista.

Los primeros días, el taller, con su colorido bajo, le infundía ganas de morirse.

Pero no tardó en encariñarse con la fábrica, en sentir ese orgullo y apego inexplicables que infunde la colectividad y la asociación, la fraternidad del trabajo. Fue conociendo los semblantes que la rodeaban, tomándose interés por algunas operarias, señaladamente una madre y una hija que se sentaban a su lado. [...]

Otra causa para que Amparo se reconciliase del todo con la fábrica fue el hallarse en cierto modo emancipada y fuera de la patria potestad desde su ingreso. Es verdad que daba a sus padres algo de las ganancias, pero reservándose buena parte; y como la labor era a destajo, en las yemas de los dedos tenía el medio de acrecentar sus rentas, sin que nadie pudiese averiguar si cobraba ocho o cobraba diez. Desde el día de su entrada vestía el traje clásico de las cigarreras: el mantón, el pañuelo de seda para solemnidades, la falda de percal planchada y con cola.

EMILIA PARDO BAZÁN: *La tribuna*, SM

a) ¿Dónde está ambientada la novela? ¿A qué clase social pertenece Amparo?

b) ¿Qué diferencias hay con la ambientación y la condición social de los personajes del texto de la actividad 21? ¿Cuál de los dos representa una realidad más dura?

Las características principales de la **novela naturalista** son:

- **Estudio científico.** La novela se plantea como un método para analizar el comportamiento humano, marcado tanto por la herencia genética como por las condiciones sociales.
- **Realidad marginal.** Las obras muestran los entornos más degradados y las conductas de las personas en ellos.
- **Cambio social.** Los autores analizan las causas de los problemas reflejados y sugieren soluciones.

Emilia Pardo Bazán fue la principal representante del naturalismo en España. Sus obras más destacadas son *Los pazos de Ulloa*, que trata sobre la decadencia de la nobleza rural gallega, y *La tribuna*, protagonizada por una trabajadora de una fábrica de tabacos.

 PRACTICA Trabaja con otros textos realistas y naturalistas.

El realismo y el naturalismo

20. Lee este fragmento de un cuento y contesta a las preguntas.

Minia vivía relegada a la condición de criada o moza de faena. No es decir que sus primos no trabajasen, porque el trabajo a nadie perdona en casa del labriego; pero las labores más viles, las tareas más arduas, guardábanse para Minia. Su prima Melia, destinada por su madre a costurera, que es entre las campesinas profesión aristocrática, daba a la aguja en una sillita, y se divertía oyendo los requiebros bárbaros y las picardihuelas de los mozos y mozas que acudían al molino […]. Minia era quien ayudaba a cargar el carro de tojo; la que, con sus manos diminutas, amasaba el pan; la que echaba de comer al becerro, al cerdo y a las gallinas; la que llevaba a pastar la vaca, y, encorvada y fatigosa, traía del monte el haz de leña, o del soto el saco de castañas, o el cesto de hierba del prado.

EMILIA PARDO BAZÁN: *Un destripador de antaño y otros cuentos*, Alianza

a) ¿Dónde sucede la acción? ¿A qué se dedica la protagonista?

b) ¿Qué diferencias encuentras en comparación con los escenarios y los personajes típicos del Romanticismo?

En el siglo XIX nacen **el realismo y el naturalismo**, dos movimientos artísticos que prescinden del idealismo romántico y se basan en la **observación** y el **análisis** detallado de la realidad. En la literatura se manifiestan sobre todo en el subgénero de la **novela**.

21. Lee este fragmento de una novela y resuelve las actividades.

—¿Y qué le parece al señor don José nuestra querida ciudad de Orbajosa? —preguntó el canónigo, cerrando fuertemente el ojo izquierdo, según su costumbre, mientras fumaba.

—Todavía no he podido formar idea de este pueblo —dijo Pepe—. Por lo poco que he visto, me parece que no le vendrían mal a Orbajosa media docena de grandes capitales dispuestos a emplearse aquí, un par de cabezas inteligentes que dirigieran la renovación de este país, y algunos miles de manos activas. […]

—En tantos años que llevo de residencia en Orbajosa —dijo el clérigo, frunciendo el ceño— he visto llegar aquí innumerables personajes de la corte, traídos unos por la gresca electoral, otros por visitar algún abandonado terruño o ver las antigüedades de la catedral, y todos entran hablándonos de arados ingleses, de trilladoras mecánicas, de saltos de agua, de bancos y qué sé yo cuántas majaderías. El estribillo es que esto es muy malo y que podría ser mejor. Váyanse con mil demonios; que aquí estamos muy bien sin que los señores de la corte nos visiten, y mucho mejor sin oír ese continuo clamoreo de nuestra pobreza y de las grandezas y maravillas de otras partes.

BENITO PÉREZ GALDÓS: *Doña Perfecta*, Espasa

a) Explica el punto de vista de cada personaje. ¿Quién representa la tradición? ¿Quién representa el progreso?

b) ¿En qué época crees que está ambientada la novela? ¿Por qué?

c) Localiza algún ejemplo que demuestre la atención al detalle del autor.

» La era industrial

El modelo industrial y el triunfo de las revoluciones liberales consolidaron a la burguesía como clase dominante de la emergente sociedad liberal. Como consecuencia, se articuló un nuevo esquema de relaciones sociales y productivas que provocaron la aparición del movimiento obrero.

Una nueva sociedad

La Revolución Industrial se desarrolló inicialmente en **Gran Bretaña** durante el **siglo XVIII** y se fue expandiendo por algunos países europeos en la primera mitad del siglo XIX.

A lo largo de este proceso, las **ciudades** experimentaron un notable crecimiento por las **migraciones** desde las zonas rurales. Sin embargo, en las periferias de las grandes ciudades comenzaron a formarse **barrios obreros** con condiciones de salubridad precarias.

El triunfo del modelo económico capitalista tuvo como repercusión importantes cambios sociales:

- Entre la **burguesía**, que vio favorecida y ya consolidada su posición social y económica, se extendió una **visión positivista del mundo**, que proclamó su confianza en el progreso y en la ciencia.

  La ideología política que representaba los intereses de la clase burguesa es el **liberalismo** burgués parlamentario.

- En paralelo, las **clases trabajadoras** comenzaron a reivindicar la necesidad de mejorar sus condiciones laborales y, por extensión, sus condiciones de vida; así como una mayor participación en la vida pública y en los asuntos políticos, de los que habían sido sistemáticamente relegados hasta la fecha.

  En este contexto surgieron dos ideologías en defensa del proletariado: el **marxismo** y el **anarquismo**.

La industrialización en España

En España, tanto el proceso de industrialización como los cambios sociales se desarrollaron con mayor lentitud. De hecho, durante todo el siglo XIX la economía del país seguía concentrada principalmente en el sector agrario y en la actividad rentista.

Algunas de las claves de la industrialización en España son las siguientes:

- Las primeras tentativas de industrialización fueron **posteriores a 1830**.
- La difusión de la industria no se produjo hasta el **último tercio del siglo XIX**.
- La industrialización se concentró en determinadas **regiones**, como Cataluña y el País Vasco.
- La **burguesía** solamente tuvo cierta importancia en esas regiones y en enclaves comerciales, como Madrid o Valencia. El resto del país mantuvo relaciones sociales y productivas propias del Antiguo Régimen.

El realismo

Esta corriente cultural nació en la pintura, en la segunda mitad del siglo XIX, y fue trasladándose a otras artes, como la literatura.

La intención del realismo es representar la realidad de forma objetiva y se preocupa de plasmar con fidelidad a los personajes, ambientes y condiciones de vida de la época. Esto contrasta con el interés del Romanticismo, que idealizaba la realidad y a menudo buscaba evadirse de ella.

El arte de este período refleja la **vida cotidiana de la burguesía**, aunque también hubo artistas interesados en las clases trabajadoras.

Mujeres trabajando en una fábrica textil.

Comentario de texto. *Don Juan Tenorio*

Don Juan es un seductor sin escrúpulos y se propone conquistar a doña Inés para ganar una apuesta. Aunque lo consigue, al final don Juan muere y solo logra salvar su alma gracias al amor puro que doña Inés siente por él.

🔊 El poder de la seducción

DOÑA INÉS: Callad, por Dios,
    ¡oh, don Juan!,
    que no podré resistir
    mucho tiempo sin morir,
5   tan nunca sentido afán.
    ¡Ah! Callad por compasión,
    que oyéndoos me parece
    que mi cerebro enloquece
    y se arde mi corazón.
10   ¡Ah! Me habéis dado a beber
    un filtro infernal, sin duda,
    que a rendiros os ayuda
    la virtud de la mujer.
    Tal vez poseéis, don Juan,
15   un misterioso amuleto
    que a vos me atrae en secreto
    como irresistible imán.
    Tal vez Satán puso en vos
    su vista fascinadora,
20   su palabra seductora,
    y el amor que negó a Dios.
    ¿Y qué he de hacer, ¡ay de mí!,
    sino caer en vuestros brazos,
    si el corazón en pedazos
25   me vais robando de aquí? [...]

    Tu presencia me **enajena**,
    tus palabras me alucinan,
    y tus ojos me fascinan,
    y tu aliento me envenena.
    ¡Don Juan! ¡Don Juan!, yo lo imploro
30   de tu **hidalga** compasión:
    o arráncame el corazón,
    o ámame porque te adoro.

DON JUAN: ¡Alma mía! Esa palabra
35   cambia mi modo de ser,
    que alcanzo que puede hacer
    hasta que el Edén se me abra.
    No es, doña Inés, Satanás
    quien pone este amor en mí;
40   es Dios, que quiere por ti
    ganarme para Él quizás.

JOSÉ ZORRILLA: *Don Juan Tenorio*. Crítica.

afán. Deseo. **enajenar.** Sacar a alguien fuera de sí. **hidalgo.** Generoso y noble.

Comprende y analiza

1. Resume la escena con tus palabras.
2. Indica a qué causas atribuye doña Inés el poder de seducción de don Juan.
3. Analiza la métrica y la rima de los ocho primeros versos. ¿Qué estrofa utiliza Zorrilla?
4. Explica el empleo de dos recursos literarios que encuentres en el texto.
5. ¿Por qué crees que el autor recurre al abundante uso de los signos de exclamación?

Reflexiona y valora

6. Explica la relación de las palabras finales de don Juan con el argumento de la obra.
7. Señala qué características propias del Romanticismo aparecen en el fragmento.
8. ¿Piensas que don Juan ama sinceramente a doña Inés? Justifica tu respuesta.
9. Teniendo en cuenta el final de la obra, ¿crees que Zorrilla estaba a favor o en contra de los ideales románticos? ¿Por qué?

17. Lee este fragmento de una obra de teatro y realiza las actividades.

DON JUAN: Por dondequiera que fui
      la razón atropellé,
      la virtud escarnecí,
      a la justicia burlé,
5   y a las mujeres vendí.

      Yo a las cabañas bajé,
      yo a los palacios subí,
      yo los claustros escalé,
      y en todas partes dejé
10   memoria amarga de mí.

      Ni reconocí sagrado,
      ni hubo razón ni lugar
      por mi audacia respetado;
      ni en distinguir me he parado
15   al clérigo del seglar.

      A quien quise provoqué,
      con quien quiso me batí,
      y nunca consideré
      que pudo matarme a mí
20   aquel a quien yo maté.

          JOSÉ ZORRILLA: *Don Juan Tenorio*,
                    Crítica

SALVADOR DALÍ: *Boceto para el vestuario de Don Juan Tenorio*, Museo Nacional Centro de Arte Reina Sofía, Madrid

a) ¿Cómo es don Juan, según lo que dice de sí mismo?

b) ¿Qué rasgos propios del Romanticismo se aprecian en su personalidad?

c) Mide los versos y analiza la rima del fragmento.

d) Observa la enumeración de acciones que hace don Juan. ¿Qué efecto producen en el ritmo del poema?

18. Compara a don Álvaro y a don Juan. ¿Tienen algo en común los dos personajes? ¿En qué se diferencian? Explícalo con ejemplos de los textos.

19. Busca en el diccionario el significado del sustantivo *donjuán*. ¿Qué relación tiene con este personaje?

- Un sinónimo de *donjuán* es *casanova*. Averigua cuál es el origen de esa palabra y en qué se parece a los héroes románticos.

Las obras más destacadas del teatro romántico español son:
- ***Don Álvaro o la fuerza del sino***, de Ángel de Saavedra, **duque de Rivas**. Don Álvaro es un héroe apasionado marcado por un destino trágico. Se enfrenta a las convenciones sociales por amor a Leonor y ambos acaban muriendo. La obra combina el verso y la prosa, y la acción se desarrolla en diferentes momentos y lugares.
- ***Don Juan Tenorio***, de **José Zorrilla**. Don Juan es un seductor desafiante que se enfrenta a las convenciones morales y sociales con tal de satisfacer su orgullo, sin importarle las consecuencias de sus actos. La obra está escrita en verso, casi todo octosílabo, con gran dinamismo y tensión dramática.

El Romanticismo

El teatro romántico

16. Lee estos dos fragmentos de una misma obra de teatro y responde a las preguntas.

(1) DOÑA LEONOR: ¡Infeliz de mí...! ¡Dios mío!
¿por qué un amoroso padre,
que por mí tanto desvelo
tiene, y cariño tan grande,
se ha de oponer tenazmente
(¡ay, el alma se me parte...!)
a que yo dichosa sea
y pueda feliz llamarme?...
¿Cómo quien tanto me quiere
puede tan cruel mostrarse?

(2) *(Se acerca el ruido de puertas y pisadas).*

DOÑA LEONOR: ¡Ay desdichada de mí!... Don Álvaro, escóndete... aquí, en mi alcoba...

DON ÁLVARO: *(Resuelto).* No, yo no me escondo... No te abandono en tal conflicto. *(Prepara una pistola).* Defenderte y salvarte es mi obligación.

DOÑA LEONOR: *(Asustadísima).* ¿Qué intentas? ¡Ay! Retira esa pistola, que me hiela la sangre... Por Dios suéltala... ¿La dispararás contra mi buen padre?... ¿Contra alguno de mis hermanos?... ¿Para matar a alguno de los fieles y antiguos criados de esta casa?

DON ÁLVARO: *(Profundamente confundido).* No, no, amor mío... La emplearé en dar fin a mi desventurada vida.

DOÑA LEONOR: ¡Qué horror! ¡Don Álvaro!

DUQUE DE RIVAS: *Don Álvaro o la fuerza del sino*, Cátedra

a) ¿Qué relación hay entre don Álvaro y doña Leonor? ¿Qué problema tienen?

b) A juzgar por estos fragmentos, ¿cuál es el tema de la obra?

c) ¿Te parece una comedia o una tragedia? ¿Por qué?

d) ¿Qué diferencia hay en la forma en la que están escritos estos fragmentos?

Los rasgos fundamentales del teatro romántico son:

- **Temas.** El amor, el honor y la lucha por la libertad.
- **Personajes.** Apasionados y marcados por un destino fatal e inevitable.
- **Desenlace.** Suele ser trágico por el fracaso del individuo, que tiene que ceder ante las convenciones sociales o ser derrotado por ellas.
- **Espacio y tiempo.** Predominan los **lugares solitarios y nocturnos**, con sonidos misteriosos y apariciones sobrenaturales, en un **pasado** histórico inventado por el autor.
- **Estilo.** Se defiende la **libertad creativa** y se rechazan las normas propias de la Ilustración. El verso se mezcla con la prosa y los elementos trágicos con los cómicos. No se respeta la unidad de tiempo, lugar y acción.

 **PRACTICA** Trabaja con otros fragmentos de la prosa y el teatro románticos.

14. Observa estas páginas de revistas del siglo XIX. ¿Cuál se parece más a una revista actual? ¿Por qué?

①

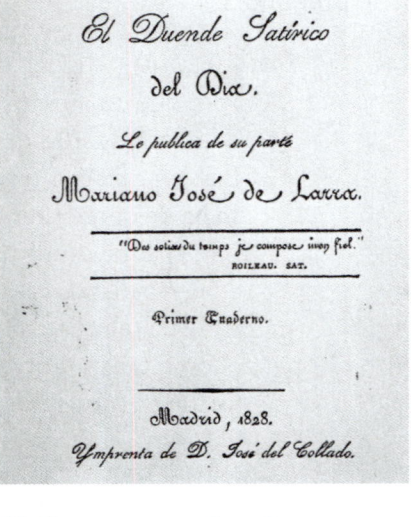

②

15. Lee este fragmento de un artículo periodístico y responde a las preguntas a continuación.

Te **confesaré** que no hay negocio que no **pueda** hacer hoy que no deje para mañana; te referiré que me **levanto** a las once, y duermo siesta; que paso haciendo el quinto pie de la mesa de un café, hablando o roncando, como buen español, las siete y las ocho horas seguidas; te añadiré que cuando cierran el café, me arrastro lentamente a mi tertulia diaria [...]; que muchas noches no ceno de pereza, y de pereza no me acuesto.

MARIANO JOSÉ DE LARRA: *Artículos de costumbres*, Bruguera

a) ¿Cuál es el número y la persona de las formas verbales destacadas? ¿Qué información nos dan sobre el narrador?

b) ¿Qué critica este artículo?

c) Explica cómo utiliza la ironía esta crítica.

Los periódicos y revistas se consolidaron como medio de comunicación de masas en el siglo XIX y tuvieron un papel decisivo en la difusión de las ideas liberales.

Mariano José de Larra es el primer gran articulista del periodismo español. Sus artículos denuncian aspectos negativos de la sociedad española con la intención de mejorarla. Los textos se suelen desarrollar como una ficción narrativa breve en la que el propio escritor interviene como personaje.

Según su contenido, sus artículos pueden clasificarse en:

• **De costumbres.** Denuncian aspectos como la holgazanería, la intolerancia, el mal gusto y el atraso general de la sociedad española.

• **Políticos.** Critican la actitud tanto de absolutistas como de liberales moderados desde una ideología liberal progresista.

• **Literarios.** Exponen la idea ilustrada de que la literatura debe supeditarse al progreso de la sociedad, pero rechazan cualquier imposición artística.

Larra utiliza un **lenguaje claro**, enérgico y directo. Su tono, a menudo irónico, revela cierto pesimismo.

EL ROMANTICISMO **15**

El Romanticismo

La prosa romántica

12. Lee estos dos textos y descubre algunas claves de la prosa romántica.

(1) Echaron pie a tierra los desconocidos poco antes de llegar a doña Beatriz, y el caballero de las armas negras, con un paso no muy seguro, se fue acercando a ella seguido del templario. La señora, con ojos espantados y clavados en él, seguía con además atónito todos sus movimientos, como colgada de un suceso extraordinario y sobrenatural.

ENRIQUE GIL Y CARRASCO: *El señor de Bembibre*, Cátedra

(2) Los puestos de santos, de bollos y campanillas iban sucediéndose rápidamente hasta llegar a cubrir ambos bordes del camino, y cedían después el lugar a tiendas caprichosas y surtidas de bizcochos, dulces y golosinas, eterna comezón de muchachos llorones, tentación perenne de bolsillos apurados.

RAMÓN DE MESONERO ROMANOS: *Escenas y tipos matritenses*, Cátedra

a) ¿Cuál crees que describe una escena real? ¿Por qué?

b) ¿Cuál está ambientado en la Edad Media? Copia las palabras que remiten a esa época.

En la prosa romántica también se encuentran las características generales del Romanticismo, como la **exaltación del yo**, el **rechazo de la realidad** y el **sentimiento de nación**.

Los tres subgéneros narrativos más típicos de esta época son:

- **El cuadro de costumbres.** Es un texto breve, que mezcla la narración y la descripción, y busca reflejar costumbres y personajes típicos de regiones españolas diversas. Destacan las obras de Serafín Estébanez Calderón y Ramón de Mesonero Romanos.

- **La novela histórica.** El protagonista representa valores del pasado que se narran con nostalgia. Suelen ser poco rigurosas desde el punto de vista histórico. Un ejemplo es *El señor de Bembibre*, de Enrique Gil y Carrasco.

- **La novela gótica.** Se utiliza el terror para explorar la parte irracional del ser humano. Suelen aparecer personajes solitarios y elementos sobrenaturales, como en algunas de las *Leyendas* de Gustavo Adolfo Bécquer.

---

13. ¿En qué consisten la exaltación del yo y el rechazo de la realidad propios del Romanticismo? Explícalo con ejemplos del siguiente texto.

En efecto, Manrique amaba la soledad, y la amaba de tal modo, que algunas veces hubiera deseado no tener sombra, porque su sombra no le siguiese a todas partes.

Amaba la soledad, porque en su seno, dando rienda suelta a la imaginación, forjaba un mundo fantástico, habitado por extrañas creaciones, hijas de sus delirios y sus ensueños de poeta, tanto, que nunca le habían satisfecho las formas en que pudiera encerrar sus pensamientos, y nunca los había encerrado al escribirlos.

GUSTAVO ADOLFO BÉCQUER: *Rimas y leyendas*, Espasa

> OBSERVA Aprende más sobre el Romanticismo con un vídeo protagonizado por Bécquer.

Comentario de texto. *Rimas*

Gustavo Adolfo Bécquer plasma en sus poemas emociones y sentimientos de manera apasionada y con un lenguaje sencillo. La naturaleza se convierte en espejo de las emociones a través de abundantes comparaciones y metáforas.

◖◗ Rima LXVI

¿De dónde vengo...? El más horrible y áspero
de los senderos busca;
las huellas de unos pies ensangrentados
sobre la roca dura;
5 los despojos de un alma hecha jirones
en las zarzas agudas,
te dirán el camino
que conduce a mi cuna.

¿Adónde voy? El más sombrío y triste
0 de los páramos cruza,
valle de eternas nieves y de eternas
melancólicas brumas;
en donde esté una piedra solitaria,
sin inscripción alguna,
5 donde habite el olvido,
allí estará mi tumba.

Gustavo Adolfo Bécquer: *Rimas y leyendas*,
Espasa

Comprende y analiza

1. ¿Cuál es el tema del poema?

2. ¿Qué tono emplea Bécquer para escribir sobre él?

3. ¿Qué diferencia de contenido hay entre la primera y la segunda estrofa?

4. Cuenta las sílabas de los versos y analiza su rima.

5. Identifica tres recursos literarios en el poema.

6. ¿Qué elementos de la naturaleza utiliza el autor para expresar sus sentimientos?

7. Copia los adjetivos empleados para caracterizar la naturaleza y la visión de la vida que tiene el yo poético. ¿Qué rasgo comparten?

8. Analiza las características propias del Romanticismo presentes en el poema.

Reflexiona y valora

9. Explica qué puntos tiene en común esta rima LXVI con la rima LX que has podido leer en la página anterior.

10. ¿Qué concepción de la vida muestra Bécquer en este poema? ¿Estás de acuerdo con esta visión? Explica por qué.

11. En el poema aparecen las siguientes preguntas: "¿de dónde vengo?" y "¿adónde voy?". ¿Te has hecho tú alguna vez estas preguntas? Desarrolla tu respuesta en un breve en un breve texto.

El Romanticismo

Rosalía de Castro es una autora **posromántica**, representante de la **poesía lírica** de la segunda mitad del siglo XIX. Emplea un lenguaje emocionado e **intimista**, con una presencia constante de los elementos de la **naturaleza**. Sus obras principales en gallego son *Cantares gallegos* y *Follas novas* ("Hojas nuevas"). En castellano escribió *En las orillas del Sar*, que reúne poemas sobre el paso del tiempo y las ilusiones perdidas.

10. ¿Qué referencias a la naturaleza hay en estos versos? ¿Qué emociones te sugieren?

Imponente silencio
agobia la campiña;
solo el zumbido del insecto se oye
en las extensas y húmedas umbrías,
monótono y constante
como el sordo estertor de la agonía.

ROSALÍA DE CASTRO: *En las orillas del Sar*, Akal.

11. ¿De qué tratan estos poemas? ¿Qué estado de ánimo transmite cada uno?

Rima X

Los invisibles átomos del aire
en derredor palpitan y se inflaman;
el cielo se deshace en rayos de oro;
la tierra se estremece alborozada;
oigo flotando en olas de armonía
rumor de besos y batir de alas;
mis párpados se cierran... ¿Qué sucede?
—¡Es el amor que pasa!

Rima LX

Mi vida es un erial,
flor que toco se deshoja;
que en mi camino fatal
alguien va sembrando el mal
para que yo lo recoja.

GUSTAVO ADOLFO BÉCQUER:
Rimas y leyendas, Espasa

Gustavo Adolfo Bécquer es también representante del **posromanticismo**. Escribe **poesía lírica** con un estilo sencillo, musical y sugerente, que imita los ritmos de la poesía popular.
Los poemas de Bécquer están recogidos en su obra *Rimas*, publicada tras su muerte. Son poemas breves que abordan diferentes temas: la propia poesía, el amor, el olvido, la soledad y la muerte.

OBSERVA Fíjate en el análisis métrico de estos versos y recuerda las reglas del cómputo silábico.

En la poesía romántica se distinguen dos tendencias:

- **Poesía narrativa.** Aborda temas filosóficos o históricos y legendarios, con frecuencia ambientados en la Edad Media. La narración en verso se combina con descripciones y diálogos.
- **Poesía lírica.** Tiene un corte subjetivo y de estilo enfático. Durante la primera mitad del siglo XIX predominan los temas patrióticos y sociales. Durante el llamado *posromanticismo*, en la segunda mitad del siglo XIX, el tema más usual son los sentimientos íntimos reflejados en la naturaleza.

9. Lee estos dos fragmentos y explica a qué tendencia de la poesía romántica pertenece cada uno.

(1) Montemar, atento solo a su aventura,
que es bella la dama y aun fácil juzgó,
y la hora, la calle y la noche oscura
nuevos incentivos a su pecho son.
—Hay riesgo en seguirme. —Mirad ¡qué reparo!
—Quizás luego os pese. —Puede que por vos.
—Ofendéis al cielo. —Del diablo me amparo.
—Idos, caballero, ¡no tentéis a Dios!

JOSÉ DE ESPRONCEDA: *El estudiante de Salamanca*, Castalia

(2) Loca y confusa la encendida mente,
sueños de angustia y fiebre y devaneo
el alma envuelven del confuso reo,
que inclina al pecho la abatida frente.
Y en sueños
confunde
la muerte,
la vida.
Recuerda
y olvida,
suspira,
respira
con hórrido afán.

JOSÉ DE ESPRONCEDA: *Poesías líricas
y Fragmentos épicos*, Castalia

José de Espronceda cultiva las dos tendencias de la poesía romántica:

- En la **poesía lírica**, destacan las piezas protagonizadas por **personajes marginales** (el reo de muerte, el verdugo o el pirata), que encarnan la libertad absoluta frente a las convenciones morales y sociales.
- En la **poesía narrativa**, sobresalen *El estudiante de Salamanca* (sobre un seductor llamado Félix de Montemar) y *El diablo mundo* (cuyo protagonista es un anciano convertido en joven).

Su **estilo** es sonoro e intenso: emplea con frecuencia rimas agudas, exclamaciones, interrogaciones retóricas y adjetivos emotivos.

El Romanticismo

CASPAR DAVID FRIEDRICH:
Mañana de Pascua, Museo
Thyssen-Bornemisza, Madrid

La poesía romántica

7. Lee este poema y contesta a las preguntas para descubrir algunas de las características de la poesía romántica.

Yo no sé lo que busco eternamente
en la tierra, en el aire y en el cielo;
yo no sé lo que busco, pero es algo
que perdí no sé cuándo y que no encuentro,
aun cuando sueñe que invisible habita
en todo cuanto toco y cuanto veo.

Felicidad, no he de volver a hallarte
en la tierra, en el aire ni en el cielo,
¡aun cuando sé que existes
y no eres vano sueño!

ROSALÍA DE CASTRO: *En las orillas del Sar*, Akal

a) ¿De qué trata el poema?

b) ¿Qué sensaciones te transmite?

c) ¿Te parece que el poema tiene una intención didáctica, como la literatura neoclásica? Explica por qué.

d) Mide los versos y analiza la rima. ¿Son todos los versos iguales?

La poesía es el género literario idóneo para la expresión de los **sentimientos apasionados** y la **exaltación del yo** propios del Romanticismo.

Sus rasgos principales son:

- **La libertad creativa.** Los poetas suelen combinar diferentes ritmos y estrofas que rompen con las normas clásicas.

- **La naturaleza subjetiva.** Hay muchas referencias a paisajes nocturnos, solitarios y misteriosos, acompañados de sonidos y elementos sobrenaturales. La naturaleza refleja el estado de ánimo del escritor.

- **El desengaño vital.** Los románticos viven fuera de las convenciones y consideran la felicidad y el amor como ideales inalcanzables. El choque entre esos ideales y la realidad provoca decepción, huida, soledad y nostalgia del pasado. A veces, la muerte se presenta como una liberación.

---

8. Identifica los rasgos de la poesía romántica presentes en estos versos.

Era más de media noche,
antiguas historias cuentan,
cuando en sueño y en silencio
lóbrego, envuelta la tierra,
los vivos muertos parecen,
los muertos la tumba dejan.

JOSÉ DE ESPRONCEDA:
El estudiante de Salamanca, Castalia

- ¿A qué tipo de narración te recuerda este poema? ¿Te gustan los libros y las películas de ese tipo? Coméntalo con tus compañeros.

PRÁCTICA Trabaja con otros poemas románticos.

» Liberalismo y nacionalismo

Desde finales del siglo XVIII, se difundieron por Europa dos nuevas ideologías que condicionaron los acontecimientos históricos del siglo XIX y que inspiraron una serie de cambios políticos que definen la Edad Contemporánea: el **liberalismo** y el **nacionalismo**.

El liberalismo

La doctrina política del liberalismo defiende los siguientes principios:

- La libertad individual.
- La igualdad ante la ley.
- La soberanía nacional.
- El parlamentarismo.

En España, los principios liberales se plasmaron en la Constitución aprobada por las Cortes de Cádiz en 1812. Sin embargo, el retorno de Fernando VII al trono restableció el absolutismo y los liberales sufrieron una dura represión.

Tras la muerte del rey Fernando VII en 1833, la regente María Cristina buscó el respaldo de los liberales en el conflicto sucesorio contra los carlistas y, de este modo, se inició el proceso de implantación del Estado liberal en España.

El nacionalismo

Como doctrina política, el nacionalismo se extendió por Europa a finales del siglo XVIII y pronto se dividió en dos corrientes:

- Un **nacionalismo liberal** de corte democrático que consideraba la nacionalidad como un acto voluntario del individuo. Esta doctrina inspiraría muchas de las revoluciones del siglo XIX.

  En España perduró durante la guerra de la Independencia y se plasmó en muchos de los planteamientos de las Cortes de Cádiz.

- Un **nacionalismo conservador** que definía las naciones a partir de unos rasgos ancestrales como la historia común, la lengua, la etnia o el folclore.

  Esta versión terminó imponiéndose en Europa en la segunda mitad del siglo XIX. El nacionalismo conservador identificó España con Castilla, que partía de una visión histórica definida por la Reconquista, los Reyes Católicos y el imperio de los Habsburgo. También surgieron nacionalismos periféricos que reivindicaron las identidades nacionales vasca y catalana.

El Romanticismo

La expresión cultural del liberalismo y el nacionalismo fue el Romanticismo, que tuvo su reflejo en la música, la pintura y la literatura.

Algunos de sus rasgos más característicos son los siguientes:

- **Subjetivismo.** La defensa de la libertad en todos los ámbitos otorgaba un mayor valor a la voluntad del individuo, por encima de las normas y convenciones que hasta el momento habían predominado en la sociedad.
- **Rechazo de la realidad.** Los románticos rompieron con la representación del mundo cotidiano y propusieron la evasión a un pasado legendario o a un presente imaginario.
- **Tradición.** Influidos por el nacionalismo, los románticos reivindicaban la historia, el folclore y la cultura popular.
- **Dramatismo y expresividad.** La literatura, y el arte en general, no pretendían representar solo una historia, ya fuera con fines didácticos o de entretenimiento, sino que buscaban el reflejo y la exaltación de los sentimientos, a través de palabras y también de imágenes.

FRANCISCO PRADILLA: *Doña Juana la Loca*, Museo del Prado, Madrid

Comentario de texto. *El sí de las niñas*

Cuando don Diego descubre que doña Francisca está enamorada de otro, renuncia a su deseo de casarse con ella y se lo comunica a doña Irene, la madre de la joven.

🔊 Una cruda verdad

Don Diego: Muy bien. Siéntese usted... Y no hay que asustarse ni alborotarse *(Siéntanse los dos)* por nada de lo que yo diga; y cuenta, no nos abandone el juicio cuando más lo necesitamos... Su hija de usted está enamorada...

Doña Irene: ¿Pues no lo he dicho ya mil veces? Sí señor que lo está; y bastaba que yo lo dijese para que...

Don Diego: ¡Ese vicio maldito de interrumpir a cada paso! Déjeme usted hablar.

Doña Irene: Bien, vamos, hable usted.

Don Diego: Está enamorada; pero no está enamorada de mí.

Doña Irene: ¿Qué dice usted?

Don Diego: Lo que usted oye.

Doña Irene: Pero ¿quién le ha contado a usted esos disparates?

Don Diego: Nadie. Yo lo sé, yo lo he visto, nadie me lo ha contado, y cuando se lo digo a usted, bien seguro estoy de que es verdad... Vaya, ¿qué llanto es ese? [...]

Doña Irene: Al cabo de mis años y de mis achaques, verme tratada de esta manera, como un estropajo, como una puerca cenicienta, vamos al decir... ¿Quién lo creyera de usted?... ¡Válgame Dios!... ¡Si vivieran mis tres difuntos!... Con el último difunto que me viviera, que tenía un genio como una serpiente... [...]

Don Diego: Pero ¿es posible que no ha de atender usted a lo que voy a decirla?

Doña Irene: ¡Ay! No, señor; que bien lo sé, que no tengo pelo de tonta, no, señor... Usted ya no quiere a la niña, y busca pretextos para zafarse de la obligación en que está... ¡Hija de mi alma y de mi corazón!

Don Diego: Señora doña Irene, hágame usted el gusto de oírme, de no replicarme, de no decir despropósitos, y luego que usted sepa lo que hay, llore y gima, y grite y diga cuanto quiera... Pero, entretanto, no me apure usted el sufrimiento, por amor de Dios.

LEANDRO FERNÁNDEZ DE MORATÍN: *El sí de las niñas*, Castalia

Comprende y analiza

1. ¿Qué relación hay entre los dos personajes?

2. ¿Qué pretende contar don Diego a doña Irene?

3. ¿Qué opinión tiene doña Irene de la actitud de don Diego?

4. Explica el uso de las interrogaciones y las exclamaciones en el fragmento.

5. ¿Qué indican los puntos suspensivos sobre la personalidad de cada personaje?

6. Analiza las comparaciones empleadas. ¿Qué personaje las utiliza y con qué fin?

7. ¿Cuál es el tema por el que discuten los personajes?

Reflexiona y valora

8. Describe a partir del texto la finalidad didáctica de la obra de Fernández de Moratín.

9. ¿Qué personaje representa la mentalidad ilustrada? Escribe un texto en el que relaciones este fragmento con la época a la que pertenece.

El teatro neoclásico

En el teatro neoclásico predominan **la intención educativa y el equilibrio** del clasicismo grecolatino, al contrario que en el teatro barroco. El teatro neoclásico se caracteriza por respetar la regla de las tres unidades (acción, tiempo y lugar), por diferenciar con claridad entre tragedia y comedia, y por buscar el realismo y la verosimilitud.

El autor más representativo es **Leandro Fernández de Moratín**. Sus comedias, con fines didácticos, critican gustos y costumbres sociales de la época. Sus obras más conocidas son *El sí de las niñas* y *La comedia nueva o el café*.

5. Lee este fragmento en el que se critican los excesos del teatro barroco.
¿Para qué debe servir el teatro, según los personajes de esta obra?

Don Antonio: Y no hay que esperar nada mejor. Mientras el teatro siga en el abandono en que hoy está, en vez de ser el espejo de la virtud y el templo del buen gusto, será la escuela del error y el almacén de las extravagancias.

Don Pedro: Pero ¿no es fatalidad que después de tanto como se ha escrito por los hombres más doctos de la nación sobre la necesidad de su reforma, se han de ver todavía en nuestra escena espectáculos tan infelices? ¿Qué pensarán de nuestra cultura los extranjeros que vean la comedia de esta tarde?

LEANDRO FERNÁNDEZ DE MORATÍN: *La comedia nueva o el café*, Castalia

6. **¿Qué aspecto de la sociedad de la época critica el siguiente texto?**

Don Diego: Bien está. Una vez que no hay nada que decir, que esa aflicción y esas lágrimas son voluntarias, hoy llegaremos a Madrid, y dentro de ocho días será usted mi mujer.

Doña Francisca: Y daré gusto a mi madre.

Don Diego: Y vivirá usted infeliz.

Doña Francisca: Ya lo sé.

Don Diego: Ve aquí los frutos de la educación. Esto es lo que se llama "criar bien a una niña": enseñarla a que desmienta y oculte las pasiones más inocentes con una pérfida disimulación. Las juzgan honestas luego que las ven instruidas en el arte de callar y mentir. Se obstinan en que el temperamento, la edad ni el genio no han de tener influencia alguna en sus inclinaciones, o en que su voluntad ha de torcerse al capricho de quien las gobierna. Todo se les permite, menos la sinceridad.

LEANDRO FERNÁNDEZ DE MORATÍN: *El sí de las niñas*, Castalia

La comedia didáctica *El sí de las niñas* trata el tema de la educación de las mujeres y su falta de libertad para elegir marido. En ella, Fernández de Moratín defiende la importancia de reconocer los sentimientos sinceros y critica la hipocresía social y el egoísmo personal. Para cumplir su **finalidad didáctica**, la obra tiene una estructura lineal sencilla y un lenguaje claro.

La literatura del siglo XVIII

Francisco de Goya: *Retrato de Gaspar Melchor de Jovellanos*, Museo del Prado, Madrid

La prosa neoclásica

3. Lee este texto y responde a las preguntas.

> Las ciencias serán siempre a mis ojos el primero, el más digno objeto de **vuestra educación**; ellas solas pueden **comunicaros** el precioso tesoro de verdades que nos ha transmitido la Antigüedad, y disponer **vuestros ánimos** a adquirir otras nuevas y aumentar más y más este rico depósito; ellas solas pueden poner término a tantas inútiles disputas y a tantas absurdas opiniones; y ellas, en fin, disipando la tenebrosa atmósfera de errores que gira sobre la tierra, pueden difundir algún día aquella plenitud de luces y conocimientos que realza la nobleza de la humana especie.
>
> Gaspar Melchor de Jovellanos: *Obras en prosa*, Castalia

a) ¿Qué idea defiende el autor en este fragmento?

b) ¿Es un texto escrito para entretener o para enseñar? ¿Por qué?

c) Fíjate en el empleo de la 2.ª persona del plural en las palabras destacadas. ¿A quién se dirige Jovellanos?

La prosa neoclásica tiene una clara **intención didáctica y social**. Los autores comparten una visión crítica de la realidad y buscan **renovar la cultura** en España. El subgénero preferido para lograr ese objetivo es el **ensayo**.

Los principales representantes son:

- **Fray Benito Jerónimo Feijoo.** Pretende enseñar al pueblo la verdad y atacar las falsas ideas y la superstición con un estilo claro y comprensible, en obras como *Cartas eruditas y curiosas* y *Teatro crítico universal*.

- **Gaspar Melchor de Jovellanos.** El tema central de la obra de este político y escritor es la necesidad de modernizar España. Escribió principalmente ensayos, como *Memoria sobre la educación pública*.

- **José Cadalso.** Este gran viajero e intelectual influyente compuso ensayos como *Eruditos a la violeta* y novelas como *Noches lúgubres*. Su obra más conocida es *Cartas marruecas*, una novela epistolar en la que reflexiona sobre España desde el punto de vista de un marroquí.

---

4. Lee este fragmento de la novela *Cartas marruecas* y resuelve las actividades con ejemplos del texto.

> El atraso de las ciencias en España en este siglo, ¿quién puede dudar que procede de la falta de protección que hallan sus profesores? Hay cochero en Madrid que gana trescientos pesos duros, y cocinero que funda mayorazgos; pero no hay quien no sepa que se ha de morir de hambre como se entregue a las ciencias.
>
> José Cadalso: *Cartas marruecas*, Cátedra

a) ¿Cuál es la situación de las ciencias en España? ¿A qué se debe?

b) Señala las diferencias de estilo entre este texto y el de la actividad 3.

c) ¿Qué intención crees que tiene el autor de este fragmento?

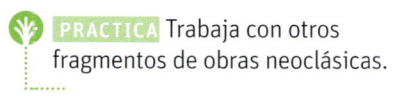 **PRACTICA** Trabaja con otros fragmentos de obras neoclásicas.

La literatura del siglo XVIII

La poesía neoclásica

1. Lee estos dos ejemplos de poesía neoclásica y responde a las preguntas.

① Aquí el luciente espejo
y el tocador, do unidas
con el placer las Gracias,
se esmeran en servirla:
5 y do esmaltada de oro
la porcelana rica
del lujo preparados,
perfumes mil le brinda;
coronando su adorno
10 dos fieles tortolitas
que entreabiertos los picos
se besan y acarician.

JUAN MELÉNDEZ VALDÉS:
Poesías, Espasa

② "¡Yo prestar lo que gano
con un trabajo inmenso!
Dime, pues, holgazana,
¿qué has hecho en el buen tiempo?"
5 "Yo, dijo la Cigarra,
a todo pasajero
cantaba alegremente,
sin cesar ni un momento".
"¡Hola! ¿Conque cantabas
10 cuando yo andaba al remo?
Pues ahora, que yo como,
baila, pese a tu cuerpo".

FÉLIX MARÍA DE SAMANIEGO: *Obras completas*, Biblioteca Castro

a) ¿De qué trata cada poema?

b) ¿Cuál transmite el gusto por la belleza y la sensualidad? ¿Cuál transmite una enseñanza?

La poesía neoclásica busca el buen gusto y la utilidad. La razón se sitúa por encima de la expresión de emociones. Hay dos corrientes:

• **Poesía lírica**, representada por **Juan Meléndez Valdés**. Su obra se divide en dos etapas fundamentales:

   – **Poesía rococó:** inicialmente, compone una poesía en la que manifiesta el gusto por la decoración, la sensualidad y la elegancia.

   – **Poesía filosófica y moral:** más adelante, su poesía adquiere un tono más reflexivo, en la que expresa las ideas de la Ilustración.

• **Poesía didáctica**, que sigue el ideal ilustrado de que el arte debe ser útil y contribuir a la reforma de la sociedad. Se plasmó sobre todo en **fábulas** que señalaban defectos y daban pautas de conducta. Los dos autores más destacados son **Tomás de Iriarte**, con sus *Fábulas literarias*, y **Félix María de Samaniego**, con sus *Fábulas morales*.

---

2. Lee este fragmento de *El filósofo en el campo*. ¿A cuál de las etapas de Meléndez Valdés pertenece? ¿En qué se diferencia de su poema de la actividad 1?

Miro y contemplo los trabajos duros
del triste labrador, su suerte esquiva,
su miseria, sus lástimas, y aprendo
entre los infelices a ser hombre.

JUAN MELÉNDEZ VALDÉS: *Poesía española del siglo XVIII*, Cátedra

» El reformismo ilustrado

En España el siglo XVIII, conocido también como el **Siglo de las Luces**, fue un período de renovación motivado por diferentes factores:

- El cambio de dinastía.
- El restablecimiento demográfico.
- La recuperación económica.
- La renovación cultural que trajo consigo la Ilustración.

El reformismo borbónico

A comienzos del siglo XVIII se produjo un cambio dinástico: la muerte sin descencencia de Carlos II de Habsburgo en 1700 supuso el **fin de la dinastía de los Austrias** en España.

Tras una guerra que implicó a distintos países de toda Europa, accedió al trono Felipe V de Borbón.

El cambio dinástico tuvo las siguientes consecuencias:

- La implantación de un **modelo administrativo centralizado**, en el que se impusieron las leyes e instituciones castellanas. Los antiguos reinos de la Corona de Aragón perdieron sus privilegios forales.
- La puesta en marcha de un programa de **reformas políticas**, **económicas y sociales** que sentaron las bases de la España contemporánea.

La Ilustración

En el siglo XVIII se expandió por Europa un movimiento cultural conocido como **Ilustración**. Sus objetivos principales fueron los siguientes:

- Reivindicar la **razón** como fundamento del conocimiento humano.
- Buscar el **progreso** de la humanidad mediante la ciencia y la educación.
- Lograr la **felicidad** de los individuos.

El **impulso científico** se tradujo en novedades tecnológicas que dieron pie a la Revolución Industrial a finales del siglo XVIII.

Las ideas ilustradas también llevaban implícita una profunda **crítica a la sociedad** de la época, por lo que muchos de sus principios servirían de inspiración a las revoluciones liberales del siglo XIX.

La Ilustración en España no arraigó tanto como en otros países europeos debido al fuerte rechazo de los sectores más conservadores.

Sin embargo, hubo personalidades próximas a la Ilustración que ocuparon cargos políticos e inspiraron o promovieron muchas de las reformas acometidas en la época, como es el caso de Gaspar Melchor de Jovellanos.

La etapa de esplendor de la Ilustración coincidió con el reinado de **Carlos III**, cuyo gobierno representa el **modelo de despotismo ilustrado**, es decir, una monarquía de corte absolutista pero con vocación reformadora.

El Neoclasicismo

La corriente artística y literaria propia del período ilustrado es el Neoclasicismo. Presenta los siguientes rasgos:

- **Clasicismo.** Tras los excesos del Barroco, el arte recupera el orden, la armonía y el equilibrio de los clásicos grecorromanos.
- **Utilitarismo.** El arte debe ser instructivo y contribuir a mejorar la sociedad.
- **Racionalismo.** La creación artística ya no se somete a la religión, sino a la razón. El arte debe olvidar los sentimientos y atenerse a unas reglas.

JUAN DE VILLANUEVA: Real Observatorio Astronómico, Madrid

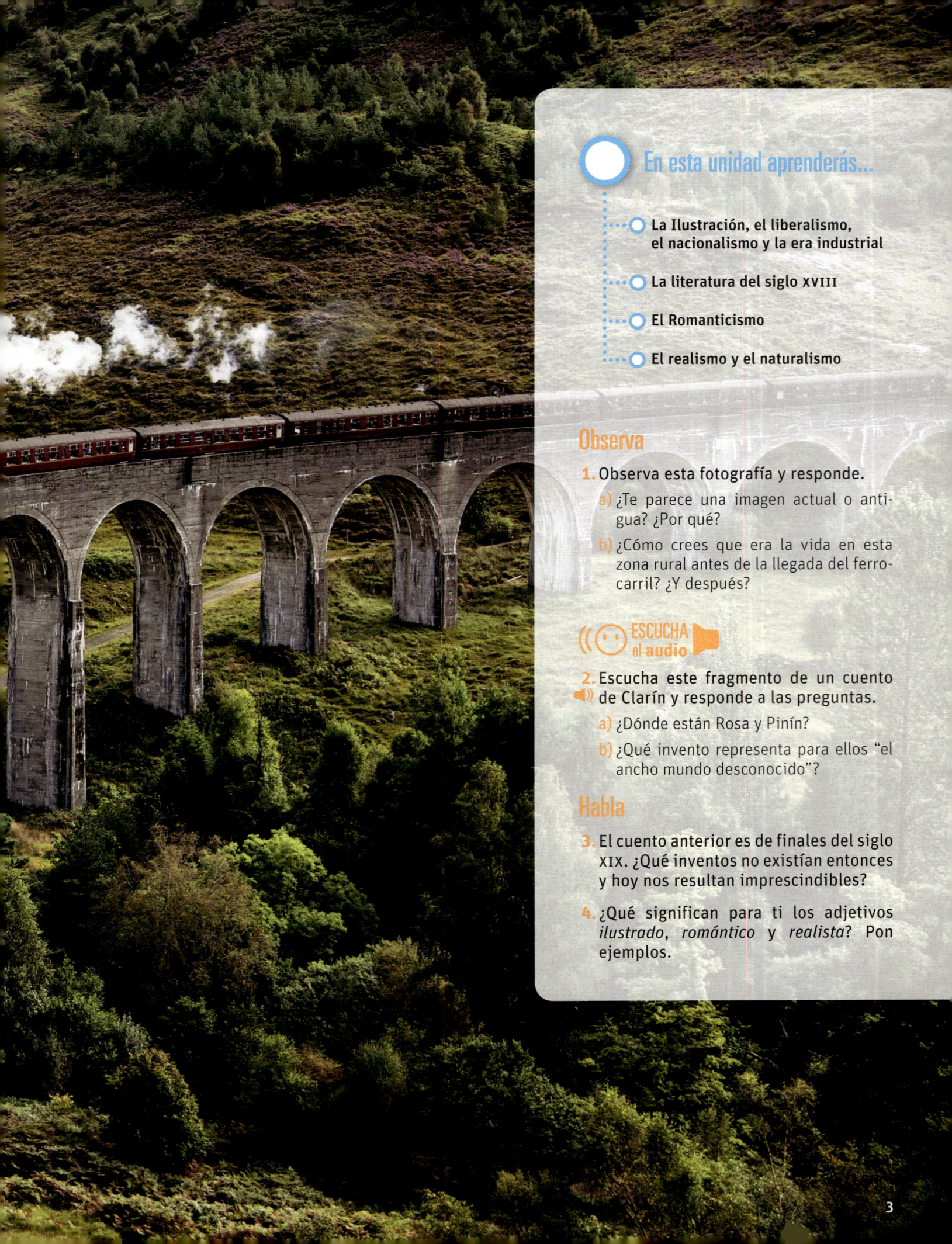

En esta unidad aprenderás...

- La Ilustración, el liberalismo, el nacionalismo y la era industrial
- La literatura del siglo XVIII
- El Romanticismo
- El realismo y el naturalismo

Observa

1. Observa esta fotografía y responde.

   a) ¿Te parece una imagen actual o antigua? ¿Por qué?

   b) ¿Cómo crees que era la vida en esta zona rural antes de la llegada del ferrocarril? ¿Y después?

ESCUCHA el audio

2. Escucha este fragmento de un cuento de Clarín y responde a las preguntas.

   a) ¿Dónde están Rosa y Pinín?

   b) ¿Qué invento representa para ellos "el ancho mundo desconocido"?

Habla

3. El cuento anterior es de finales del siglo XIX. ¿Qué inventos no existían entonces y hoy nos resultan imprescindibles?

4. ¿Qué significan para ti los adjetivos *ilustrado*, *romántico* y *realista*? Pon ejemplos.

1 LOS SIGLOS XVIII Y XIX

literatura Índice

1 Los siglos XVIII y XIX

- **Contexto histórico:** El reformismo ilustrado...... 4
- **La literatura del siglo XVIII**.................. 5
- **Comentario de texto:** *El sí de las niñas* 8
- **Contexto histórico:** Liberalismo y nacionalismo .. 9
- **El Romanticismo** 10
- **Comentario de texto:** *Rimas*............. 13
- **Comentario de texto:** *Don Juan Tenorio* 18
- **Contexto histórico:** La era industrial........... 19
- **El realismo y el naturalismo** 20
- **Comentario de texto:** *Fortunata y Jacinta* 23
- **Comentario de texto:** *La Regenta*............. 25

2 La Edad de Plata

- **Contexto histórico:** Del fin del s. XIX a la posguerra . 30
- **El modernismo y la generación del 98** 32
- **Comentario de texto:** La poesía de Antonio Machado . 36
- **El novecentismo y las vanguardias** 37
- **La generación del 27** 40
- **Comentario de texto:** *Romancero gitano* 43
- **La poesía y la narrativa de posguerra**........ 44
- **Comentario de texto:** *Nada* 47
- **El teatro en la primera mitad del siglo XX**...... 48
- **Comentario de texto:** *Luces de bohemia* 50
- **Comentario de texto:** *La casa de Bernarda Alba* ... 51

3 De 1950 a la actualidad

- **Contexto histórico:** El fin del franquismo y la democracia............................ 56
- **La poesía desde los años cincuenta**........... 57
- **Comentario de texto:** La poesía de José Hierro ... 59
- **La prosa desde los años cincuenta**........... 60
- **Comentario de texto:** *La colmena* 62
- **El teatro desde los años cincuenta**............ 63
- **Comentario de texto:** *Historia de una escalera* 65
- **Contexto histórico:** América Latina en el s. XX.... 66
- **La literatura hispanoamericana en el s. XX** 67
- **Comentario de texto:** *Cien años de soledad*....... 71

ESO 4